内なるデーモンを育む

～心の葛藤を解消する「5つのステップ」～

著
ツルティム・アリオーネ
訳
岡田　愛
河野一紀
酒井謙輔
竹村隆太

星和書店

Seiwa Shoten Publishers

2-5 Kamitakaido 1-Chome
Suginamiku Tokyo 168-0074, Japan

Feeding Your Demons

Ancient wisdom for resolving inner conflict

by
Tsultrim Allione

Translated from English
by
Ai Okada
Kazunori Kono
Kensuke Sakai
Ryuta Takemura

訳者まえがき

本書はツルティム・アリオーネ（Tsultrim Allione）著〝Feeding Your Demons〟（Little, Brown and Company, Hachette Book Group USA, 2008）の全訳である。私が本書並びに著者を知ったきっかけは、Positive News というイギリス発のミニコミ紙上に掲載された小さな記事であった。現代西洋の一女性アリオーネが時代と文化の差異を超えて、十一世紀チベットの女性ヨーガ行者、マチク・ラプドゥンと出会った、その出会いの妙に何よりもまず興味がわいた。また、その出会いのタイミングは著者アリオーネにとって、自身の人生のどん底といってよい状況にあった時期なのであった。

自らの葛藤解消に、古くからの仏教の智慧が役立つことを身をもって知った著者は、仏教の教えの基本にある〝思いやり〟と〝利他主義〟を、個人に内的平和をもたらすための手段として用いることを提案している。そのための具体的な方法として、マチクの伝統的な術（すべ）のエッセンスを失わず、かつ現代の西洋社会にも違和感の少ない、現代心理学の方法をも取り入れたやり方を彼女は編み出した。それが本書で紹介されている〝デーモンを育む〟ための「五つのステップ」である（デーモンとは個人の内的平和を阻害する感情や心身の病気等すべての妨害物を指す）。

アリオーネの方法の大きな特徴は、ステップ3の「デーモンになる」件である。葛藤を巡ってデーモンの身になり、その身を通して味わい、そしてデーモンを主語にしてそれを表現する（形にする）のである。この過程を通して、私たちはデーモンの欲求の根底に「甘えたい、安らぎを得たい」といった、言ってみれば非常にシンプルな願いが隠されていることに身をもって気づかされる。

そして次なるステップ4で、我が身体を〝思いやりのネクター〟に溶かして、デーモンが堪能するまで与える、というのである。そうすることで、終に私とデーモンの関係、すなわち私のデーモンに対する、同時にデーモンの私に対する気持ちや行動に変化がもたらされる。結果、デーモンであったものは「なかま」となり、私と融け合うことによって利己的な私が「他と共にある私」へと変化・成長していくようになる。

約一五〇〇年前に仏教が伝来し日本的変遷を遂げながら、その後広く社会に浸透してきたわが国にあって、アリオーネの言う〝ヘラクレス的〟ではない葛藤解決アプローチは、おそらく日本人の感受性や行動パターンの根底において馴染みのあるはずのものであったと思う。しかし、今日それは社会・文化の少なくとも表面においては希薄になってしまったこともまた事実であろう。

古くブディズムとして覚醒した智慧が十一世紀チベットのマチクの伝統に連なり、現代西洋の精神との遭遇によって活力を得て、今再び東洋の私たちのもとへ届けられているのである。この智慧を、現代を生きる私たちの苦悩や葛藤を和らげる手段として、それが役立つであろう多くの方々と分かち合いたいとの思いから、本書の邦訳を思い立った。

本書の出版に当たっては、著者のアリオーネさんからは、すぐにＯＫの返事を戴いた。幸運なことに、星和書店の石澤社長は私の申し出に対して快くお引受け下さった。訳出作業は、当院の若いスタッフの活躍なしには不可能であった。日々の臨床の合間を縫っての作業であったため、思いの外時間がかかってしまったが、星和書店編集部の近藤達哉氏には根気よくサポートして戴いた。その他一人ひとりお名前を挙げないが、多くの方々のお蔭で本書を世に送り出すことができた。関係者の皆さん、有難う。本書が現代を生きる人びとの苦悩や葛藤を解消するための一助となることを祈っている。

二〇一三年盛夏の京都にて

訳者を代表して
竹村　隆太

はしがき

たいていの仏教寺院の山門には、荒々しいデーモンの立像（訳注　山門に置かれた金剛力士像や四天王像のこと）が見張り番として置かれている。寺院という聖なる空間に入るには、その像の間をまっすぐに通り過ぎなければならない。というのも、自由で尊い命を生きたいと願うならば、すべての人間、各々が、恐怖、攻撃、誘惑、無視、あるいはその相棒のデーモンたちとの折り合いをつけねばならないからである。デーモンを無視することはできないのだ。

著者のアリオーネは本書において、文化を翻訳するという注目に値する偉業をなし、西洋世界に新たな宝物を差し出してくれた。彼女は、あまり知られていないが古代から続く偉大な修養を継承し、その本質を損なわず、そのパワーを失うことなく、現代の生活において実践可能な形へとそれを変えた。本書の中で彼女は、四十年にわたる仏教の修行の深さ、熟達したラマ僧でありかつ先験者としての技量、洗練された西洋精神への理解、古代チベットと現代生活の両世界に足を踏み入れる果敢な意識を余すところなく伝えようとしている。

デーモンを変容させたいと願う気持ちは普遍的なものである。私たちは皆、時として、困惑、怒り、自己嫌悪、トラウマ、願望、喪失などいずれかの個人的デーモンに悩まされている。これら同じデーモンの力が集合的な形で、依然として生じている戦争、人種差別、環境破壊、あるいは広範囲で過度の飢えや病気を含む、おびただしい苦痛を地球上に生み出している。このようなさまざまな苦痛を和らげるためには、私たち人間は貪欲、憎悪、あるいは妄想といったデーモンに、その根源で向き合わねばならないだろう。政治や科学がどれほどの変化をもたらしたとしても、個人的かつ集合的に私たちのデーモンに取り組むようにならなければ、これらの苦痛が終わることはないだろう。アリオーネによって差し出されている真摯な教えの中に、これを可能にするパワフルな方法がある。非常に細かく、かつ正確に、彼女は嗜癖、恥、病気、恐れ、あるいは怒りを解放のエネルギーへと変容させる方法を教えてくれている。

この変容は、仏教の「悟り」のまさに核心にあるものであり、人生の苦悩を避けるのではなく、思いやりという崇高な心をもって苦悩に向き合うことで、他ならぬ「いま、ここ」において解脱が得られるという発見である。そして、私たち一人ひとりがその手を放すことで、苦悩のエネルギーが変容し、葛藤の真っただ中で自由を見いだすことができるようになる。

仏教史が伝えているように、何年もの教えの後に仏陀は、教えを最も理解した後継者たちに、世界中に自由と思いやりの教えの明りを運び届けるよう伝えた。仏陀は、すべての人たちに恩恵をもたらすことができるよう、これらの教えをそれぞれの新しい土地の言葉に翻訳するよう、彼らに指示した。

こういったことを、本書においてアリオーネは見事に成し遂げている。デーモンを変容させるこうした実践によって供された恩恵と解放が、あなた自身を安らげ、すべての生きものの益となり、さらには世界の修復と目覚めへとつながっていくよう願っている。

ジャック・コーンフィールド（スピリット・ロック瞑想センター）

謝辞

まず何よりも、マチク・ラプドゥンへ感謝を捧げたい。彼女の教えが本書に著されている基本的な考えをつくりあげ、彼女のライフ・ストーリーがその至るところに織り込まれている。悟りを開いた女性というモデルが稀である世界において、マチクは悟りに至った女性の一例として存在し、千年後にあってもそのインパクトは未だ衰えることはない。マチクはチベットにおいて自分自身の霊的な系譜を開いたとされている唯一の女性であり、その系譜は師から弟子へと世代を超えて受け継がれ、今日にまで至っている。

チベット仏教に忠実でありつつ、現代のグローバル化する現実という文脈において、現代のものの考え方に役立つ形で、その教えを紹介するという仕事に身を投じているあいだ、私は頻繁にダライ・ラマ十四世に勇気づけられた。聖下はすべての人類への真の贈り物である。その蓮華の御足はいつまでも地球上に残ることだろう。私のチューの師であるアポ・リンポチェとゲイゲン・ケンツェに深く感謝したい。同様にリンポチェの妻であり、私の親友でもあるアマラ・アージェン・チェドロンにも、母でありまた熱心な仏教の実践者であるという手本を示してくれ、私に最初のチューの太鼓を与えてくれたことに、心から感謝したい。

チューギエル・ナムカイ・ノルブ・リンポチェには、チューや四つのデーモンについてその本当の意味を教えてくださり、西洋へゾクチェン（訳注　チベット仏教の教え「大いなる完成」を意味する）の深遠な教えを伝えるというその展望を与えてくださったことに感謝したい。自分自身の人生における問題に直接用いることができるような実践として、私がチューを理解することを彼は助けてくださった。また、西洋の生活へ四つのデーモンを応用することや、さらなるチューの可能性について会話を交わしたチューリッヒのロドルゥー・リンポチェにも感謝したい。

アゾム・リンポチェはチューについての素晴らしい教えを与えてくださり、忿怒母神トローマへの門を開いてくださり、我々を更なる深みへ突き動かすデーモンとの対峙の方法である〝ドゥルシュク〟への理解へと私を導いてくださった。彼は私の人生において光輝く存在であり、タラ・マンダラ（三三六頁参照）の賛同者であり続けている。チベットのザングリ・カンマー（訳注　マチクの居住地）出身のカルマ・ドーシェ・リンポチェへはその大切な贈り物に対して感謝したい。寛容さと喜びの体現者であり、マチクの系譜の継承者であるラマ・ワンドゥ・リンポチェにも感謝したい。

エージェントのアン・エディルスティーンは、すぐに本書への理解を示してくれて、忠実にかかわってくれた。Little, Brown and Company社の編集者トレーシー・ビーハーは本書で示されている考えの重要性をただちに理解してくれた。私を二人に紹介してくれたジェニファー・ラウクに感謝したい。ピーター・グザディーはその編集スキルと本書で提案されている革命的なパラダイム・シフトへの強い信念というかたちでの貢献をしてくれた。素晴らしい編集と本書への心からのつながりに対して、ペギー・リース・アンダーソンに感謝を。キンバリー・スノウは本書の計画についてともに取り組み、それと同時にグルメな食事をつくることに冬の数週間を費やしてくれた。原稿を書き起こし、編集し、目を通す、あるいは本書のさまざまな段階で手助けいただいた方々に感謝を。その名前を少し挙げるなら、ジュリア・ジーン、ブライアン・ホデル、カレン・メーディァ、クラウディア・ウェビンガー、バーバラ・ステムラー、レズリー・バーネット、ダイアン・ハイド、ピーター・ワインスタイン、メアリー・オベルン、ベリンダ・グリスウォルド、ラシェル・ナーヴ、ラヴェンナ・マイケルセン、ヤムナ・ベッカーへ感謝をしたい。義理の息子で、映画監督でありシナリオライターであるトレヴァー・サンズは原稿を精読し、当意即妙のコメントをくれた。カミノ・ミリターの一同、アンドリュー・ウンゲルライダー、ガイ・ディリンハム、ドナ・ボーナーへは、サンタフェでの心地よい日暮れ、隠れ家、愛情、休息をもたらしてくれたことに感謝したい。アミルカル・カブラルの逸話に関しては、ジム・ゴリンとヴァン・ジョーンズに感謝する。

また、アン・クライン教授とハーヴェイ・アロンソン博士には、大切な折に東洋と西洋の知の接点について交わした会話に対して感謝したい。自らのデーモンについての話をしてくれたすべての友人に多大な感謝を（プライバシー守秘のため名前と詳細については変更を加えている）。あなた方の助けと寛容さなしには、実践における経験の生きた実例は本書に収められなかっただろう。自らのデーモンについて話し、あらゆるかたちで私をサポートし、愛情、優れた仕事とその手際の良さで、私に本書を執筆する自由を与えてくれたタラ・マンダラのスタッフに感謝。

私の子どもたち、シェラブ、アロカ、コスは自分たちの世代からの考えを示してくれて、本書が私たちの世界にとって必要なものだと言ってくれた。私の夫であるデヴィッド・ペティート（訳注　著者アリオーネの夫、彼女とともにタラ・マンダラを開設した。二〇一〇年夏に没）には、果てしない愛情と賢明なアドバイス、本書の執筆を通しての絶え間ないサポートに対して、最も深い心からの感謝を捧げたい。

序論

デーモンと戦うのではなく、むしろ育もうということは、攻撃してくるものに対する従来の西洋的アプローチを否定しているように思われるかもしれないが、それは内的な平和や解放に向かう非常に有効な手立てとなる。デーモンというのは、強迫観念や恐怖、慢性疾患のことであり、あるいはうつ病、不安、嗜癖など、よくある問題のことである。それらは、暗がりで私たちを待ち伏せしている血に飢えた悪霊ではなく、私たちの内にあって、自らの内部で私たちが格闘している力である。それらは私たちの善意をむしばむ内なる敵である。この内なる力に姿かたちを与え、それらに対して戦うのではなく、育むというアプローチについて初めて述べたのが、十一世紀、女性の仏教指導者のマチク・ラプドゥン（一〇五五―一一四五）であった。彼女の正確な生没年にはいろいろな説があり、資料によって異なるが、多くの識者によると、彼女は一〇五五年に生まれ、九十歳代まで生きたという。彼女の行った宗教的行はチュー（Chöd）（一九頁第2章「行の発見」を参照）と呼ばれ、それは（自我や身体への執着を）断つことを意味している。彼女はこのような瞑想法を発展させたが、それは彼女の時代のチベットにおいてすらユニークで、また非常に驚くべき結果を生み出したので、たいそう注目を集め、チベット仏教の全流派や、さらにそれを超えて広がっていったのだった。

今日の世界において私たちは、空前の内的あるいは外的な戦いに苦しめられており、政治的、宗教的に自らが、かつてないほど二分極化していることに気づく。葛藤への新たなパラダイム、新規のアプローチが私たちに求められている。そこで、内や外の敵と戦うのではなく、それを育むというマチクの方策は、葛藤を解消し、心理的統合と内的平和へと通じる画期的な道を提示している。

一九六七年、当時十九歳の私は幸運にもインドとネパールを訪れ、中国共産党によるチベット侵攻の期間に亡命を強いられ、難民としてその地で生活していたチベットの人たちに出会う機会を得た。私はチベットの人たちのことが大好きになった。チョギャム・トゥルンパ・リンポチェの設立によるスコットランド初のチベット僧院で六カ月過ごした後の一九六九年、私は再びインドに戻った。一九七〇年、私はインドのブッダガヤでカルマパ法王十六世より得度を受け、チベットの伝統に基づいた仏教尼僧となり、その後の数年間、チベットで修行した多くの偉大な仏教の師のもとで、教えを受けるという計り知れない恩恵に浴した。後述するように、数年後、私は修道誓願をお返しする決心をした。私にとって大きな過渡期で不安定であったこの時期に、初めてチューの行に出会ったのだった。私はその後、アメリカに戻って母親となり、在家としての自分の生活の中にチベットの智慧を根付かせる工夫を模索していた。そして、遂に私は導かれるようにチベット語で書かれたマチク・ラプドゥンの伝記に出会うのだが、彼女の教えは私にとって運命的なものとなったのである。

マチクの教えが自分の模索していたことと非常に大きく関連していることを見いだした私は、彼女のアプローチを西洋的なコンテクストの中で生かす方法を見いだしたいと思うようになった。西洋でチューの実践を教えるようになって、デーモンをこころに思い浮かべ、それと対話し、そして「デーモンを育む」という、手ごたえのある成果をもたらすやり方を私は編み出した。この実践から徐々に、本書で述べられる「五つのステップ」が、私が「内なるデーモンを育む」と呼んでいる方法へと展開していったのだが、それはチベットのチューの行とは切り離して独自に、研修生によって用いられるようになった。この二十五年間、最近では私たちのコロラド修養センターであるタラ・マンダラ（三三六頁「著者について」の項を参照）におけるチューとカパラ・トレーニングの実践の中で、私たちが一番避けたいものと親しくなる方法として、「内なるデーモンを育む」を教えてきている。

この方法の体験者によると、不安、摂食障害、パニック発作といった慢性の感情的・身体的な問題や病気が、このアプローチによって解消されたり、助けになったという。五つのステップのプロセスはまた、関係の破綻、失業ストレス、愛する者の死、職場や家庭の対人関係の問題といった急激な変化に対処するうえで有用であることがわかっている。時にその効果は、即効的でほとんど奇跡のように思われる場合がある一方で、よりゆるやかで控え目な場合もあった。

チューの原理に基づいた「内なるデーモンを育む」という方法は、仏教やチベットの宗教的行に関する知識を一切必要としない「五つのステップ」からなる実践である。第一のステップでは、「デーモン」の存在を身体の中のどこに一番強く感じるかを調べる。このデーモンは、嗜癖や自己嫌悪、完璧主義、怒り、嫉妬、あるいはあなたを滅入らせ、エネルギーを消耗させるようなものであるかもしれない。簡単に言ってしまえば、内なるデーモンとは私たちが怖れている何ものかである。マチクが述べているように、完全な内なる自由を妨害するものは何であれデーモンである。彼女は、神々と神なるデーモンたちについても同様に言及している。神とは私たちの希望であり、私たちがそれに取り付かれているもの、私たちが切望しているもの、私たちの愛着のことをいう。神なるデーモンは、希望と怖れが互いに密着しているときに現れる。私たちが希望と怖れの間を揺れ動くとき、それが神なるデーモンとなる。本書の大部分でデーモンについて言及するけれども、それと同じアプローチが神々と神なるデーモンたちの場合にも同様に当てはまる。

第二ステップでは、身体の中に探り当てたエネルギーが、私たちの目の前で、デーモンとして人の形をとるようにする。第三ステップでは、デーモンの座る位置に自分の身体を置いてデーモンになることで、デーモンが必要としているもの（こと）を見つけ出す。第四ステップでは、デーモンが必要としているネクター（訳注　おいしい飲みもの、本書七三頁「デーモンを育む」項を参照）ならどのようなものであっても、それに私たち自身の身体を溶かし、消滅させるようイメージして、それをデーモンにふるまう。このようにして、私たちはデーモンを育み、完全に満足するまで与える。デーモンを満足させることによって、デーモンの中で停滞させられていたエネルギーが、敵から「なかま」に変わることがわかる。この「なかま」は、私たちに守りとサポートを与え、次には私たちのなかに溶け込む。第四ステップの最後で、私たちは空に溶け込み、最後の第五ステップでは、空に溶け込むことから生じた開かれた気づきの中で、私たちはただ安らいでいる。

逆説的であるが、私たちの神やデーモンが完全に満足するようになるまで育んでも、彼らの力を強めることはない。むしろ、そうすることによって、それらの中に停滞させられていたエネルギーが活用できるようになる。内的葛藤の中に閉塞させられてきた切迫した情動が解かれ、何か有益なものとなる。私たちが否認している自身の一部（それを私はデーモンと呼んでいる）と戦ったり、抑圧しようとすると、それは実際に力を増し、抵抗しようとする。デーモンを育むことで、それを害のないものにするだけでなく、それから逃げずに向き合うことによって、私たちの影の部分が育まれ、戦いの中にとらわれていたエネルギーがポジティブな守護する力へと変化する。

まとまりのないエネルギーあるいは有害な習慣的パターンを見えない破壊的な力のままにしておくのではなく、デーモンに形を与えることで見えるようにし、それらが解放されることが可能となるようにする。デーモンを育む方法とは別の選択肢には、まるで勝ち目のない戦いに踏み込んでいく道しかない。私たちがそれらに公然と戦いを挑むか、あるいはそこで何が起こっているか気づかないままでいるなら、内なる満たされないデーモンは、勢いを増し怪物のようになるしかないのである。

怖れや神経症を擬人化するような治療的技法は、西洋の心理学において馴染みがないわけではないが、「内なるデーモンを育む」五つのステップの実践においては、この擬人化法をより深く用いる。この方法のさらに良いところは、単に人の形を与えて、内なる敵と対話することに留まらずに、私たちの身体を溶解させ、それを与えるところに、さらにプロセスの最終段階でおこる非二元論的な瞑想の中での気づきの体験に見いだされる。これは「自己」と「他者」というお決まりの固着から自由な、リラックスした気づきの状態であり、通常の心理療法のゴールを超えたところに私たちを到達させる。

チベットの古代の智慧を現代に生かすためのふさわしい方法を見つけ出すことは、伝統に深くかかわっている者にとって避けられない難題である。一九九六年、インドのダラムサラで行われた、ダライ・ラマ十四世閣下も出席した会議で、私は「内なるデーモンを育む」の実際を、西洋における仏教指導にふさわしい新たな方法論のためのセッションで発表するよう依頼された。そこで、ダライ・ラマ師や、さまざまな流派出身の優れたラマ僧（チベット仏教の指導者）の集団、そして西洋の同僚たちに、読者がこれから本書で学ぶ「五つのステップ」実践の修正版を案内するという光栄に浴した。後に閣下からは大変激励をいただき、また西洋の教師の中にはこの方法を採用し、自身の修行の中で用いる者もあった。

この経験を通して、洋の東西を問わずすべての仏教の指導者が、今日の世界で仏陀の教えを最も効果的に説き明かすにはどうしたらよいかという問いに取り組んでいることを強く感じた。これらの教えの真髄と伝統的な方法の無形の恵みを失わないように、翻訳し解釈するにはどうすればよいのか。どのように教えることが、本当に人々の助けとなるのか。指導者は各々自らの結論を見いだすに違いないし、それぞれの答は非常に保守的なものから高度に実験的なものまで、あらゆる範囲に及ぶだろう。こころの本質というものは時代や文化を超えたものであるけれども、人の精神は文化史や言語によって影響を受けるので、これらの違いに向き合って、グローバルな状況において有効であるようにしなければならない。そもそも、仏教はこれまで、インドからチベット、日本、韓国、ビルマ、タイ、スリランカ、あるいは中国へと伝わる中で変化したし、これからも世界の他の地域に伝わっていくにつれ、引き続き変化していくであろう。

私の目的は、あなたにマチクの教えの真髄のいくばくかを提供することにあるが、それは仏教の実践家として、女性として、あるいは指導者としての私自身の体験の中で有効であったものに基づいている。読者はこのような方法に接することで、チューに関する伝統的なトレーニングをさらに追求していく入り口を得られるかもしれないし、あるいはこの方法自身が、自分の人生における困難な課題に取り組むうえでの助けとなるかもしれない。いずれにせよ、「敵」とかかわり、育むというマチク流のアプローチは、支配から寛容と統合への画期的なパラダイム転換をもたらすと私は考える。内にも外にも戦場を作り出す元となっている宗教組織は、私たち自身の内部と、ますます恐ろしさを増す世の中の両方において、二極化した体験をもたらしてきた。どれほど多くのデーモンを殲滅しようとしても、さらに多くのデーモンが代わりに現れてくるだろう。ちょうど、どれだけ多くのテロリストを殺しても、次々と新たなテロリストが補充されるように。このような状況に対処するためには、私たちには思いやりと包み込み、そして対話に基づいた新しいモデルが必要である。このアプローチには、個人にとっても集団にとっても、信じられないほどの含蓄がある。主として個人的なことに重点を置くが、本書の最後の部分で、マチク・ラブドゥンの教えに関する集団への応用にも触れるつもりである。それは、人類がこの分裂した世界においてさし迫って必要としているものである。

東洋と西洋を繋ぐことに自分の人生を注いできた私は、チベット仏教の伝統が損なわれることなく西洋に伝わっていくことを見守ることと、これらの教えが現代の西洋の暮らしに根付いていくこととの双方に深くかかわってきた。私自身も、チベット人のラマ僧らとともに、伝統的な教えに厳密に従った修行を継続して行っている。しかし人に教えるときは、伝統的な教えを伝えることと、西洋人である私の生活の中で教えをより実用的な形にした方法を用いることの、どちらもが効果的であると思う。また、このような古代の智慧のもつ文化的に独特な側面をあまり目立たせないことが、その智慧をより利用しやすいものにし、またチベットの伝統の複雑さにうんざりしそうになる人のためにもなると思う。

そのために、私は本書において、チューをそのオリジナルな形で伝えようとは思っていない。チューの行は本来、手には鐘、大腿骨のラッパ（訳注　チベット仏教のチューの行で用いられるヒトの大腿骨で作られた管楽器）と太鼓を持ち、チベット語で詠われるもので、指導者から直に教わるべきものである。本書では、現代生活において応用可能で、苦痛を和らげ、普通の人が内なる自由により近づくのに役立つ何ものかへの出発点として、チューの行の原理を用いることに焦点を当てるつもりである。

本書によって、私の師たちの偉大な智慧のいくばくかが伝わり、マチク・ラプドゥンの教えとの強い絆があなたに与えられれば幸いである。それがあなたの人生に役立ち、あなたのデーモンを解放するうえで有効な助けとなり、そして最終的には、より平和な世界の創造に貢献するよう願っている。

目次

訳者まえがき iii
はしがき　ジャック・コーンフィールド vi
謝辞 ix
序論 xiii

第1部　古くからの実践

第1章　デーモンとの出会い 3
第2章　行の発見 19
第3章　デーモンとは何か 35
デーモンたちはいつも厄介者なのか？ 45

第2部 デーモンを育む

第4章 デーモンを育む方法 53
場を整える 55
デーモンを育むための五つのステップ 58
ステップ1 デーモンをみつける 59
ステップ2 デーモンに人の形を与え、何を必要としているかを尋ねる 64
ステップ3 デーモンになる 68
ステップ4 デーモンを育み、「なかま」に出会う 72
ステップ5 気づきの中で心を休める 82
第5章 五つのステップの実際 86
ケイトの場合 86
デーモン日誌をつける 91
抵抗を扱う 94
支え手を求める 96

パートナーとともにデーモンを育む　98
セラピストと五つのステップを行う　103
五つのステップを他の瞑想実践とともに用いる　104
維持　105

第6章　ヒュドラ――デーモンの複合体　108

第7章　芸術と地図を用いてデーモンとワークする　116
スケッチ、絵とともに五つのステップを行う　117
粘土を用いる　120
デーモン地図　121
身体の地図　125

第3部 さまざまなタイプのデーモン

第8章 マチクの四つのデーモン、神々と神なるデーモンたち 131
外なるデーモン 135
内なるデーモン 136
うぬぼれのデーモン 138
自我中心性のデーモン 138
神々と神なるデーモンたち 139
第9章 病気のデーモン 145
フレッドの場合 147
病気の身体メッセージを育む 153
病気の肉食デーモン 159
第10章 恐怖のデーモン 167
社会恐怖のデーモン 169

喪失の恐怖　172
心的外傷後ストレス障害（ＰＴＳＤ）のデーモン　176
パニックのデーモン　185
第11章　愛のデーモン　188
関係を阻害するデーモン　192
関係性の神なるデーモン　194
自らのデーモンを投影すること　199
第12章　嗜癖のデーモン　203
物質乱用のデーモン　206
仕事中毒　210
第13章　虐待のデーモン　217
第14章　家族のデーモン　227

第15章　精神のデーモン　243
怒りのデーモン　246
完璧主義者のデーモン　248
抑うつのデーモン　254
恥のデーモン　261
不安のデーモン　264
まがいもののデーモン　268
第16章　うぬぼれのデーモン　274
世俗的なうぬぼれのデーモン　275
精神的なうぬぼれのデーモン　277
第17章　自我中心性のデーモン　284

第4部　デーモン・ワークを深める

第18章　デーモンの直接的解放 299

第19章　私たちをとりまく世界のデーモン 307

家族の中の集合的デーモン 312

組織のデーモン 314

政治的デーモン 316

あとがき――マチクの最後の教えより 321

付録：デーモンを育む五つのステップの簡単な手引き 326

読書案内 332

リソース 334

著者について 336

索引 349

第1部

古くからの実践

第1章　デーモンとの出会い

悪意をもった男女のデーモンたち
それらは無数のトラブルや妨害を作り出し
ひとが悟りに至るまでは、まるで実在しているかに見える。
しかし彼らの有りのままの姿を理解したならば、
彼らは守護神となり、
また、彼らの救済と援助によって
ひとは数多くのことを成し遂げるのである。

――チベットの偉大なヨーガ行者　ミラレパ（一〇五二―一一三五）

最も偉大な二十世紀の平和活動家の一人であるマハトマ・ガンディーは、まさに文字通り、敵に食べ物を与えることでインドの歴史の流れを変えた人物である。あるひとつの逸話がある。ガンディーらの「塩の行進」が、英国が進める塩税に反対するための反政府活動であるとみなされた。この行進を止めなければ投獄すると脅しに、イギリスの役人がやって来ることがガンディーに伝えられた。ガンディーの相談相手は、道路に釘を置いて役人の車のタイヤをパンクさせることを提案した。

ガンディーは言った。「そのようなことをしてはいけない。それよりも彼をお茶に誘いましょう」

意気消沈した彼の弟子は従った。到着した役人は、華麗さと決意をみなぎらせて入ってくるなり、こう言った。

「早速ですがガンディーさん、例の『塩の行進』はすぐに中止させてください。でなければ私は貴方を逮捕せねばならなくなります」

「なるほど」ガンディーは言った。「まずは少しお茶をご一緒しましょう」

英国人はしぶしぶ同意した。そして、お茶を飲み干した彼は威勢よく言った。「さあ、本題に入りましょう。この『塩の行進』について……」

ガンディーは微笑んで、「今しばらく、お茶とビスケットをどうぞ。お話ししなければならないもっと大事なことがありますから」

そして、このようにことは進んでいった。英国人はマハトマが話さなければならなかったことにいよいよ関心を向け、何杯もお茶をお代わりし、さらにたくさんのビスケットも食べた。そしてついに、彼の公式の任務からは完全に脇に逸れて、ガンディーの理想に説き伏せられて立ち去ったのだった。お茶会という手段、つまり、礼儀正しさとお互いへの敬意を伴った英国式の作法を用いて、文字通りこの敵に食べ物を与え、ついに味方にしてしまったのである。戦うよりも食べ物を与える彼の方策は、歴史の中で最も傑出した非暴力革命の一つに貢献した。

これと同じ方策が一千年近く前に用いられている。それは十一世紀チベットの偉大な女性ヨーガ行者のマチク・ラプドゥンが、彼女の師ソナム・ラマから、何人かの信仰上の姉妹と一緒にイニシエーションを受けていたときのことである。イニシエーションにおける重要なときに、マチクは魔法にかかったように座っている場所から浮かび上がり、地面から一フィートくらい空中で浮遊して、踊り、サンスクリット語を喋ったのである。深い瞑想状態のなかで、彼女はお寺の土壁をやすやすと通り抜け、僧院の外の小さな池の傍の樹まで飛んでいった。

その池は恐るべきナーガ、すなわち水の精の棲家であった。この気まぐれな神話上の生き物たちは、平静を妨げられると破壊や病気を引き起こすと信じられているが、その怒りがなだめられれば宝の保持役や守護役としての働きをもなしうるのである。特にこのナーガは非常に恐ろしかったので、その土地の人々は誰もその池を覗きこむことはおろか、そこに近づくことさえしなかった。けれども、マチクは池の傍にあるその樹に降り立ち、瞑想状態にある間、そこに留まっていた。

水の精は、若いマチクがやってきたことを真っ向からの挑戦と受けとめた。そこで彼は威嚇しながら彼女に近づいたが、彼女は怖がらずに瞑想を続けていた。ナーガはこれに激昂し、彼女をやっつけるために、この地方のナーガらの大軍を呼び寄せた。この恐ろしい魔性の軍勢がやってくるのを見て、マチクは即座に自らの身体を供え物に変えた。すると、彼女の伝記（私の著書『智慧の女たち』に掲載）に記されているように、「彼らは彼女が自我をもたないために、彼女を食い殺すことができなかった」のである。

ナーガの攻撃性は消え失せただけでなく、ナーガはマチクや他の生きものに害をなさないことを約束し、守護することを誓い、彼女とその教えに従う者には誰であろうと仕えるという誓約をして、マチクにその身を奉げた。マチクはデーモンと戦うのではなく、デーモンと出会い、揺ぎない思いやりをもって自分の身体を供え物として捧げることによって、デーモンを「なかま」に変えたのである。

マチクの教えを学ぶなかで、デーモンに関する西洋的理解について思いめぐらすようになった。英語辞典で調べると、「デーモン」という語は必ずしも悪評ばかりではないことがわかった。ギリシャ語のdaemonあるいはdaimonに由来するこの語は、個人を導く精霊を元来意味していた。ギリシア語のdaemonとは、神の創造物であり、信頼される導きの精霊のことであった。こうしたdaemonに対するかつての信仰は、異教徒の信仰に対してキリスト教が攻撃を始めるに従って段々と変化していった。その結果、中世にはデーモンは、ありとあらゆる災いをもたらすものとして非難され、邪悪なものとして忌み嫌われ、恐れられる存在となった。愛と思いやりをもってデーモンと出会い、それを育む過程を通して、その語の本来の意味でのdaemonに変容しうるということが明らかとなるだろう。このようにして、ちょうどマチクが彼女の身体を供え物として捧げたときに、恐ろしいナーガたちが守護者に変容したように、内なるデーモンはあなたの「なかま」となるのだ。

西洋の神話にみられる物語は、マチクやガンディーの逸話とは全く対照的である。ヘラクレスの十二の功罪の神話は西洋文学の古典であり、征服に向かう英雄の冒険の優れた例であり、西洋文化を導いた最も重要な個人的かつ政治的神話の一つである。子殺しの罪から赦されるために、ヘラクレスには十二の難業が課せられた。その二つ目の課題で、彼は南イタリアのラーナ湖に赴くのだが、そこで九つの頭とたくさんの足をもつヒュドラと呼ばれた大蛇が罪のない通行人を襲っていた。ヘラクレスは彼の甥であり弟子でもあるイオラウスを従えて、そこに到着した。ヒュドラのねぐらを見つけた二人はすぐに、火のついた矢を射て怪物を引き出そうとした。しかし、ヒュドラが現れ、ヘラクレスが水の中に足を踏み入れるやいなや、怒ったヒュドラはその足をヘラクレスの足首に巻き付け彼を捕え、その手下の巨蟹が彼を底なしの湖の端まで引きずって行った。ヘラクレスが狼狽したことには、ヒュドラの頭は一つ切断する度に、そこには二つの頭が生えてきたのだった。

その怪物に捕まったヘラクレスは、イオラウスに助けを求めた。伯父の救出に急いでまわったその若者は、燃えた枝を使ってヘラクレスが切り落とした頭の一つ一つの切り口を焼きつぶし、ヒュドラの頭がそれ以上生えてこないようにした。こうしてヘラクレスは優位に立ち、最後にはヒュドラの頭はただ一つ残るだけとなった。この頭は不死身であったが、その頭を支えている首はちょん切ることができるとヘラクレスは気がついた。彼はその頭を切り落としたが、それは彼の前でシューッと声を立て睨みつけた状態のままで横たわった。それで彼は不死身の頭を岩の下に埋めて、ようやく怪物を打ち負かし、二つ目の難業を終えたとみなした。

しかし、ヘラクレスが成し遂げたのは、どういった類の勝利だったのだろう。彼は実際に敵を葬り去ったのか、それとも単にそれを鎮めただけなのか。ヒュドラの不死身の頭、その群がったエネルギーを統べる力は、岩の下敷きになりながらも未だに沸き立っており、状況次第では再び現れてくる。このようなことは、ヘラクレスのなしえたことに関して、さらに一般的に言って、西洋の文学や社会を非常に魅了し、浸透している怪物退治の英雄のメンタリティに関して、何を物語っているのだろうか。

怪物を退治するさまざまなバージョンの英雄神話は、西洋人のこころにこれまで四五〇〇年以上にわたって著しい影響を与えてきた。もちろん、神話のポジティブな面として、病気、貧困、飢えなどに対してはもちろん、ヒトラーのような本当に危険なデーモンに対する英雄的な戦いに結びつくこともあるけれども、その反面、酷い危険を呼び起こすこともある。これらの危険の中には、自分たちが善であるかどうかお構いなしに、怪物退治の英雄の役割に自分自身を同一化する人々が増大しているということが挙げられる。別の危険としては、自分たちの敵対者に向けて悪を投射して、相手をデーモン化し、彼らを殺すことを正当化しつつ、一方で自分たちは全面的に善の側にあると主張する。怪物に関与するよりも殺してしまうという傾向によって、私たちは自身のデーモンのことをよく知り、さらにはそれらを「なかま」にすることができなくなっている。

私たちがこの神話を現実のものとし続けている証拠を、人気映画から今日の世界的な出来事に至るまで、いたるところで見いだすことができる。今日の戦争では、どちらの側も自分たちを悪と戦う神聖な善と同一化する。善と悪の二極化は、勝利を得るために我慢しなければならない必要悪として、暴力を正当化する。今日では、かつてないほどに、私たちは怪物退治神話への過剰な同一化にとらわれている。

私たちが二極化の状態にあるというのは、外部の世界においてだけではない。私たち自身の内部で、ほんの数例を挙げるだけでも、嗜癖、ストレス、トラウマ、怒り、自己嫌悪などのデーモンと戦っている。私たちは自らの内部、そしてまた母なる自然そのものも含め、外部のすべてを支配しようとする。しかし最後の勝利を達成するのではなくむしろ、私たちは戦いに圧倒され、その戦いの囚われの身となっている。私たちが怪物を殺そうとすればするほど、双方を、さらには自然界を滅ぼしてしまうような危機の中に自分たち自身がいることを見いだし、その結果、地球上における人類の生命を維持できなくしてしまっているのだ。

この神話が無効であることの証拠が、いたるところで認められる。たとえば、

- アメリカ人は、ダイエットをするための製品やプログラムに、毎年何百億ドルものお金を費やしているが、この「ふくよかさとの戦い」はたいてい失敗に終わる。ダイエットを繰返す人たちは、しばしばダイエットを行う度に体重を五〜十ポンド増やしており、また飢えと無茶食いのサイクルによって誘発される摂食障害は、毎年（私たち）数千人の命を奪っている。
- 富や成功の追求は、苦闘することによって非常に明確なものとなるので、たとえ私たちがこのゴールに最終的に到達しても、染み込んでいる頑張りのパターンのせいで、自分たちの努力の成果を楽しむことができない。しかも、一度成功すれば次は得たものを守るための、消耗させる終わりのない戦いが私たちを待っている。
- 嗜癖治療の専門家は、意志の力で嗜癖と戦っても、しらふを続けることはできない、だから嗜癖と戦うことでそれが克服できると考えることは、止めなければならないということを指摘している。
- 私たちは自分の病気を理解しようとはしない。そのかわりに、病気になったときには、私たちはすぐに病気と「戦う」ための方策を練り始める。死亡記事欄にはいつも、「誰それさんが癌との

長い戦いの末に亡くなられました」と書かれている。

- 宗教的原理主義が今日、善と悪の分裂を強調し、世界中の多くの国で力を増している。いずれのグループも、自らの陣営には偉大なる神がついていると頑なに信じている。自分たちの宗教が善であり、他者のものは悪であるとみなすことで、私たちは終わりなき戦いに閉じ込められ、そうして私たち自身の中の、あるいは私たちの政治制度の中にある悪に向き合おうとは決してしない。
- 私たちは自然を侵犯し、河川にダムを作り、無頓着に資源を使い尽くし、大気を汚し、私たちを育む母なる地球と敵対してきた。今や自然は、ハリケーン、津波、竜巻、干ばつ、洪水、あるいは地球温暖化といった自然災害の猛威とともに反撃してきている。これに対応して、私たちは気候変動と戦って、それを止めようと努めてはいるが、そもそも問題を生み出した根底にひそむ態度には言及しようとはしない。
- 私たちは戦争や暴力によって敵を消し去ろうとするが、暴力は更なる暴力を生む。例えば、アメリカ情報部の研究によれば、イラク戦争はテロリズムの増大を止めるよりも、むしろ急進主義を活性化し、世界的なテロリズムの脅威を悪化させたことが明らかとなっている。

私たちは内や外の敵を探し出し、それと戦い、殲滅する、といった類の通念に従って暮らしているので、自分の子どもたちにもこの通念を自ずと伝えている。このようなテーマは、おとぎ話や宗教的説話、あるいは政治的弁論の中にも登場する。そこでは聖ジョージのような英雄たちが龍を退治したり、隠れた怪物をやっつけたり、しばしば、か弱い乙女が英雄によって「助け出され」たりもする。また映画やテレビ番組でもそれらをひっきりなしに見ている。敵を探し出し、そして滅ぼすことは最善の解決であるように見えるかもしれないが、それは実際にはますます危険な世界を生み出している。明らかに、私たちは敵を滅ぼすのではなく、むしろ相手にかかわり、コミュニケーションをもつという選択肢を探る必要がある。

本書では、まず個人的なデーモンに焦点を当て、最後に集合的あるいは政治的デーモンにもふれたいと思う。というのも、個人的なデーモンが世界規模で問題となっているデーモンの根底にあり、また私たち自身のデーモンと取り組むことによって、私たちは世界に向かって波紋が広がっていくような変化を創造できるからである。内なるデーモンと戦うよりもそれを育むアプローチの方が、私たちの内なるデーモンに気を配る方法を提供するし、自身の内にありながら私たちが恐れるものを抑圧するという危険を回避することにもなる。また、私たちのデーモンに向き合い、それを育むことによって、私たちの内と世界の内の両方において、破壊をもたらす物凄い怪物を生み出さなくてすむのである。

私は、マチクの手本に学ぶことを提案する。そこでは怪物は殺されたり、戦いを挑まれたりすることすらなく、逆に関心をもたれ、恐れられずに育まれるべきものとなる。こうして善と悪の分裂は克服され、仮想の敵は「なかま」に変容する。戦いにとらわれていたエネルギーは、ポジティブで潜在的に私たちを守る力、すなわち通俗的な意味でのデーモン（demon）ではなく、本来の意味でのデーモン（daemon）となる。私たちの内に生じていたあらゆる戦いが、もっと有効に使われるような糧に繋がるようになるのだ。

神話において怪物は、よく秘密の宝物を守っている。デーモンを育み、それらを「なかま」に変えることを通して、私たちは戦いに没頭することによって見えなくなっていた、私たち自身の内なる宝物を見つけだす。つまり、戦いに閉じ込められてきたデーモンのエネルギーは、それが解放されたとき宝となるのだ。同時に、内なるデーモンを育むことによって、世界の中での脅威が減る。私たちが内なるデーモンに気づくようになり、意識的な受容と思いやりの霊薬を彼らに差し出すようになれば、他者にデーモンを投影する必要がほとんどなくなるのだ。

よく知られたスイスの心理学者のC・G・ユングは、私たちのこころの裏側を「影」と表現しているが、それは夢の中に現れたり、他者の上に投影されたりする。彼が述べた影は、意識的なこころが容認できないものとみなす、私たちのこころの部分から成り立っている。影は抑圧された自己であり、私たちが自分ではないとする自分の人格の不快な側面である。それは私たちの恥であったり、怒りや偏見であったりする。それについて他人に知られたくないものであり、それは意識的な自己が考えもしないようなことを行動するというかたちで、しばしば夢の中に現れる。結婚している人が浮気をする夢を見たならば、それが影である。私たちは多くの場合、自身の人格の影の部分に気づいていない。なぜならそれらは意識的なこころには見えないからである。影は私たちをけしかけて、食べないでおこうと思っているのに、皿のお菓子を全部平らげさせようとしたり、あるいは好印象を与えようと思っている相手に、うっかりと無礼なことを口にさせたりする。

内なるデーモンを育むプロセスは、私たちの影を意識にもたらし、影を抑圧するのではなく、それが護っている宝に接近するための方法である。もし影が意識されず統合されなければ、それは秘密裏に作動し、私たちの善意が邪魔されたり、あるいはまた他人に害を与えたりする。影に気づくようになることによって、その破壊的なパワーが減り、またその中にしまわれている生命エネルギーが自由になる。私たちを最も怖れさせていたものと親しくなることによって、私たちは自身の智恵を、そこに見いだすのである。また、こうした内的葛藤の解消によって、危険な集団行動に寄与する無意識によって作り出される害悪も減少する。

内なるデーモンを育むことの実践において、最も脅威で恐ろしいもの（私たちのデーモン）に、最も大切なもの（私たち自身の身体）を捧げ、そうすることで私たちはすべての苦悩の根源にある、仏教の用語でいうところの我執（訳注　自我中心性に同じ）を克服する。この内なるデーモンを育むという手立てが、実生活の場面でどのようなものかを想像してもらうために、一つの逸話を紹介しよう。それは数年前、私がチベットを旅していた時に起こったことだ。

　私は友人のサラとバスで巡礼の旅をしていた。この頃には、私はデーモンについて自分なりの理解がもてるようになっており、チューの行を教え、本書で説明している「内なるデーモンを育む」方法をすでにつくり上げていた。相当な高地を、夜通し車に乗って移動していたある日のことだった。土道の上を果てしなくガタガタと走るバスの中で、高所による頭痛に悩まされながら、トマトソースの鯖缶を食べ過ぎてしまった。土埃も相当なもので、スカーフで頭を包んでいてもどうにもならなかった。

　私の前の席で、サラは一人で泣きながら座っていた。私は彼女の隣に行って座った。サラは、彼女が罹っているうつ病のこと、彼女の人生でずっと戦ってきたデーモンのこと、自分が必要とされない家庭で育ったことなどを話した。彼女は絶望し泣きじゃくり、身体を震わせていた。この抑うつのデーモンを彼女が育むことの手助けをすることが、たとえこうした困難な状況（そこでは、いつもと同じように完全にはステップを行うことができなかった）にあっても、私が彼女にしてあげられる最善のことのように思われた。そこで、その場で、埃っぽい道の上で一緒によろめきながら、私たちはプロセスを開始した。

　私はサラに言った、「じゃあ、一つやってみましょう。あなたがこの痛みを形にすると、それはどんな形になるか考えてみて」

彼女は目を閉じ、意識を自分の身体に向け、吐き気と深い悲しみの感覚を見いだして、重く、濃い、暗い赤紫色とそれを表現した。そこで私は彼女に、その感覚を自分の目の前で生きものの姿にするよう勧めた。次いで彼女が見たものは、巨大な紫色の、胃があるはずの場所に大きく開いた口をもった怪物だった。その怪物は、彼女を食べつくすことを欲していた。

私は言った。「その怪物が欲しいと言っているものの裏にある本当に必要なものが、見つけられるかどうか確かめてみよう」

サラは、デーモンに何を必要としているのか尋ねた。すると怪物は、彼女が逃げようとするのをやめてもらいたいこと、もし彼女がそうしてくれたならば、愛と受容を感じることができるだろうと答えた。そこで私はサラに、彼女の身体を愛のネクターに溶かして、デーモンがすっかり満足するまで与えることをイメージするように勧めた。

ゆっくりとサラは泣きじゃくるのをやめて静かになった。しばらくして、彼女は言った。「ネクターを与えたら、怪物はどんどん小さくなった。どうしてそうなったのかわからないけれど、怪物はいなくなってしまった」

この時の感覚を味わった後に、彼女は言った。「私の心は安らいで、これまでそうなれるなんて思ったことがないくらい穏やかになっている。けれども、どうしてそうなったのかは今でも分からない」

旅から戻って数カ月後、サラは私にこの経験について以下のような手紙を書いてよこした。「今回の旅行は、これまで私が経験した中でも心身ともに一番辛いものでした。生来、私は孤独を好む方でした。大きな集団の中にいることは私には困難でしたから、巡礼に出かける前に私が知っていた人といえば、あなた一人だけでした。バスの中で滅入っていたあの日、自分自身を受け入れることが最早できずに、文字通り、死んでしまいそうなところまで、自分の人生の限界に達していました。あの日、全部の痛みがいっぺんにやって来ました。高所が原因の頭痛。子ども時代の酷いトラウマによる心の痛み。私がチベットで気づいたすべての痛み。その痛みは酷すぎました。この痛みと悲しみのデーモンに食べ物を与えると、まるで私が自分の反対側に出て、すっかり新しい誰かになったかのようでした。私は何だか生まれ変わったように思いました」

サラの経験に関して興味深いことは、それがほんの束の間の変化ではなかったことだ。いつもずっと抱えてきた痛みは、二度と戻ってくることはなかったと、彼女は手紙に記している。もちろん内なるデーモンを育むプロセスは、たった一回のセッションで長く続いてきた痛みからあなたを解放するわけでは必ずしもない。通常それは一連の出会い体験を要するが、サラの場合は一回であらゆることが起こったのだった。

ガンディー、マチク、そしてサラの逸話を検討することによって、デーモンに対峙して戦うヘラクレス的な解決法に代わる、説得力のある選択肢の存在に気づかされる。彼、彼女らの思いやりと無畏さに触発されて、私たちは内なるデーモンに出会い、それらを育み、そして恐らくそれらを「なかま」、つまり、支えと守りとなるいまだ手つかずの資源に変えられるかもしれない方法を、今、目にすることができるのである。

第2章　行の発見

初めに行者は感じる、自分のこころが
滝のように激しく流れるのを
中ほどでは、ガンジス河のように
それはゆっくり、そして優しく流れ続け
終に、それは大いなる
海となる、そこは光となった
子どもと母親が一つに溶け合うところ

——ティロパ（九八八—一〇六九）の詩

チューの行に初めて立ち会ったときのことを、私は決して忘れないだろう。それは一九七三年、私が二十五歳のときであり、チベット人の師についてアメリカで一年間過ごした後に、インドに戻って間もない頃だった。チベット仏教の尼僧としての三年半の後、私にとっては、大きな変わり目の時期であった。それまで尼僧として幸運であったが、二十五歳の私は、西洋では人々と私を分かつ剃髪、法衣、さらには誓願なしで自分の宗教的な道を続けていきたいと思った。

私は宗教誓願を、優しく非常に尊敬すべきラマ僧にお返ししたのだが、彼は非難せずに、むしろ私が尼僧として過ごしたときに得たものを、すべての生きとし生けるものに捧げることを勧めてくれた。同時に彼は、私が特定の浄化の行を、還俗することによって招来するあらゆる障害物をなくすために行うよう勧めてくれた。私は彼が勧めた行を開始した。そのとき私はクル谷と呼ばれる地域の、ヒマラヤの山麓にある洞窟で生活していた。クル谷はマナリの近くの町で、マナリには私の瞑想の師であるアポ・リンポチェ（彼は妻帯のラマ僧である）が、妻と四人の子ども、そして僧、尼僧、ヨガ僧らの集団と一緒に住んでいた。マナリはロータング峠の手前の最後の休憩地であり、峠を越えるとそこはラホール・ヒマラヤ王国となる。格子状になった泥の道の連なり、幹線道路から外に向かって伸びた木作りの店、そこには茶店、食器屋、食堂、食料品店、布屋などがひしめきあっている。そこには宿はなく、痛んだ店構えの郵便局が一軒あった。数マイル上流の狭い丘の斜面にアポ・リンポチェの居場所があった（リンポチェとはチベット仏教の宗教上の師に与えられた尊称である）。

マナリ出身の人々は、まるでおとぎ話の中から飛び出してきたかのように見えた。女性たちは手編みのブランケットを羽織り、大きな安全ピンでベルトと肩のところで止めており、明るいサクランボ色の綿のスカーフを背中の髪の毛の下で結わえて頭を覆っていた。男たちは手作りの靴を履き、薄い綿のズボンと似合った膝までのチュニックを着て、粗いフェルト地のロープを何回も腰に巻き付けていた。クル谷では赤米、りんご、スモモが換金作物として生産されており、その地の人々はこの収入と自給自足農業で暮らしていた。

私はアポ・リンポチェの家の近くに小さな家を借りていた。多くのマナリに特徴的なその家は、屋根の付いた縁側が回りにあるので、お天気にかかわらず外に座ることができた。正面玄関からは、川向こうの反対側の果樹園が見えた。その上にある針葉樹の森が、白く輝くヒマラヤの雪の峰々に連なっていた。

とある午後、私は昼食後自分の居室で座っていると、楽しそうな歌声が川の反対側の丘の方から聞こえてきた。嵐が次第に近づき、低空の雨雲がロータング峠から谷を吹き降りてくる。風は私の居室の下を滝のように落ちていく流れを横切って、青リンゴ色の丘の斜面を激しく打つ。丘の上のその場所には女の子がいて、彼女は十四歳くらいで伝統的なピンクのブランケットドレスを着ていた。私に気づかないで、世話をしている牛たちの間をクルクル回りながら、彼女は踊り、精一杯の声で歌っていた。

その後間もなく、私はリンゴ果樹園を通り抜け、アポ・リンポチェの家へ自分の瞑想の行についていくつかの質問をするために行った。リンポチェの家に着いたのはモンスーンの嵐が始まるほんの少し前だった。リンポチェは自分の家の前の庭と向こうの丘の斜面が見渡せる二階の角の部屋で座っていた。彼はつい最近、チベットから逃れてきた自分の家族をマナリに住まわせていた。彼は四十歳代であり、まだハンサムで、薄い口ひげ、短い灰色の髪、美しい白い歯の大きな笑顔をもっていた。彼は何枚かの、赤色とオレンジ色のさまざまな濃淡の色あせた綿のシャツを重ね着し、その上に地面に届く茶色のローブを着て、腰には赤い絹で編んだベルトを締めていた。彼は自分のベッドの上にあぐらをかいて座り、枕をはさんで壁にもたれかかっていた。彼のベッドに垂直に、カーペットでカバーした低めのベッドがあった。

彼のベッドに沿って置かれたテーブルには、長い会話の間にもお茶が冷めないよう、銀製の台に乗り、銀製の蓋のついた繊細なチベット風の茶碗が置かれていた。碗の横には薄い青色の中国製の魔法ビンと二，三冊のチベット語の経典があった。その経典は、一フィートほどの長さで綴じられておらず、何枚かが包み布の上に置かれていた。一方の壁には彼の祭壇が入った食器棚があった。彼は私に低めのベッドに座るよう身振りで示した。反対側の壁際にはカーペットが敷かれ、そこにはチベット人の男性が座っていた。

リンポチェを訪ねてきている男は亡命者の道路作業員であった。彼は、ボロボロの毛織のズボンをはき、ボタンがいくつかとれた灰色のシャツを着ており、青ざめて痩せ、何かにとりつかれているように見えた。彼はリンポチェに自分の健康状態がよくないことを話し、助けを乞うていた。外では雨が太鼓のように音を立て、私たち三人はそこに一緒に座って、リンポチェの奥さんのウルギエン・チェドレン（私たちは彼女のことをアマラ＝お母さんと呼んでいた）が中国製の魔法ビンから注いでくれた甘いお茶を飲んでいた。リンポチェは頷き、共感を示しながら、心配した様子で聴いていた。最後に彼はその男に、その日の夜にもう一度来るように伝え、私にも来るように勧めた。

私が常々不思議に思うことは、彼がこの後に行われる儀式と私とのつながりについての何かの予知があったかどうかという点だ。ともかく、その夜、私はガタガタいう自分の中国製の懐中電灯を持ち、雨が依然として強く降る暗がりの中、自分の家からぬかるんだ小道を滑るようにおりていった。私がリンポチェの暗がりの家に着いて中に入っていったとき、リズミカルな太鼓と鐘の音が聞こえてきた。玄関の奥の暗い階段を上っていると、祭壇の部屋の明かりがカーテン越しに見えた。

部屋の中には、栗色のローブを着た僧と尼僧の集団が、チベット人の男の周りに輪を作っていた。その男は目を閉じて、じっと仰向けに横たわっていた。僧と尼僧たちは全員、左手には鐘、右手には太鼓を持ちそれを手首をつかって回転させていた。彼らは深い集中状態で一緒に歌っていた。私は素早く輪の後に席を取り、そのメロディーに耳を傾けていた。その音は抑揚し大腿骨の笛の音で区切られ、リズムは鐘と両面太鼓で奏でられた。ほの暗い灯りの中で彼らの輪の端に座っていた私には、名づけようのない何かへの深い思慕の情が感じられた。一体それは記憶であったのか、あるいは何か新しいものへの呼び声であったのだろうか。

行が終わった後、道路作業員は起き上がり、身体を揺さぶり、優しく笑った。彼は静かに僧や尼僧らに謝礼を渡し、そうして嵐の夜の中へと立ち去って行った。自分の部屋に向かって丘を登って帰っていた私には、嵐のこと、その日の午後に踊りながら歌っていた若い女の子のことを考えていて、彼女の存在が私の人生で何かが開き始めている兆しとなっているように感じた。私は、この行によって自分が我が家にいるかのように感じていることがわかった。その夜、私は綿の花柄の古い寝袋に入り、部屋のブリキの屋根を打つ雨の音と、太鼓のような自分の心臓の響きを聞きながら床に就いた。

翌日の午後、リンポチェと一緒にお茶をいただきながら座っていると、昨日の道路工夫がやって来た。彼に変化が見て取れた。顔つきが晴れやかではつらつとし、目には昨日には見られなかった輝きがあったのだ。彼はリンポチェに礼を言い、その後一緒にお茶を飲んだ。

彼が立ち去った後で、私はリンポチェに尋ねた。「昨晩のあの行は何と言うのですか？」

彼は答えた。「あれはチューという行だよ」

その行のことは、チベットのヨーガと瞑想に関する本で、少しは知っていたのだが、私はその行を学ぶことができるかどうか尋ねた。まるでその質問を待っていたかのように、彼はすぐに頷いた。そして、教えてくれるのは、ゲイゲン・ケンツェという、リンポチェ・センターで僧や尼僧らの講師を務めていた熟達した老僧であると言った。伝統的な行の実施には、右手にデンデン太鼓、左手には鐘、さらに時々大腿骨の笛を使えるようになる必要がある。アポ・リンポチェの妻、アマラは親切に私に彼女の太鼓を練習用に貸してくれた。それから毎日、午後には私の家の縁側に座り、ゲイゲンや以前に知り合ったオランダ人のポールと一緒に学び始めた。ポールは四年前、オランダで私が彼に出会ったとき、その時は、彼はインドに発つ直前であり、私はネパールに戻り、カルマパ法王から得度を受ける直前であったのだが、その時以来ずっと、アポ・リンポチェや他のラマ僧らとともに学び続けていた。

チューの太鼓には二つの打器がついており、それはきつく巻かれた布の玉か、布で包まれたビーズでできている。それらは直径が三〇センチほどの両面太鼓の両面についた紐にぶら下がっている。太鼓を垂直に持ち上げ、手首を強く動かすようにして回転させると、打器は同時に両面を叩く。ゲイゲンの説明によると、この太鼓は輪廻と解脱、希望と怖れ、神と悪霊の不可分性を象徴しているという。

私の打器の紐は、いつも縺れ、うまくなることはもはやないと諦めていた。ゲイゲンはただ笑って、こう言ったものだった。「もう一度やってみよう」。私の腕は痛くなり、私はうまくいかないのを太鼓のせいにし、それでも辛抱して、ついにこつがわかった。少しずつ私は左手の鐘を加えた。両方を同時にするのは、例えるなら頭を叩きながら同時にお腹をこするようなものである。ゲイゲンの教えによると、鐘の音は空(くう)の音であり、女性の知恵を象徴しているという。背中をもたれさせ、ほとんど閉じているくらい目を細めて、彼はこう言った。「形のあるものすべては単にそう見えるだけで、それらは本質的なものではない。私たちが現実と思うものは、夢の中で見る場所や人々のようなものである」。そうして彼は歯の抜けた口を開けて笑い、頷きながら私たちを見つめて言った。「ＯＫ、さあもう一回やろう」

チューを学んでいたこの時期に、オランダ人の友人ポールと私との恋愛が花開き、私が尼僧であった期間、四年の文通の間も燃え続けていた。その後間もなく、私たちの関係はさらに深まり、私の独身時代は終わった。私はこの行をもっと深く理解したいと切望しており、なるべく早くそれを実行しようと思っていた。けれども、その年の春の終わりごろには、妊娠していることがわかり、私たちはオランダ経由でアメリカに戻る決心をした。私たちはインドのデリーで結婚し、その後私の両親をニューハンプシャーに訪ね、シアトル近くのヴァション島の旧式の苺摘みの小さな家に居を構え、そこで小さな仏教瞑想センターを始めた。その後の数年間に、私は二人の娘をたった十七カ月の間隔で、相次いで出産した。私は静かな尼僧生活から、二人の可愛い元気な娘たち、シェラブとアロカの世話で眠れない夜を過ごすようになるという突然の変化に対処していた。この時期のほとんどは、私のチュー太鼓は埃をかぶって壁にかかったままであった。

四年後、私の結婚は平和的に解消した。さらにその二年後、今度はイタリア人のドキュメンタリー映画製作者と結婚しイタリアに移った。一九八〇年に私はローマで双子を出産した。赤ん坊は予定日よりも少し早く生まれたが、二人とも五ポンド以上あり、三週後には病院から家に戻ることができた。双子の男の子はコスタンツォ（約めてコス）、女の子はキアラと名付けた。この時点で私には六歳未満の子どもが四人いた。私は忙しく何も自由にならなかったけれども、生活にリズムができ、いろいろな物事もいい形に定まってきた。

一九八〇年六月一日の早朝、私は布団から身を起こし足を引きずってトイレを通り、小さな隣接した部屋へ双子の様子を見にいった。目を覚まして喉を鳴らしていたちっちゃなコスにキスをし、小さな青色のベビーベッドで寝ている妹のキアラが目を覚まさないようにしながら、コスのオムツを替え、抱っこしてあやした。私は二人の赤ん坊が一緒に目覚めなくて、おっぱいを同時にやらなくてもよかったのでホッとしていた。

私の胸は、母乳で大きくて重くなり、座ってコスに授乳するとき背中も痛かった。傍の小さなベッドのキアラを見た。彼女はお好みの姿勢のうつ伏せで眠っていたが、あまりにも静かだった。コスをベッドにおいて、キアラのベッドの方に行ってみた。彼女を見下ろしたとき、彼女が息をしていないことに気づいた。彼女を抱き上げるためにかがんだとき私はゾッとした。彼女は首を横に向けて横たわっていた。彼女の顔は目の周りが少し紫色になり、鼻からは乾燥した血のしずくが出ていた。

彼女の身体には少し硬直が起こっており、重さは通常より少し軽く感じられた。私は金切声をあげて夫を呼んだ。急いでやって来た彼にキアラが死んでいることを伝えた。彼は私の腕からキアラを取り上げ、「何てことだ、どうしてこんなことに」と嘆いた。そうして、むなしくもキアラが呼吸をするよう試みた。

私はキアラがすでに死んでしまっていることはわかっていたが、それでも私たちは、彼女が絶対に生き返るという望みをもって、病院に急いだ。春の早朝、狭い道を車で走り抜けながら、私は思っていた。「この事態は、もう巻き戻すことも、治すこともできないことだ。すべては移り変わっていく。そしてそれを止めるすべは、私には何もないのだ」と。私の未来はぼやけてしまった。まるで乾いていない水彩画の上に雨粒が降りかかったように。

私は奇妙に平静になった。自分が車の外に浮いているように感じられ、木の芽が開いているとか、猫が垣根の中に駆け込むなど、無関係な細かい出来事に気づいていた。次には激しい感情の流れが私の中にどっと押し寄せてくる。悲嘆、恐れ、罪悪感、キアラにまつわる痛みに縁取られた記憶、彼女のちっちゃな白い身体、甘く匂う肌、愛らしい笑顔。彼女が死んだのは私のせいなの？何かをしていればそれが避けられたのか？　キアラはいつも青ざめており、コスよりも小さかった。彼女は半分はあっちの世界にいるかのように見えていた。私はいつも、彼女が何だか元気がないように感じていたが、小児科医は大丈夫と言ってくれていた。

私は車の前の座席に、キアラのためにつくったチェック柄のキルトで包んだ彼女を抱いて座っていた。シェラブとアロカは赤ん坊のコスと一緒に後部座席にいて、泣きながらキアラの名前を呼んでいた。キアラはイタリア語で「澄んでいること」を意味している。その時点で、何よりも私に必要なことが、それ（澄んでいること）であったが、その時の私は打ちひしがれていた。

ヴェレトリ病院で診てくれた若い医師は、黒髪でタバコを吸う先生だった。私たちは検査室に呼ばれ、無造作にキアラの死を告げられた。「彼女は死んでいる」。彼女の死因は、時にベビーベッド死とも呼ばれる乳幼児突然死症候群（ＳＩＤＳ）だった。医師によると、この類の死はよくあることだという。因みにその病院ではこの数カ月の間に同じような死亡例が数人あったとのことだった。それはたまたま起こってしまうもので、原因は不明であり、出産する母親にとって大きな恐怖であると。

キアラの死後、私はうつ状態に落ち込んでいった。すべてが疑問に思われた。私の結婚、歩んできた道、その時までの人生で私がなしたすべての選択。すべてが痛く、私は喪失感を感じた。非難されるべき落度はないといくら言われても、私は罪悪感のデーモンに苛まれていた。この暗闇の中でもいくばくかの支え、何らかの希望を模索していた私は、女性の仏教徒の物語を知りたいと強く思うようになった。私が勉強した仏教徒の文献はすべて、悟りをひらいた男性、彼らの生活や物語に関するものであった。三人の小さな子どもたちをもち、悲しみの淵に浸っている母親として、私には女性の物語が必要だった。各々の人生でこのような交差点にさしかかったとき、彼女たちは一体どうしたのだろう。私はチューの行の創始者であるマチク・ラプドゥンが女性であることは知っていたけれども、彼女について多くは知らなかったので、彼女の人生、さらにはチベットの女性の先達の人生について、私自身の人生の何らかの答えを見つけることを期待して、調べることにした。

その夏、私たちはイタリアに住んでいたチベット人ラマ僧のナムカイ・ノルブ・リンポチェとともに瞑想所にいた。私たちをチューの行に導いてくれたとき、彼は外の壇の上に座っていたのを覚えている。行のある部分は、若く白い色をしたダキニ（女性の智の化身）としてマチク・ラプドゥンを視覚化することだった。普通はチューを行うのは一回であるが、この日は何度も繰返し行った。若いダキニではなく、納骨場から出て来た老女のヴィジョンを私が見たのは、夜もだいぶ更けたころだった。彼女は黒い髪を頭からなびかせていた。彼女は裸で、乳房が長くぶら下がっており、肌は金色がかったこげ茶色をしていた。彼女は私の真ん前で止まり、挑戦と思いやりの両方の気持ちがこもった目で私を睨みつけた。彼女は祈禱の休憩の間そこに留まり、その後私は根本的な変化を感じた。

その夜、私は夢の中で、カトマンズにあるスワヤンブ（それは実際に自己実現を意味する）と呼ばれる丘に登ろうとしていた。そこはカトマンズ渓谷の中で、大変よく知られたお寺と仏舎利塔（中にたくさんの遺骨が納められた白いドーム状の構造物）のある場所であり、私が尼僧であった最初のころに住んでいた所でもあった。私は一連の夢を繰り返し、内容は少しずつ変わりながら一週間にわたって毎晩見た。元々私はスワヤンブに行かねばと夢見ていたのだが、戦争も含めそこには多くの障害があった。

これらの夢を見た後、私は女性のラマ僧の物語を求めてネパールを訪ねる決心をした。子どもたちと夫を残し、ネパールへの長い旅に出た。着いて直ぐにホテルに荷物を置き、スワヤンブ寺院のある丘の頂上につながる長い階段を私はゆっくりと上がっていた。最後の階段に到着したとき、そこにはギャルワがいた。僧である彼は、私が十九歳で、最初にネパールに行ったときの大切な友人であり、尼僧としてそこの小さな部屋に住んでいたときには、最も親しい友人であった。目じりの皺が笑顔で深くなった顔の彼は、まるで私を待っていたかのように、階段の登りきった所に立っていた。彼は私に挨拶をして、チベットのバター茶が飛び散った、狭い階段を下りた所の僧院にある彼の部屋に私を連れて行ってくれた。

ギャルワは私に一杯のバター茶を入れ、また油で揚げたカプシ（チベットの新年に作られる固くなったクラッカー）を出してくれた。木のカップで湯気の立ったお茶をいただいて、カプシをかじりながら、私はチベット語で彼に、娘のキアラを亡くしたこと、そして私が偉大なチベット人女性の先師の物語を探し求めていることを伝えた。彼は足をトントン鳴らし、次いで彼の目が輝き、ベッドの上に立ち上がった。彼は書棚の高い所から大きく分厚いチベット語のテキストを引っぱり出して、そして言った。「これがマチク・ラプドゥンの伝記です」と。オレンジ色の布カバーをしたフォリオ判のその本を彼が手渡してくれたとき、私の腕に鳥肌が立った。私はそれに目を通して、彼にこの伝記を一緒に翻訳することができるかを問うた。「できます。二、三日したらもう一度来てください」と彼は答えた。

全体のテキストには「集合体を供物に変化させることの論評、チューの意義を解明する」とタイトルが付けられ、初めの二章には「マチク・ラプドゥンの驚くべき人生」とあった。著者は十四世紀に生きていたナムカ・ギャルツェンだった。私は英語ができるもう一人の僧や、住み込みのラマ僧らと一緒に座り、毎日毎日、一ページ、また一ページとマチクの物語を翻訳していると、自分が陥っていた混乱から抜け出る細い道が見えてくるように思えた。マチクは、私たちに内なるデーモンと戦うのではなく、育むべきであると教えていることを学んだ。私自身の人生において、どのようにこれを当てはめたらよいかは、まだわからなかったけれども、彼女の教えの種は蒔かれたのだった。

あの時以来、マチクは困難の多いこの世界の中での私の智慧の探求における灯台となり、女性が有する潜在力の理想像となった。彼女の伝記とチューの教えは、私が陥っていた暗闇から自分自身を掘り出す鍵であった。私はデーモンの本質や、それらを育むことの必要さを理解し始めていた。私はマチクが十一世紀の時期、仏教の大きなルネッサンスの時代にあったチベットにおいて天才児であったことを知った。彼女は若いころには尼として生活しており、彼女の師のパトロンの家々で、般若経（完全なる智慧の経―ブッダの教え）の有名な読み手となっていた。お経を読むことは、その家庭を加護しその家に幸運をもたらすものと考えられていた。

成長するに従って、マチクはインド人とチベット人両方の賢人からの教えを受け、ナーガの軍勢の攻撃に対して彼女の身体を供物として差し出した出来事も含めて、多くの意味深い体験をした。彼女は二十歳代には、それまでの尼僧の生活から、熟達したインド人ヨーガ行者のトパバドラと一緒に住むようになり、三人の子を授かった。高い名声を得た後に、彼女は「堕落した」尼僧になったと酷評され、彼女の家族はチベットの他の地域に引っ越しを余儀なくされた。トパバドラとともに生活し、母となって数年間が過ぎたころに、彼女は自分の師のところに戻って自分の行を深めたいという心の呼び声を感じていた。そこで、彼女は夫と子どもを残して、放浪の女性ヨーガ行者の暮らしに戻った。山の洞窟で黙想に入っている期間に、彼女は女性ブッダであるタラ菩薩から直接の教えを受け、デーモンを育むために自分の身体を差し出すという彼女独自の教えを、徐々に発展させた。これが最終的に彼女の一番有名な教えであるチューの行となった。

彼女が四十歳になるまでには、マチクの教えはチベット全体に広がっていき、彼女の智慧に関する噂はインドにまで届いた。その地の仏教徒の長老は、ある女性がインドではなくチベットに発した仏教の教えがあると主張していることを聞いた。これは非常に驚くべきことだった。なぜなら、その時代には仏教の教義の流れはもっぱらインドからチベットであって、その逆向きではなかったからである。結果的に、彼女はインド仏教の中の地位の高い人たちの間で、相当な混乱を巻き起こした。彼らは彼女に挑むためにチベットに学者の代表団を派遣したが、彼女がこうした議論に勝利を収めたので、彼女の名声はさらに一層拡がった。彼女は偉大な学問的知識を示しただけでなく、心の本質への真実の洞察を示し、かつ偉大なヒーラーであった。彼女の子どもたちは彼女の弟子となり、他の者とともに結局は彼女の教えを受け継ぐ者となった。彼女の教えは、女性によって創設されたチベットにおける唯一の仏教の流派となった。

マチクの物語と私が後に見つけた五人の女性チベット密教者の伝記は、私の最初の著書『智慧の女たち』の主題となった。キアラの死に引き続く混乱の中で、こうした伝記を発見することは、雪に覆われた広大な風景の中に道を見いだしていく作業に似ていた。これらの道を辿って行くうちに、私は自分の進むべき道を見つけ始めていた。

第3章　デーモンとは何か

愛に満ちた心で、子どもよりももっと
本当に実在する敵意ある神やデーモンたちを大事にすれば、
あなたは彼らに優しく取り囲まれる

——マチク・ラプドゥン

一九八五年、それは私が初めてチューの行をマナリでゲイゲンから教わって十二年が過ぎた年、その実践を突如として私個人の生活と結びつける出来事が起こった。イタリアでの暮らしは、もう六年になり、キアラが亡くなってからもすでに五年が経っていた。そして、私たちの結婚生活も、夫の繰り返される浮気や嗜癖に関連した問題のために、まったくうまくいかなくなっていることに気づかされていた。離婚に至る別居の期間に、私はチューの実践のパワーを、とてもプライベートな道筋で知ることになった。離婚の手続きは、息子の養育権の問題をめぐって、袋小路に入っていた。イタリアの法律によれば、息子のコス（双子の生き残った方）は、イタリアで生活することができたし、私も一緒にいられたのだが、父親である彼の許可なしにはコスと私はイタリアを離れることは許されなかったし、彼にはそれを許可する気持ちは毛頭なかった。このことが夫婦間の大きな緊張の元となっており、その解決策は二人とも見いだせないように思えた。間もなく裁判所に行くことになっていたある夜、「こんな心境ではあるけど、チューの実践をやってみようかしら」と思い立った。

子どもたちが床に就いて眠ったので、私は太鼓と鐘を手にし、チューの実践の古いメロディーを歌い始めた。実践の間、人々は自らの身体をネクターに変え、それをすべての存在に供物として与える。初めに仏陀と覚者たちに供える。このネクターは慈悲のこころをもって、いろいろな客、それには怖れなど、デーモンに人の形を与えたものに対しても含め、振る舞われる。私は夫をお客の一人に加え、また彼に対する私の恐れに人の形を与えた。私が自身の身体を、愛と受容でできたネクターに溶かすようにイメージしながら、彼がこのネクターを必要十分なだけ飲むことができたと、私は心に思い浮かべた。こうしたお供えをすることで、私は自分の怒りや、息子をつれて彼から逃れようとする願望を一時的に解き放した。そして、この霊薬を思いやりをこめて彼に提供した。一時的に、私は二人の間の綱引きの綱を手放したのだ。

私は同時に、人の形をとった怖れのデーモンに供物を与えた。その姿は、何かにとりつかれたように青ざめ、酷いしかめっ面をし、尖った髪の毛と蛸の触手のような吸盤の手をもっていた。夫と怖れのデーモンの両方を、開かれた寛容さをもって育むことで、私は彼らとの間の争いを和らげた。その両者が満足して、残りの実践も終えた後に、私は「自対他」という緊張がなくなっていると感じた。この何カ月もそうであったのに比べて、ずっと平和でリラックスした感じで床に就いた。

翌日、夫が、ローマの反対側で借りていたアパートから電話をかけてきて、会って話ができるかどうか尋ねた。そのときの出会いを私は決して忘れることはないだろう。私たち二人は、かつて一緒に暮らしていた家の居間のベージュ色の綿のソファに座っていた。開けられた窓からは、朝の太陽が差し込んでいた。

彼は言った。「昨日の晩、自分の何かが変わったんだ。今朝になって僕は決めた。君をコスと一緒にアメリカに帰してやるべきだ、と。僕はわかったんだ、僕の方がフェアではなかったし、君がたくさんの苦痛に耐えてきたということが。君が、これからコスと僕との関係を手助けしてくれることや、僕ができる限り多く彼の人生の一部となるように、援助してくれることを、僕は信じている」

私は衝撃と不信をもって彼を見つめた。それは彼がこれまでに取ってきたスタンスとは、まるで逆だったからだ。何が起こったのだろう？　そのとき、私は思い出していた。前の晩にしたチューの行のこと、そしてそこで何カ月も戦ってきた戦いから手を離し、思いやりをもって彼に供物を与え、同様に自分自身の怖れのデーモンにも供物を与えたことを。それはまるで、私たちの綱引きの綱を私が手放したことによって、彼にとってももはやそこに緊張がなくなり、その結果、彼に自身の気持ちを変えられる余地が与えられたかのようだった。

こうした非常に具体的な経験を通して、初めて私が理解したことは、デーモンを育むというこの実践が、何かはっきりと直接的に、西洋の女性であり母親である私の人生や苦闘につながっているものなのだということだった。チューで育んでいたデーモンとは、現実に私自身の日々の生活のまさに一部であって、彼らは私の「要素」、私から出てきたもの、私の恐れ、私の怒りであった。彼らはチベット人ではなかった。つまり私の普通の暮らしとは何の直接の関連もない、アジアの掛軸に描かれた異国風のデーモンではなかった。急にこの実践が、自分の希望や恐れに焦点を当てる際に、非常に価値をもっていると感じられた。

この経験の後、チューの実践への私の理解に変化が起こった。そしてデーモンが感情であろうと、病気や恐れであろうと、私は彼らに人の形を与え、供物を与えるようになった。もう少し後に、私はチューを教えるようになり、読者がこの本で出あう五つのステップの実践という修正版を開発したのだが、しかしこの時点で、自分の人生における内なる葛藤が自分のデーモンだとする基本的理解は形作られた。私に何が生じても、私はチューの実践の中で供物を与えた。デーモンを探すことは簡単だった。私はいつも彼らと共にあった！　そしてどんなデーモンであるかに関係なく、もてなすことで、いつも緊張が和らげられた。

一九八九年、アメリカに戻って三年たったときに、私は現在の夫であるデイビッドに出会った。彼は私の娘の演劇とダンスの先生だった。彼に会うことで、それが私にとって大きなデーモンの出現の引き金となった。それは、前のイタリア人の夫による不貞によって悪化させられた「見捨てられデーモン」だ。このデーモンのせいで、私は、あまりにもせっかちに相手に献身を求めることによって、うまくいきそうな関係をしばしば壊したり、あるいは自己充足的予言のような裏切りを引き起こさせたものだった。

「私は、この馬鹿げた、見捨てられるという屈辱的恐れにかかわるのはまっぴらご免だ。無視すれば、それは消えてなくなるだろう。その上に、私には自分が見捨てられそうだと感じる都合のよい理由もある」と思ったものだった。しかし、見捨てられデーモンは消えてなくならなかった。それはもっと強く、もっと持続的になった。私はついに私の見捨てられデーモンを育むことを、チューの実践の中で始めた。その理由は、その世話を私がし始めない限り、それはデイブと私との関係に害を及ぼすようになることに気がついたからだった。何年にもわたって私はこのデーモンと戦ってきていたけれども、そのことは私がデーモンに対して誠実に注意を向けてきたことを意味するのではなかった。

私は、毎日一カ月間、起こったことを記録する日記をつけることで、見捨てられデーモンに熱心に取り組んでみることにした。チューを行うだけでなく、私の見捨てられデーモンに形を与え、人のように扱い、場所を代わってそれになって、それが必要としているものを与えることで、それと対話するなどの西洋的な心理学的アプローチをも取り入れた。私はチューの原理に基づいた以下のような五つのステップという簡単なバージョンを作成した。つまり、私の身体をネクターに溶解し、それをデーモンが完全に満足するまで与え、その時点でデーモンは解消するかまたはポジティブな姿に変化した。そしてプロセスの最後に、デーモンが満足し解消した後に開けてくる覚知の空間で、私は休らいでいるのだ。

最初に私が自分の見捨てられデーモンを突き止めたときに、その彼女は五歳くらいの、痛ましくズルそうな目をした子どもであった。彼女は汚い褐色の髪の毛に大きな青い目をしていたが、歯は吸血鬼のように尖がっていた。彼女はこう言った。「彼は立ち去ろうとしてる。あたしの言うことをよく聞いて。私は正しいでしょ。いつも結局はあなたと私になってしまうのよね。あなたのただ一人のほんとの友達は私なの。私はいつもここにいるわ。そしてあなたに生じることの真実を教えてあげるの。私は何が起こるかわかるの。少なくとも、私のことを当てにしてもいい」。このことを言っている間に彼女は、より強くなっていくように見えた。

日々が過ぎるにつれ、私はチューと私の発展させた方法を用いて定期的に彼女を育み、彼女は変化を見せ始めるようになった。最終的に、彼女を育むために私の前に彼女を呼び出したときに、彼女はもはや吸血鬼ではなかった。彼女はただ悲しそうに見えた。一カ月の終りまでには、彼女は傷つきやすく、そして私が彼女に向ける注意に対して愛情と感謝を示す様子を見せた。驚くべきことに、こうした共同作業の後、彼女は実際に私の生活においてトラブルを起こすことを止め、もはや私を困らせなくなった。私は彼女が私の「核心問題」として、常に私と一緒にいることを受け入れたが、けれどもそれが問題となるようなことはなかった。実際的なレベルでもものごとには変化が起こった。デイブとの関係は改善し、最後には今日持てているような素敵な結婚生活となった。

この辺りの時期に、私の師であるナムカイ・ノルブ・リンポチェに勇気づけられて、私はチューの実践を教えるようになった。私がそうであったように、デーモンを育む実践は西洋人には理解するのが難しく、概念にとどまりがちであると考えた。そこで、私は自身の見捨てられデーモンを育む実践を行った一月の期間に私が考えた視覚化した方法（デーモンに肉体を与え、それに供物を与え育む）を教えた。そして、私は生徒に、単に理論的な仏教概念ではない、彼らの生活における現実問題としてのデーモンとワークするこの方法を教えた。

私が言及しているデーモンとは、幽霊や化け物、あるいは悪魔の手先などではない。マチクがデーモンを定義するように求められた際に、彼女は次のように答えた。「私たちがデーモンと名付けているものとは、巨大な黒い形の、見た者なら誰でもギョッとさせ怖がらせるような、物質的に存在する個体ではない。デーモンとは、解放の邪魔をするものを表している」

私たちのデーモンは、十一世紀チベットからやって来た古代の怪物ではない。彼らは私たちの現在の先入観であり、自由な経験を邪魔する私たちの生活の中に生じる問題である。私たちのデーモンは、恋人との間に生じる葛藤から、私たちが空を飛ぶときに感じる不安から、あるいは鏡の中の自身を見つめるときに感じる不快感から生じてくるのかもしれない。失敗の恐れはあなたに特別なデーモンとなるか、さもなくば煙草、アルコール、薬物、ポルノ、あるいはお金への嗜癖となるかもしれない。私たちは、見捨てられることを怖れさせるデーモン、あるいは愛する人を傷つける元となるようなデーモンをもつかもしれない。摂食障害をもつ人は、巨大な量の甘い、あるいは脂肪の多い食べ物を求めるデーモンを持っているかもしれない。拒食症のデーモンは、食べたら負けで、もう二度と痩せられないということを、私たちに物語っているかもしれない。怖れのデーモンは、高いビルには登れないとか、暗がりを歩けないということを物語っているかもしれない。

デーモンなんか信じないという人も多くいるだろうが、デーモンという言葉はまだ普通に使われ、それを聞いたときにそれが何を意味しているかを私たちはわかっている。例えば、誰かは自分の羨望のパターンについて、「嫉妬のデーモン」という言葉を使うかもしれないし、「彼のデーモンが戻ってきて彼に取りつく」といった表現を用いるかもしれない。誰かが「自分のデーモンと取っ組み合っている」とか、退役軍人が「心的外傷後ストレス障害（ＰＴＳＤ）のデーモンと戦っている」と言うことはよくある。

デーモンはつまるところ精神の一部であり、精神がそうであるように、独立して存在してはいない。にもかかわらず、あたかも彼らが実在しているかのように私たちは彼らにかかわり、彼らの存在を信じている。ＰＴＳＤや嗜癖、あるいは不安と戦った人にならば誰にでも聞いてみるとよい。デーモンというものは、私たちが彼らを怒らせようがそうでなかろうが、あるいは彼らを必要としようとしまいと、私たちの生活に姿を現す。精神はデーモンを現実と思うので、私たちは彼らとの戦いに夢中になる。通常、私たちが感じ取った問題と戦うという習慣は、デーモンを弱めるよりむしろ彼らに力を与える。最後には、すべてのデーモンは二極化を生み出す私たちにある傾向に根づくようになる。敵と感じ取ったものを支配しようとする、あるいはものごとを二者択一的に考える、そういった性癖とのうまい折り合いのつけ方を理解することによって、私たちは、彼らの源泉そのものを取り除き、自身をデーモンから解放するのだ。

さらには、私たちは自身のデーモンを他者に投影しがちである。他者の中にあって非常に軽蔑するものを調べてみると、私たちは通常、自身のデーモンのうちの一つをそこに写し返しているのがわかる。私たちが非難する、あるいはコントロールしようとする人を調べてみると、私たちはそこに自分自身がかくまっているデーモンを見つける。私たちが何の影もないかのように振る舞うとき、私たちは大いに傷つきやすく、自身のデーモンによって苦しめられる。牧師や僧侶らはこのことに関して特に厳しい時期を経験するだろう、なぜなら彼らは自身のデーモンに打ち勝っていることが前提とされるが、それはデーモンとますます戦うはめに陥っていくからである。このことは彼らを偽善と自己破壊に陥りやすくする。ちょうどセックスの悪魔を非難する一方で、彼らが公的には非難するそのセックスそのものに密かに没頭してしまうように。

有名な福音主義の牧師であったテッド・ハガード（コロラド・スプリングスにある一番大きな福音教会の聖職者）は薬物使用や同性愛、ゲイ同士の結婚に反対して説教を行っていたが、彼は自身が密かにデンバーで男娼との同性愛関係にかかわっていた。彼は結婚し五人の子どももおり、外向けには完璧に異性愛の家庭的な男性としての姿を見せていた。ハガードの方からの定期的な訪問の数年後に、その男娼はテレビでゲイの結婚に反対して説教している彼の姿を見た。男娼はハガードの偽善にひどく立腹したので、報道機関を訪れ、ハガードが三年間にわたって彼の客であったこと、その上に薬物も購入していたことを暴露した。自らが設立した教会からの辞職を余儀なくされたハガードは、その後、隠遁生活に入り、決心して今も彼の中の禁じられた欲望というデーモンと「戦って」いる。

ここでの重要な点は、しばしば私たちは、自分自身の中で抑圧しようとしているもの（こと）を体現したような人を嘲笑したり非難したりするという点である。確かに、私たちは全員が、暴力的な衝動、あるいは盗み、誰かへの虐待といった願望を行動化してはいけないと強く思っている。しかしながら抑圧は、受け入れがたい衝動への対処法として最も優れたものでは必ずしもない。私たちがそれらの感情を受け入れ、それらを閉じ込めておかずに意識的に関わりを持つようにすることによって、それらの感情は私たちがそれと戦っていたときよりも、その危険度が実際に減ってくる。それらを私たちが閉じ込めようとすればするほど、それらの感情はさらにひねくれ、危険なものとなっていくのだ。

この本で述べている五つのステップを用いて、私たちの中のデーモンを育むことによって、抑圧され、認知されていない部分の自身を自己に統合していくのだ。C・G・ユングが個人的な危機にあったとき、彼は自身の抑圧された部分を擬人化することによって、彼が内なるプレッシャーを取り除くことができたということを発見した。イメージを用いて、こうした自分自身を実体化した外観をとるよう奮い起こした後に、彼は彼らに質問を問いかける、その後彼らはしばしばあるイメージを創造して、そうして彼の中の混乱は解消した。同じように、あなたが自分自身の一部分として人の形を与えたデーモンを育み、彼らとふれあい、彼らが求めているものを与えることを通じて彼らを統合することで、彼らの解放が可能となるのだ。

デーモンたちはいつも厄介者なのか？

デーモンたちから、私たちに差し出してくれるものがたくさんあることがわかっている。その一つは、デーモンの警鐘としての働きである。私たちが、怒り、不安、ストレスの爆発をこうむったときに、それを抑圧すべき、戦うべき、あるいは恥ずべき何かと見るかわりに、それをデーモンが注目を求めている機会と見ることができる。

三十八歳の教師のアンドレアが、タラ・マンダラでボランティアをしにやって来たとき、彼女にとってすべての物事がうまくいっていないようであった。薪は湿っているわ、煙突は詰っているわ、彼女の居室は開けていない荷物でいっぱい、といった状態であった。おまけに頭の中もとても散らかっていたので、彼女は瞑想することなどとてもできないと思っていた。彼女は十年来のボーイフレンドと最近別れたのだった。急にひどく彼のことが恋しくなったりするので、彼女は彼と別れたことが本当によかったのかどうか疑問に思うようになっていた。

彼女が私のところにやって来て、世間が自分に対して悪事をたくらんでいるように思えると言う。彼女は自分が瞑想を本当に始められるように、ものがきちんと片付くことを強く望んでいた。アンドレアの考えでは、穏やかにクッションにもたれて座り、小ぎれいに片付いた自分の居室で瞑想すれば、ようやく自分の修養を始めることができると思っていた。私は彼女に、外的な状況は真のデーモンではないこと、このような激動は警鐘であり、贈り物であると思うようにすすめた。彼女はこれらの妨害物を、彼女をダメにする外的な力ではなく、彼女自身の希望と怖れの現れであると認識するようになった。私が彼女に示唆したのは、彼女の強い望み、悲嘆、フラストレーションは、彼女がやろうとしているスピリチュアルな修養へのデーモンによる妨害ではないこと、何が生じるべきかといった彼女の考えでなくて、実際に生じていることがわかるようになることに取り組んでいくための招待であるということであった。私は彼女をデーモンへの育みに導き、自分ひとりでワークできるよう彼女に教えた。

　彼女がデーモンを育んでから、アンドレアには自分の状況を観るやり方を変えることが可能となった。出来事を彼女に対する陰謀と見るのではなく、あれこれの困難なことが招待であると思うようになった。彼女のスピリチュアルな成長によって、このように彼らは「なかま」に変容した。彼女はまた、どれほど自身の内的状態のせいで周りの世間を非難することになっていたかがわかるようになった。私たちは皆、スピリチュアルな実践は穏やかであるべきだと考えがちであるが、最もややこしい、最も屈辱的なときというものは、しばしば最も強力な覚知の体験を生むときでもあるのだ。

　私の息子、コスが二十五歳で、何年にもわたる厳しい修行に入ったとき、師のアゾム・リンポチェは彼にこう言った。「覚えておきなさい。状況がうまくいっているときに瞑想を行うことは易しい。優れた修行者が試されるのは、状況が困難なときに行う修行である」。この教えは修行中にデーモンが現れてきたときに、彼にとってとても助けになった。その教えは彼に、自分の状況をただ嘆いたり、自分の考えや感情を迫害的に感じるのではなく、その状況に向き合って、自分のデーモンを育むことを決断させたのだ。

困難が私たちの生活に生じてきたとき、それを邪魔者としても、あるいは逆に、私たちを目覚めに近づけてくれる可能性をもった、臼でひかれるのを待つ穀物としても見ることができる。こうした困難なくしては、また自分の欠点への理解なくしては、自分の人生を、純粋に自分自身に向き合うのではなく、理想的な環境の到来をただ待つことに費やすであろう。実際、我らが「敵」、私たちの中でこそ大きくなる存在は、私たちにとって偉大な師であり、彼らをデーモンとしてではなく、贈り物として見ることができるのである。

怖れ、強迫、あるいは嗜癖といったものはすべて、私たち自身の一部分であるのだが、それらが分離され、自分ではないものとされ、さらには対抗して戦う対象となることによってデーモン化してゆく。私たちが自分のデーモンから逃げようとすれば、彼らは私たちを追いかけてくる。形をもたない勢力である彼らと戦うことによって、私たちは彼らに力を与え、そうして彼らに完膚なきまでに負かさてしまうであろう。例えば、嗜癖の根本的原因を育もうとしないで、アルコール依存と戦おうとする人の中には、終いには肝臓病によって死ぬ人もいるだろう。うつ病の土台をあきらめて受け入れることなく、うつ病と戦おうとする人の中には、最後には自死を遂げてしまう人もいるだろう。私たちは戦いが無益であること、そして外的な環境によって悩まされていると感じることは、その解決とはならないことをよく知る必要がある。私たちは自分のデーモンに形を与え、悩まされていると思っているそれらの自分自身の部分に声を与える必要がある。彼らに向き合うことで、私たちは自身の行動の出所をつかむことができ、そのエネルギーを「なかま」へと変換できる。このことは私たちが破壊的な活動を欲しいままにすることではなく、自身が心の底から求めているものに私たちが気づくことを意味している。デーモンを育むこの実践はこうした変容を可能にしてくれるのだ。

本書の中で私は非常に頻繁に「デーモン」という言葉を、私たちが変容させる必要があるものについて述べるために使っているが、同時に自分の神々や自分の強迫的な願望についても考えてみよう。我らの希望や願望も、我らの怖れと同じくらい問題たりうることについて考えてみよう。幸運にも、デーモンの対極の片割れともいえる神々も同じく「五つのステップ」の実践を通して「なかま」になることが可能なのである。

第2部

デーモンを育む

第４章　デーモンを育む方法

憎しみは味わえば去り
怒りは満たされるとすぐに色褪せる
飢えこそがそれを太らせるのだ

――E・ディキンソン

食べ物のことにとらわれる、完璧なパートナーを切望する、あるいはタバコが吸いたくてたまらないというように、何かを欲したり、こだわったりしているようなときにはいつでも、私たちはデーモンに力を与えていることになる。なぜなら、欲望に隠れてしまっているニーズに、実のところ注意が払われていないからである。我々が注意を向け、渇望の奥深くにある部分からの声を明らかにするとき、デーモンと戦ったり、好き勝手にさせるのではなく、デーモンの求める真のニーズを満たすことができるようになる。ニーズが満たされたなら、デーモンはいなくなる。しかし、戦ったり、無視したりすると（無視もまた能動的なプロセスである）、デーモンは肥え太っていく。なぜこのようになるかというと、デーモンは私たちがデーモンと苦闘するエネルギーを食い物にして存在するからである。このような原理を基に、デーモンと戦ったり、無視したりするのではなく、十分にデーモンに注意を向け、保護を与えようとするのである。

あなたに娘がいたとして、その子が愛を求めているときにＤＶＤを与えても、決して満足することはないだろう。さらに、無視したり、ケンカしたりしたなら、あなたの注意が真に与えられるまでますます不快になっていくだろう。しかして、あなたがせっかちな注意を払ったところで、あなたの娘は満足しないのである。だが、私たちが要求をしてくる子どもに注意を向け、欲しがるものではなく、必要としているものを与えるならば、その子は楽になり、落ち着くだろう。立ち止まり、あなたの娘が真に必要としている何かを発見するということは、つまり、ある意味でそれにあなた自身の注意を向けているということになるのである。物事を変化させる方法は、デーモンが欲しがっているように見えるものの代わりに、本当に必要としているものを与えて育むことで、潜在する問題に取り組むことである。表面的な欲望の下にある根本的なニーズに焦点を当ててみると、それはたいてい愛や思いやり、受容に関連している。例えば、アイスクリームを欲しいと思っているとき、本当のところは愛を感じることを必要としているのかもしれない。デーモンに骨を投げて追い払おうとすることをやめ、代わりに、デーモンに注意を向け、私たちの本物の存在をデーモンたちにさしだすとき、まさに「憎しみは味わえば去る」のである。

抑うつに注意を向ける代わりにワインをさらに飲んでも、抑うつが消え去ることはなく、むしろ、それはより一層強くなっているだろう。「食べること」は抑うつから逃れようとしている試みそのものであり、逃れようと試みている間あなたの世話が全くされていないので、あなたはどんどん消耗していく。それはまるで知らない間にヒルに血を吸い取られているようなものである。しかし、あなたが意識して抑うつのデーモンに注意を向け、そしてこの章において述べる以下の「五つのステップ」に従ってデーモンを育むならば、デーモンは変化する。

場を整える

「デーモンを育む」プロセスには約三十分かかる。安全で心地よく感じられる静かな場所を選ぶ。プロセスが中断されないよう時間を調整する。その時間が穏やかな時間であればいつでもよいが、一日をスタートする前、つまりその日の朝一番というのは「デーモンを育む」プロセスに取り組むことに向いている。二つの椅子、または二つのクッションを向かい合わせに置く。一つはあなた用であり、もう一つはデーモンと「なかま」のためである。いったん準備が整ったならば、五つのステップが終わるまで目を閉じていたくなるだろうから、二つの席（椅子またはクッション）は、それぞれ目を閉じていてもあなたの前にもう一つの席があると感じられるくらいに十分近づけておく。目を閉じたままにしておくことは、集中すること、デーモンとの出会いを心に思い描くうえで助けとなる。しかしながら、まだ五つのステップすべてを覚えていなければ、ワークの途中でも目を開けて、五つのステップの簡単な手引き（三二六頁に付録あり）をちらっと見ながら進めていくことになる。

ワークの記録をとっておくことをおすすめする。理想を言えば、専用のデーモン日誌をつけ続けるとよい。デーモンを突き止めるために使うノートはどのようなものでもよい（あなたのデーモンたちを突き止めるためにはさらに読み進めていき、九一～九四頁を参照してデーモン日誌をつける）。もし、スペースに余裕があるなら、次回の瞑想の準備として、家のどこかに対面させたクッションとそのすぐそばにデーモン日誌を置いておく場所をつくる。

リラクゼーションのための九回の呼吸法

呼吸法に入るこの時点で、あなたは対面して置いてあるうちの一方の椅子（あるいは、一方のクッション）に座っている。そこで目を閉じる。

九回の深い腹式呼吸、つまりお腹が膨らんでいると感じられるくらい深く呼吸することからワークが始まる。両手をお腹の上に置いて、そこが上下するのに注意する。こうすることで深い呼吸をしていることになり、この呼吸はリラックスを助ける。

最初の三回の呼吸で息を吸うとき、あなたの身体の中にある**身体的な**緊張がある場所に息が伝わることをイメージする。そして、次にその呼気がこの緊張を運び去っていくことをイメージする。

次の三回の呼吸で息を吸うとき、感情的な緊張があると感じる身体の部分に息が伝わることをイメージする。そして、次に呼気があなたの身体の外にこの緊張を運びだすことをイメージする。

最後の三回の呼吸で、あなたが行っていることに関する心配事、あるいはうまくいかないのではないかという恐れのような精神的な緊張がある身体の部位まで息を吸い込む。こうした精神的な緊張を抱えた身体の部分まで息を吸い込んで、そして吐くときに一緒にその緊張も取り除くように息を吐きだす。

動機づけを行う

リラクゼーションのための九回の呼吸を行った後、寛いで十分落ち着いた感じになれば、この実践に取り組もうとするあなたの動機に焦点を当てるために少しの時間をとる。あなた自身とすべての生命が苦しみから自由になるための心からの願いをもち、存在するすべてのものの益のために、この実践を行うことを勧める。このような動機は、実践の焦点を、自我が求めるものから思いやりへと転換させるうえで重要である。つまり、それは単なる利己的な興味から、よりよい善なるものへとあなたの行動の視野を広げるのである。

何かをなす前に、それにふわさしい動機が生じることはとても重要である。19世紀の偉大なチベットの師であるパトゥルム・リンポチェはこう言っている。

行動の良し悪しを決めるものは何か？
なされることがどのようにみえるかでもなく、その大小でもない
その背後にある動機が善きものであるか、悪しきものであるかに因るのだ。

私たちが私たちの内にあるデーモンたちにまきこまれることをやめたなら、他の人や自分自身をよりよく助けることができる。この実践に取りかかる前に、心の中でポジティブな動機を感じ取り、単に自分自身のためだけではなく、より広い世界の益ともなるように行うという感覚をもつようにしよう。これは利他心を確立することとして仏教で理解されていることで、実践にさらなる力を与えてくれる。

デーモンを育むための五つのステップ

以上で、「五つのステップ」を始めるための準備が整ったことになる。このセクションでは、それぞれのステップについて詳しくみる。五つのステップすべてにざっと目を通すには、三二六頁の

付録にある五つのステップについての簡単な手引きを参照すること。

▼ステップ1　デーモンをみつける

最初のステップでは三つの段階がある。

- 取り組みたいデーモンを決める
- 身体のどこにデーモンがいるかを探しあてる
- 身体の中にいるデーモンを観察する

取り組むデーモンを決める

焦点を当てるものを選ぶ良い方法は、以下の問いを自らに尋ねてみることである。

- 私のエネルギーを消耗させるのは何か？
- 私を衰弱させるものは何か？
- 私を「むしばむ」ものは何か？

・最近私を悩ませた出来事は何だったか？

持ち上がってくるのは、ずっと懸念されている古くからの問題、ことによると、持続的な恐怖、嗜癖、痛み、あるいは病気であるかもしれない。ある人に対する気持ち、あるいは反応かもしれない。あなたが悩まされている誰か、あなたが葛藤状態にある誰か、あるいはあなたを怖がらせる誰かかもしれない（現実の人物に焦点を当てるよりも、その人に関連してあなたの中に湧き起こる感覚に取りかかるほうがよい）。ワークでは恋人や誰かとの間で起こった葛藤について考えるかもしれない。それは恐れ、執着、あるいは混乱のデーモンになるかもしれない。人間関係はしばしば私たちのデーモンにとって最大の引き金になるのである。

「私が取り組みたいと思うデーモンは何か？」とあなたが考えたときに、最初に心に浮かんだことを選ぶことは良いことである。何かがあなたの心の中にふと浮かんだとき、しばしばあなたは思うだろう。「いやいや。そうじゃない。それ以外の何かだ」。だが、私はあなたがまさにその問題に向かって進み、選ぶことを勧める。

この最初のデーモンがあまりに大きいのではないかと恐れる必要はない。というのも、私の経験では、抑圧されたデーモンたち（あるいは「まさかね！」と考えたくなるようなデーモンたち）は、そのデーモンたちを意識化するときよりも避けようとするときに、より大きな影響を及ぼしてくるし、破壊的になるからである。一つの大きなデーモンが育まれるならば、その結果、多くのエネルギーが自由になり、「なかま」やあなたを保護するエネルギーになる。

あなたが出会うべきデーモンを指し示してくれる他の目印は、頭をもたげ続ける感情である。例えば、怒りっぽいと自分のことを思っていなくても、しばしば、突然に一時の激情にかられやすいことに気づくかもしれない。そのようなケースでは、怒りのデーモンとのワークを選ぶことになるだろう。その他のよい手がかりは、抑うつ、関係の失敗、あるいは金銭といった人生においてあなたがいつも抱えている問題に関係しているかもしれない。

これらはワークを始めることを助けるいくつかの例である。もし何も心に浮かばなければ、身体のことを考えてみるとよい。慢性疾患あるいは他の身体に関する病気がないだろうか。どこかに何か痛みや緊張がないだろうか。もし、あれば、それとともにワークするとよい。たいてい身体的な感覚の下にある何かを見いだすことになる。

しかしながら、デーモンの可能性があるあまりに長いリストを持っているので、最初にワークする一つを決めることが難しい場合もよくあるだろう。このような場合、あなたは何度でも、そしていくつでもあなたの好きなデーモンと実践できることを忘れないようにする。だから、正しい一つを選び取ることについて心配しすぎなくてよい。最も早くに現れたものからワークを始めていくとよい。

デーモンを育む実践を進めることで、おそらく最初に現れたものに関連した、あるいはその背後に隠れていたデーモンたちを発見するだろう。デーモンたちはロシア人形のようなものである。他のものの中に入れ子状に重なっているのである。例えば、あなたはコーヒー嗜癖から始める、するとある奴隷監督者のデーモンがその下にいるのを発見する、そのまた下であなたは失敗を恐れるデーモンを発見する、そして、その下にはあなたが愚か者であるとあなたに言っているデーモンを発見する……、などなど。最初に思い浮かんだものはとにかく何でもそれから始める。そして、デーモンを育むプロセスでは、これらの重なっているものすべてとワークを行うことになる。決して究極のデーモンを探そうとしてはいけないし、同時に一つ以上のデーモンとワークを行ってもいけない。

身体のどこにデーモンがいるかをつきとめる

あなたが何に取り組むかを決めたならば、身体感覚に波長を合わせるための時間を少しとる。身体感覚にあなた自身を根付かせることは理知的思考を回避するための良い方法である。それは、あなたが「頭で考えない」ことを助け、身体の知恵に直接アクセスする方法を伝える。

しばしば、私たちは頭の中で多くの時間を使っているので、身体を扱うには努力が必要である。問題、あるいはあなたがワークで扱うと決めたデーモンについて考え、どのような判断もせず、ただ今ある（五感による）知覚への気づきだけを持って、頭からつま先まであなたの身体を意識でもって入念に調べる。その問題を考えるときに、あなたの注意が身体のどこに行くかに注目することによって、そのエネルギーを維持しているのはどこかを探しあてる。感覚を発見したならば、それをさらに強め、きわだたせる。

ワークで取り組んでいる感情を意識的に生じさせることで、身体のどこにデーモンを保持しているかを見つけることができる。例えば、怒りについてワークしているとき、怒りが強く起こったあるときの記憶を呼び覚ます。そして、次にそのデーモンとつながった知覚について身体をスキャンするのである。すべての情動は身体のどこかにその情動の中心点を見いだすことができる。

もし、あなたのデーモンが圧迫される感情——達成へのプレッシャー——であるなら、このストレスのデーモンはあなたがいつも常に一緒にいて、起きてから眠るまであなたを動かし続けているような、あなたといつも一緒にいるものである。あなたが身体の中でこの緊張を維持しているのはどこだろう。肩だろうか？　首だろうか？　特にストレスに感じた状況を思いだすことは、身体の中でこのエネルギーの場所を突き止める助けになるだろう。

身体の中のデーモンを見すえる

デーモンの位置を身体の中に見つけたなら、それについてじっくり見ていこう。ここは重要なステップである。なぜなら、デーモンたちが私たちを支配する方法の一つは、はっきりした形を持たないことによるからである。今や、あなたはデーモンを意識し始めているのだ。目を閉じたまま、イメージがあなたのつきとめた身体的な知覚を探索していくのにまかせよう。ここで自身に問いかけるいくつかの質問がある。

- その色は何色？
- それはどんな形をしている？
- 触った感じは（質感は）？
- その温度は？
- 音を発しているなら、それはどんな音？
- 匂いがあるなら、それはどんなにおい？

▼ステップ2　デーモンに人の形を与え、何を必要としているかを尋ねる

二番目のステップでは、デーモンが、あなたが身体の中に見つけだした知覚、色、そして、手触りの単なる寄せ集めの状態から、目の前に座る生きた存在になるよう促すのである。デーモンに人の形を与えることは、しばしば認めることが難しい何かに形を与え、そしてそのデーモンとやりとりすることを可能にする。なんらかの方法で人の形を与える前に、身体の中に位置づけた知覚をはっきりさせる。それは動物、人、怪物、あるいはあなたが見いだした特徴をあらわす何か他の存在になるかもしれない。それが何に見えるかをコントロールしたり、決めようとしたりしてはいけない。あなたの無意識がそのイメージを生じさせるのである。感情の知覚をある存在に変容させるという点で、人の形を与えるということは想像することでもある。もし、月並みなもの、あるいは漫画のキャラクターのように、取るに足りないもののように見えるものが出てきたとしても、それを捨てたり、変えようとしたりしてはいけない。手を加えることなく現れてきたものは何であれそのままワークする。そのデーモンが顔、目、そして、手足を持っていれば、それらがデーモンとあなたがやりとりすることを助けるのでワークの役に立つ。もしそのデーモンが木、あるいは岩のような無生命の物体として現れたなら、それに「もしあなたが生命のあるものであるなら、あなたはどのようにみえますか？」と問うとよい。そして、何が現れるか見る。おそらく、あるこぶだらけの木は、節くれ立ち腰の曲がった年老いた女性になるだろう。現れてくるイメージを信じることである。

デーモンに人の形を与える

ここではあなたのデーモンについてより明確な感覚を手に入れるため、自身に問ういくつかの質問をあげる。

- 大きさはどれぐらいか？
- それは手や足を持っているか？　もし、持っているならそれは何に似ているか？
- 何色？
- 身体の表面は何か？
- そのデーモンに年齢があるか？
- そのデーモンには性別があるか？
- デーモンの感情の状態は？
- 私がそのデーモンを見るとどんなことを感じるか？

目を合わせ、そのデーモンの目の表情に注意する。これはデーモンに生命をもたらし、そして結びつきを感じるために重要である。

最後に、もう一度デーモンを見て、あなたがこれまで見ていなかった何かに気づいたならばそれをさらに見ていこう。

例えば、これまで私が左肩の中に経験してきた痛みは、赤く、はかない、やせた男性の形をもったストレスのデーモンである。彼の両足は骸骨である。彼の両目はとても神経が張りつめており、射抜くようであり、荒れ狂っているように見える。彼は私にイライラしているようだ。彼の髪は直立したようにまっすぐで、とても硬く、壊れやすそうである。彼は赤いけれども冷たく、そして彼は私よりも少し大きいくらいである。彼は中年で神経を張りつめている。デーモンに人の形を与えるうえで、正確さはとても重要である。なぜなら、これらのイメージたちは無意識からのコミュニケーションだからである。もし、あなたがそのデーモンを近くで観察することができるならば、「私の恐れのデーモン」といった何か曖昧なものではなく、より多くの情報をもたらすことができる。あなたの中にある正しく認知し推論しようとする力はそのデーモンを分析しようとするかもしれないし、あるいは異なる一連のイメージがふっと現われるかもしれない。しかし、最初のデーモンにこだわることである。自分自身に対して後でケチをつけてはいけない。最初に出てきたイメージとともにワークすることが、一番うまくいくのである。

必要としているものをデーモンに尋ねる

この二番目のステップにおける次の部分では、デーモンを満足させるものについてより理解を深めるための三つの質問を通じて、デーモンと直接にやりとりをすることである。これはあなたとデーモンが直接に関係を作る機会である。その質問を問うたならばすぐに、あなたはデーモンの場所に移りかわる。三つの質問は列挙されている順番通りに、はっきりと口に出して問うべきである。なぜなら、それらはデーモンを育むのに必要なネクターへだんだんとあなたを導いていくからである。

私から欲しいものは何か？
私から必要とするものは何か？
もしあなたがあなたの必要としている何かを手に入れたなら、どのように感じるか？

そして、これらの質問を問うとすぐに、答えを待つことなくデーモンの場所に移りかわる。あなたはその答えを知るためにあなたがデーモンになる必要がある。

▼ステップ３　デーモンになる

目を閉じたまま、あなたの前に用意した席に移動し、あなたが今まで座っていた元の席に面する。そして、デーモンになったあなた自身をイメージする。深い呼吸を一度、ないしは二度行い、そして自分自身がデーモンになることを感じる。席を代わる前に目の前で人の形を与えられたその存在をありありと思い出す。そしてあなたが「デーモンの境遇に身を置き、デーモンの立場」にあることをイメージする。正面には普段の自分を想像し、三つの質問に答える前に、デーモンという新しいアイデンティティに慣れるまで少しの時間をとる。

私たちがデーモンを見たとき、そのデーモンが感じている何かをすでに私たちは知っていると考えることがほとんどである。しかし、私たちがデーモンになったとき、私たちは全く異なったことを感じとる。そのときには、脅しているようにみえたあるデーモンが実際には怖がっており、その脅しはデーモン自身を守るための行動であることを知るかもしれない。このステップは、プロセスの中で最も驚くところになるだろう。だから、それがつまらなくみえたり、ぎこちなくみえたとしても、場所を代える努力をする。そして、デーモンの視点から一人称で三つの質問にはっきりと声に出して答えると、次のように答えることになる。

私があなたから欲しいものは……。
私があなたから必要としているものは……。
私が必要としているものを手に入れ満たされたなら、私は……と感じるだろう。

私が先ほど話に出した赤く、怒りっぽいストレスのデーモンは、こんな風に最初の質問に答えるかもしれない。「私はあなたがもっと成功するためにあなたに急いで欲しいし、もっと多くのことをなして欲しい」。

これらの質問において「欲しいもの」と「必要なもの」の間に区別をつけるということがとても重要である。なぜなら、多くのデーモンがあなたの人生を生きる気力を欲する。あるいは、あなたの人生における良いものすべてを欲し、あなたを支配することを欲するだろう。しかし、それらは彼らの必要とするものではないのである。たいてい、デーモンの必要とするものは欲するものの真下に隠されている。それらは、私たちが二番目の質問でなぜ?と問うものであり、より意識の深い部分を探るものになる。アルコール依存のデーモンはアルコールを欲するかもしれない。しかし、そのデーモンは安全やくつろぎのように、まったく違う別の何かを必要とするかもしれないのである。渇望の奥に隠されているニードを私たちが手に入れるまで、その渇望は続くのである。

「あなたが必要としているものは何?」という質問の答えとしてストレスのデーモンはこう返答するかもしれない。つまり、「私がいま必要としていることは、安心を感じることである」と。

急ぎ、多くのことをなしたいというストレスデーモンの望みの下には、安心を感じたいというニーズがあるということを理解した後に、デーモンが必要としているものを手に入れたなら、そのデーモンがどのように感じるだろうかということをさらに探すのである。このことがデーモンを育むための何かをあなたに教えるだろう。例えば、「あなたが必要としているものを手に入れたならどのように感じるだろう?」と問うたなら、ストレスのデーモンは次のように答えるだろう。「私は解放され、そしてついには寛いでいると感じることができるだろう」と。今や、あなたはこのデーモンに寛ぎを与えることで育むことができることを知るのである。

癌のような病気のデーモンは次のように言うかもしれない。「私はあなたの生きるすべてを欲している」と。そして、「あなたが必要としていることは何?」という問いの答えとして、「私は強さを必要としている」と答えるかもしれない。「あなたが必要としているものを手に入れたならあなたはどんなふうに感じる?」と質問したなら、この場合、必要としているものは強さであるが、デーモンは「私は力に満ちあふれていると感じるだろう」と答える。そのときあなたはそのデーモンに力を与えることで育むことができるということを知るのである。三番目の問いの答えは、気持ちだということを覚えておかねばならない。例えば、癌のデーモンは言うかもしれない。「私は巨大だと感じる」と。しかし、巨大さは気持ちではない。あなたが必要とするのは、デーモンが必要とするものを手に入れたときにどのように感じるかを知ることである。おそらく、巨大さの背後にある気持ちは、今の例で見たように何らかの力だろう。

癌のようなデーモンに活力を与えることはそれを成長させるだけだと感じるかもしれない。しかし、デーモンが本当に必要としているものを直接扱うことは、逆説的なことではあるが、その脅威を減少させることになるのである。この方法は、白血球によって攻撃され破壊される癌細胞を思い浮かべるといったような、癌に対する代替的アプローチとは正反対の立場をとる。ここでの考え方では、デーモンが必要としているもの（ニーズ）に焦点をあて、それがネクターによって満足させられたなら、体内の癌は減少するというものである。

タバコ嗜癖は、タバコを欲しがり、安全を必要とし、もし、安全が得られたならば、穏やかさを感じるというかもしれない。その結果、ネクターは穏やかな感覚からなるものとなる。物質を熱望することの根底にある気持ちをデーモンに与えて育むことで、私たちは表面的に表れる症状の代わりに核となる問題に焦点を当てるのである。しかも、もし成功を望むストレスデーモンが寛ぎを感じることを必要とするなら、デーモンに寛ぎの感覚を与え、育むことで、その強迫的な活動を終わらせることになるのである。

▼ステップ４　デーモンを育み、「なかま」に出会う

四番目のステップには二つの段階がある。その二つとは、デーモンを育むことと「なかま」に出会うことである。デーモンを完全に満足させて育むことが終わったと感じたとき、もしあなたが望むのならば、すぐに五番目のステップに進むことができる。五つのステップからの恩恵を受けるた

めに、「なかま」と出会うことは必ずしも必要なことではない。しかしながら、「なかま」との出会いは豊かな価値をもつプロセスとなりうる。

デーモンを育む

実際に私たちがデーモンを育んでいるとき、私たちは非常に重大な瞬間に到達している。あなたが座っていた元の席に戻って、デーモンに対面する。再びあなたの目の前にデーモンの姿を想像する前に、少し時間をとり身体を椅子（またはクッション）にゆったりともたれかけさせる。まるで、あなたの意識が身体の外にあるかのように、そしてあなたの意識がこのプロセスの観者であると感じるよう、まず初めに身体から意識を分離する。次に、必要としているものを手に入れたら感じることになるとデーモンが言ったものから成るネクターの中にあなたの体が溶け込んでいくことを想像してみよう。あなたの想像力をもってネクターに形を与え、体との結びつきを解放し、あなたの意識が体を離れることを想像する。チューの伝統的な実践では、意識は頭のてっぺんを通って離れ、荒々しい智慧の女神であるトローマの化身と結びつくとされている。トローマとは紺色の踊る忿怒母神で、ネクターへと変態する体を見守るものである。あなたはこういったことを想像するか、あるいはただネクターになるものとして身体の体験に意識を集中させる。いずれにせよ、あなたの身体が溶けだすことになる。最初に足が溶け始め、ついには頭まで溶けていくことになるかもしれないし、体の両端から心臓に向かって、あるいは、勝手に一瞬のうちにすべてが溶けるかもしれない。

ネクターは大体が液状である。しかし、ガス状のものである場合もある。あるいは、想像から発生する何かであるかもしれない。ある人は蒸気や煙として自らのネクターを心に描くだろうし、別の人はクリームのようなもの（もしかするとアイスクリームかも！）を想像するかもしれない。ネクターをデーモンに引き渡す方法と、その色に注目する。デーモンがネクターを飲む、あるいはデーモンがネクターに浸かる容器の中でそれは変化するだろうか？　あるいは、ネクターはデーモンに向かって流れる液体の川や小川のようなものであろうか？　ネクターは三つ目の質問の答えとしてデーモンが述べたもの、つまりデーモンが必要としているものを手に入れたときに手にする気持ちの蒸留液のようなものである。例えば、デーモンが必要とする何かを手に入れたときの感情、力強さ、あるいは愛されている、受け入れられているという感覚といったものである。その場合、ネクターの本質や特性は力、愛、受容であるべきなのである。

デーモンによって吸収されるネクターがどのように見えるかについて、あなたの想像力を自由に働かせる。デーモンの口または毛穴、あるいは何か他の方法で、あなたが供物として捧げるネクターを、デーモンが吸入、あるいは取り入れるところを見る。あなたが想像するものは何でもはっきりと詳細に見て取るよう努力する。デーモンの中に流れ込むネクターを心に描き続け、ネクターの供給が無限にあり、限りなく気前よく供物を捧げることを想像する。デーモンを育むとき、どのように変化を始めるかについて注意深くデーモンを見る。どのような方法で変わっていくだろうか？　それは全く新しい存在に変化するだろうか？

デーモンが完全に満足したときに何が起こるだろうか？　すべてが十分に満足した瞬間、デーモンの外見はたいてい大きく変化する。それは全く新しい何かになるかもしれないし、煙、あるいは霧の中に消えるかもしれない。ここで私たちがなすべきことは何もない。ただ、生じていることを観察する。そして、確かな結果をつくりだそうとすることなく、そのプロセスをただ述べるのである。デーモンが完全に育まれたとき、進展する何もかもが自然に内発的に起こるだろう。デーモンが完全に満足するまで育まれることがとても重要である。あなたの供物が一部分しか捧げられなかったり、条件付きであってはいけない。もし、あなたのデーモンが飽くことを知らないように見えるなら、完全にデーモンが満足させられたときにどのように見えてくるかを想像するとよい。

かつて、私はロサンゼルスからやってきたある女性とこの五つのステップを行った。その女性は、身体的・言語的に虐待された過去を持った人であった。彼女はこれを自己憎悪のデーモンとした。私が四番目のステップについて彼女に話をしたとき、彼女は次のように言った。「何を言っているんですか！　デーモンが私のために働くことなんて信じられない。私は自分の中に憎むべき声を持っている。それはほんの一瞬でさえも私から離れることはないのです」と。彼女は絶望し、涙を浮かべていた。

彼女が目を閉じ四番目のステップを行ったとき、突然彼女は笑い始めた。実践が終わって、私たちがそのことについて話し合ったとき、「信じられない。私がデーモンを育んだ後、私の内なる憎悪のデーモンは反対を向いて部屋から出て行ったの。彼の後のドアを閉めてね。私がそのドアを見たら『釣りに行ってる』って看板がかかっていたのよ」と言ったのである。彼女は笑いをとめることができなかった。それは、彼女が自己嫌悪のデーモンから自由になったと感じた久しい年月ぶりの瞬間であった。

「なかま」に出会う

あなたは第1章のマチクと水の精ナーガの話を覚えているだろうか。かつて、マチクは攻撃してくるナーガたちに食物として彼女自身を捧げた。すると、彼らは「なかま」たちに変容し、彼女と弟子たちを守護することを誓約した。同じことがネクターとして私たち自身をデーモンに捧げたときにも当てはまる。そのデーモンというネガティブなエネルギーはポジティブな力に変わる。今や、私たちにとっても、デーモンが十分に満足することで変化するように、人の形を与えることでその力に出会い、そして、それが我々の人生においてポジティブで保護的な存在となるエネルギーにどのように変化するかについて正確に知る好機なのである。

デーモンは満足すると優しい外観に変わる。それが「なかま」である。「なかま」は動物、鳥、人間、神話上の神、あるいは菩薩、子どもや親しい人の形をとるだろう。十分にデーモンが満足した後に、現在の形があり、それが「なかま」ならば問いかける。もし、「なかま」でないならばそれをそのままの状態にして、その傍に「なかま」を招くことができる。デーモンは煙に消えるかもしれないし、水溜りの中に溶けるかもしれない。あるいは、単純に崩壊するかもしれない。もし、デーモンが消え、影も形もないならば、「なかま」があなたの前に現れるよう招くと「なかま」と出会うことができる。「なかま」たちがとる形がどのようなものであれ、「なかま」の外見の細部に注意しよう。「なかま」の目つき、大きさ、色、何をまとっているかといったことを見てみよう。もし、「なかま」が無生命の物体や植物ならば、人の形をもつ存在になるよう促す。

再びはっきりと口に出して「なかま」に話しかける。質問は一つ、または以下に記すすべてについて問う。

あなたはどのように私を助けてくれるだろう?
あなたはどうやって私を守ってくれるだろう?
どんな誓いや約束をしてくれるのか?
どうすれば再びあなたを呼び出すことができるだろう?

次に、ステップ3であなたがデーモンになったときにしたように、ただちに席を代えて「なかま」になる。「なかま」になり、そのことが体になじむための時間を十分にとる。身体がこの保護する守護者になったことをどのように感じ取るのかに注意する。そして、「なかま」として話し始め、上述された質問の答えを可能な限り、はっきりと具体的に述べるように試みる。

私はあなたを……によって助けるだろう。
私はあなたを……によって守るだろう。
私はあなたに……を誓約するだろう。
あなたは……によって再び私を呼び出すことができるだろう。

「なかま」が、どのようにしてあなたに仕えて守るか、そしてどうすれば「なかま」を呼び出すことができるかについてはっきりと表現するやいなや、あなたの元いた場所に戻る。ゆったりと椅子に（またはクッション）にもたれかかる時間をとり、目の前の「なかま」を見る。そして、「なかま」が誓約した助けと約束を受け取ることを想像する。支えとなるエネルギーがあなたの中に入ってくることと、その効果を感じる。「なかま」からやってくるポジティブなエネルギーの流れの中で、少しの間それに身を任せよう。

最後に、「なかま」自身があなたに溶け込むことを想像する。そして、「なかま」の持つ深いいつくしみという最も重要な本質があなたに融和することを感じる。「なかま」があなたの中に溶け込んできたときに、どのように感じるかということに注意する。その際に「なかま」は、分かつことのできないあなたの一部分であることを実感する。そして、そのときあなた自身が空(くう)に溶けていくのにまかせるのである。そうすることが、自然にあなたを第五番目、最後のステップに導いていくことになる。

「なかま」の力の源となるのはデーモンの激しさであるので、デーモンが激しく、手に負えないほど「なかま」の力は強大になる。日常生活のために「なかま」の力を移すために、私たちは「なかま」を呼び出すことを必要とする。時々、「なかま」のイメージや言葉をあなたの心に十分に留めるようにする。よく目にする場所に「なかま」の表象を置いておくのもよい。

もし、デーモンを育んだ後に残ったものが「なかま」でないならば、それは「なかま」とともにいるものになるだろう。ゆえに、あなたが「なかま」に質問して、「なかま」からエネルギーを受け取った後、「なかま」とその他の姿をとったものの両方をあなたの中に統合し、そして五番目のステップに進む。私はかつて四番目のステップの最後に、幼い子どもを見た。しかし、この小さな女の子は私に自分は「なかま」ではないと言った。少ししてから、黒い聖母のような形をした背の高い姿が現れた。これが、「なかま」であった。それゆえ、私はその小さな子どもに待ってもらい、聖母のような形をしたものと対話した。そして、私はその両方を私の中に溶かし五番目のステップに入った。

「なかま」の力の一つの例は、フランセスにみることができる。フランセスは五十三歳の心理療法士であり医師であった。彼女は、もう長いこと怖れてきた胸の違和感とともにワークを行った。漏斗胸（訳注　胸骨下部および肋軟骨がひどく後方にまがり、前胸部の下部が漏斗状にくぼんでいるもの）のように感じられていたものは彼女の生きるエネルギーを奪い去っていた。二番目のステップを行ったとき、彼女の見たデーモンはとてつもなく大きく、黒色で憤然と立ち上がっている狼のような怪物であった。彼は巨大な醜い鼻と尖った歯、そして彼女をじっと見つめる赤い目を持っていた。彼の毛皮は電流をはしらせ鋭い爆音を発しており、しばしばすべてのものに白い閃光が雨あられのように降り注ぐように放出された。そして、長いカミソリのようなかぎ爪を持っていた。

フランセスがデーモンを同定したとき、デーモンは巨大でとても強いものと感じた。そこでは普段の自分がとても小さく感じられた。デーモンは、フランセスがデーモンの欲することだけを行うことでデーモンに仕えることを欲した。フランセスがそれを達成することができたならデーモンは力強さ――大きさ、そして強さ――を感じるだろうと言った。

フランセスは力と強さのネクターの中に彼女の体を溶かし、狼のようなデーモンに捧げた。デーモンは飲みに飲んだ。すると、デーモンの毛皮は色彩の中で真っ白になるまで輝きに輝きを増した。デーモンの目は青くなり、ついには彼女を忠実に見つめる巨大なハスキー犬のようになった。彼は、自分は彼女の「なかま」だと言った。

フランセスが「なかま」にどうやって彼女に仕えるのかと聞いたとき、彼は彼女に智慧を授けたと答え、その智慧には彼の眼を覗き込むことによってアクセスすることができると答えた。彼が横たわり膝に頭を置くことで示した素朴で献身的な愛情によってフランセスは深く心を動かされた。

五つのステップの最後に開放的な場所で安らいだフランセスは、漏斗胸のように感じられていたものがなくなっていることを発見した。青い目をしたハスキー犬の「なかま」はその日から彼女が行くところはどこへでも同行した。彼女が仕事に復帰したとき、彼女は守られていると感じられた。今も、その巨大な白いハスキー犬は彼女に同行している。彼女が孤独や不確かさを感じるときには彼女の傍に横たわった。彼女がその青い眼を覗き込むとき（それはまるで晴れた日の青い空を覗いているようであった）、ただそれは智慧を映すのであった。

「なかま」はあなたがデーモンを育むことを終えた後、そのセッションの後も、長く支えとなる役割として仕えることができる。「なかま」を描き、それを頻繁にあなたが見る場所に置いておくことで、「なかま」を使うことを学ぶ。「なかま」にどのようにすればアクセスできるかを尋ねておく。より安定した基盤を必要としたある女性の場合は、彼女がいつも身に着けている木製のビーズを触ることで呼びだすことができると「なかま」から言われた。「なかま」の姿を思い出すために、動物のぬいぐるみや像を買う人もいる。あなたの内なる力の源を思い出させるものはとても助けになる。

「なかま」と出会った後、あなたが「なかま」と対話することに専念する単独のセッションをもつことで、「なかま」にアクセスすることもできる。九回のリラクゼーションのための呼吸を行った後、「なかま」があなたの前に現れるように招く。次に、あなたは質問することができる。あなたが満足するまで場所を代え、答え、元の席に戻り、他の質問をする。こういったことが、あなたが「なかま」とより深い関係になることを可能にするのである。

▼ステップ5　気づきの中で心を休める

あなたがデーモンを満足させることでデーモンを育むことを終え、「なかま」が統合されたとき、あなたと「なかま」は空（くう）に溶ける。そのとき、あなたは生じている気づきの中でただ安らいでいる。ほんの少しの時間でも精神が休息をとるとき、ある種の寛いだ感覚が通常の思考の流れに取って代わる。私たちはこのようになるのに任せ、この場所をどのようなものであってもいっぱいにしない。ただそのままにしておくのである。「私」でもなく、「デーモン」でもないものがある。ここでは私たちは自己や固着を超越している。あなたはこれを安らぎや平穏として体験するかもしれない。しかし、これを強いたり、名前をつけようとしたりしてはいけない。ただ、あなた自身をゆったりとさせるだけである。あなたは空(くう)の中に溶けていくものとして最初に起こった感覚と直接の気づきに何回か戻ったりしながら、あなたはこの瞑想的な状態をあなたが望むだけ延ばすことができる。しかし、こういったことに関して意識的にふるまって不器用になってはいけない。つまり、緊張がとかれた状態においてただ休息し、そしてあなたの心が何か他のものに動いたときにそれが終わるのである。「何も起こらない」という感覚であるが、実際のところ、この五番目のステップこそあなたがデーモンを育むプロセスで最も重要な瞬間なのである。

デーモンを育む実践から得られる二つの恩恵がある。一つは私たちが葛藤の中で固く縛られたエネルギーにアクセスすることに内的・外的に苦心することで、支配されている状態から動くことができ、デーモンが「なかま」たちに変容することである。もう一つは、よりとらえがたいものではあるが、これこそ実践のより重要な成果である。それは第五のステップで明らかになってくる始まりであり、潜在意識のゆらぎや情動の乱れ、日常生活に生じる数々の固着から自由な状態に入る一つの窓口なのである。それは激しい肉体労働をした後に起こるものと大して違わない。あなたは疲れ切って地面にばったりと倒れる。ただ、この場合はそれが身体的にではなく、精神的にばったりと倒れるということなのである。

ある人々はそれを平穏と表現し、他の人々は休息と表現する。他にも深遠な広大さと表現する人もいるかもしれない。私はそれを「隙間（すきま）」、あるいは「思考との距離」と呼びたい。「隙間（すきま）」を体験するとき、私たちはたいていすぐにそれを何かで満たそうとする傾向を持っている。誰もいない家に帰ったときに、テレビをつけ、電話をして、インターネットをするというように、多くの方法でこれを埋めようとする傾向がある。私たちは空いている場所があると落ち着かないのである。この五番目のステップでは、この場所を埋めるのではなく、その中であなたが安らぐのである。この開かれた気づきはほんの一瞬起こるようなものであっても、それは私たちのありのままを知る始まりなのである。この何とも関連を持たない状態が心地よくなったならば、あなたは常習的に執着することをやめ始める。我々はたいてい困難さや思考に巻きこまれすぎているために、このような状態を経験していない。それゆえに、その状態の中で休んでいることは、海で溺れる恐怖に屈してそれに抗おうとするのではなくて、その海でたゆたうことに似ているのである。

　この章では、デーモンを育み、「なかま」を見つけ、そして気づきの中で休むことを通して、五つのステップをどのように行うかをみてきた。五つのステップを用いるとき、どのステップも省こうとしてはならない。それぞれのステップがプロセスへ重要な貢献を果たしている。プロセスとは、初めのリラクゼーションのための呼吸法から最後の瞑想までである。いくつかの部分を飛ばしてしまうよりも、五つのステップをすべて行った後には、よりよい多くの結果があなたにもたらされるだろう。例えば、あなたが実際にデーモンと席を代えず、デーモンの視点を体験することなくデーモンが必要としているものがわかったと思ったならば、あなたはデーモンになるという体験を逸するのである。

次章からは、いくつかの付加的なガイドラインおよび提案とともに、五つのステップの実践例を見ていこう。

第5章　五つのステップの実際

人は光の姿をイメージすることでではなく、
暗黒を意識化することによって悟りに導かれる
——C・G・ユング

前章では、五つのステップをどのように行うかについて説明した。この章では五つのステップを実践しているケースから始め、次により効果的に実践を発展させるためのさまざまな方法をみていく。

ケイトの場合

ケイトの両親はとても批判的であった。両親は常にケイトに対して愛されるに値する人間ではないということを遠回しに言い続けていた。ケイトが自分自身を嫌悪し始めたのは驚くことではない。彼女は成長し結婚したが、結局、夫は彼女のもとから去っていった。ケイトは仕事を長く続けることもできなかった。ケイトは深く愛される価値がないと感じており、自己破壊的な行動をとった。

彼女の内なる声は常に、彼女は十分ではない、つまり敗北者であり、生きることを諦めるべきだということを言い続けていた。これが彼女の自己嫌悪のデーモンであり、それはどんどんと強くなっていた。彼女はデーモンがどれほど多大な影響を彼女に及ぼしているかということに気づいていなかったが、それはすべてのことを混乱させていた。しかしながら一方、その声はある種の否定的な、すなわち親しみを感じさせるが、有毒な防衛手段ともなっていた。ここでは、簡単にケイトが自己嫌悪のデーモンにどのように対処したかについてみる。

ステップ1　デーモンをみつける

リラクゼーションのための九回の呼吸を行い、実践のために利他的な精神的集中を行った後、ケイトは目を閉じ、自身の体の気づきに深く入りこんでいき、自分には価値がなく、大嫌いと感じている場所を探しあてようとした。ケイトは自分のことを大嫌いになるきっかけになった、否定的で激しい非難を思い出した。将来有望な仕事をクビになった後、彼女は慰めを期待して母親に電話をしたのだが、母親はサポートするのではなく、ケイトが仕事を失ったことを責めた。このとき、ケイトは怒りと自分を憎む気持ちでいっぱいになり、初めて自分の腕を切ったのであった。この出来事を思い出したとき、彼女は突然胸に激しい感覚を感じた。彼女はその痛みを冷たさ、青紫、そして破壊されたガラスの欠片のようなもので深く傷つけられたようなものとして経験した。それは身を切るような耐え難い痛みであった。彼女の胸は痛んだ。

ステップ2　デーモンに人の形を与え、何を必要としているかを尋ねる

ケイトはこの感覚が肉体をもった姿を想像した。それは背が高く、やせこけた男性の形をしていた。デーモンは淡青色で、骨のような腕はかぎ爪で終わっていた。軽蔑した目でケイトを見ており、歯は黄色く尖り、口は彼女に噛みつこうとしているかのように開いていた。その眼は小さく、獰猛そうであった。もう一度見たときに、デーモンの体の表面が細かな釘のような青色のとげで覆われていることに気づいた。

ケイトははっきりとした口調でデーモンに尋ねた。

「私から欲しいものは何？」

「私から必要とするものは何？」

「あなたが必要とするものを手に入れたならどんなふうに感じる？」

ステップ3　デーモンになる

デーモンが答える前に、彼女は場所を代わり、彼女の席の真向かいにある椅子にしっかりと座り、デーモンの身になるために、少し間をおいてからデーモンになった。彼女は質問に答える前に動作を止め、デーモンが感じているものを経験しようとした。その体に宿ることで、デーモンが信じられないくらいの苦痛で脅かされ、自身のことをこき下ろしていることがわかった。「私から欲しいものは何？」という質問に、「お前が苦しむことさ。なぜなら、お前はとてもおろかで価値がないからな」と答えた。

「あなたが必要としているものは何？」という質問には「お前が一緒にいてくれること、逃げようとすることをやめること、そして、お前が俺を受け入れ、愛してくれることを必要としている」と彼は答えた。

「あなたが必要とするものを手に入れたならどんなふうに感じる？」という質問に彼は「俺はリラックスして、そして愛を感じるだろう」と答えた。

ステップ4　デーモンを育み、「なかま」に出会う

ケイトは元の自分の席に戻り、目の前にいる自己嫌悪のデーモンを見た。彼女は今や、デーモンを愛で育むことが必要なことを知っていた。彼女は愛のネクターの限りない海の中に彼女の体が溶けていくことを想像した。そして、次にデーモンが淡青色の体のすべての毛穴からそのネクターをたちまちに受け取ることをイメージした。

デーモンがネクターを吸収するにつれ、デーモンの外観が変化した。体は柔らかくなり色が消えていった。少ししてから、柔らかく動く鼻をもち、温和で闇色の眼をした灰色の馬に変わった。

ケイトは「なかま」かどうかを灰色の馬に尋ねた。灰色の馬が優美な頭を頷かせて、そうであることを知らせたので、彼女はその「なかま」がこの先、彼女をどのようにして助けてくれるか、どのようにして守ってくれるか、「なかま」が何を誓約してくれるかを尋ねた。次に、彼女は「なかま」と場所を代わり、灰色の馬となった。彼女は自分自身が次のように答えるのを聞いた。「私はあなたをこれまでに行ったことのない所に連れていくだろう。そこはあなたが一人ではいくことができないところ。この世界でことを成し遂げていくために私の強さをあなたに与えよう。困難なときには、やってきて頭を私の首の上に乗せて休ませて。あなた自身に力を与えることで、私はあなたを守ってあげましょう」

ケイトは元の自分の席に戻り、そして、目の前の馬をじっと見つめながら「なかま」の強さを受け取り、誓約を受け取った。これらが彼女の中に流れ込んで来たとき、彼女は心の中に喜びが湧き起こってくるのを感じた。ついにその馬自身が彼女の中に完全に溶け込み、彼女は自分の中にこみあがってくる力を感じた。そして、彼女と「なかま」の両方ともが空（くう）となった。

ステップ5　気づきの中で心を休める

この時点でケイトは心の穏やかさを感じていた。彼女は安らぎ、開かれた意識状態でリラックスするままにまかせた。彼女は五番目のステップを「実践」する必要はなかった。（五番目のステップは）まさしく、そこにあった。これは彼女がそうなろうとした状態ではなく、デーモンがいなくなり、「なかま」と一つになることに伴って生じる自然な余裕なのである。

デーモン日誌をつける

前章で、可能な限り詳細に五つのステップの経験を記すための記録をつけることを勧めた。日誌を書くときには、洞察や連想がふつふつと湧いてくるので、そのようなこともざっと書きとめておこう。あなたがある特定のデーモンと時間をかけてワークしたならば、日誌であなたが行ったワークの経過をたどってみる。デーモンを育んだ結果、あなたが体験したどのような効果についてもメモしておく。そうすることで、あなたが特に注意を払うべき健康状態、行動、あるいは情動状態の変化に気づくだろう。デーモンを育むことについて書くことは、それが進むにつれてプロセスを安定させ促進する助けとなる。

もし、あなたが好むなら、体験について書くことに加えて、デーモンと「なかま」のイメージも描いてみよう。しかし、このために絵の練習をしなければいけないとは考えないこと。それは、あなたのデーモンワークをするために、あなただけが使うのだ。線のない大きな日誌を買い、フェルトペンやクレヨン、あるいは色鉛筆でデーモンや「なかま」の絵を描く人もいる（デーモンを育むためにアートを用いる場合についての詳細は、第7章を参照）。あなたが、つけたいと思う記録方法を決める。それは詳細な図解や、詳しく説明がついたものになるかもしれないし、あるいは簡単な記録になるかもしれない。しかし、デーモンによって思い起こされた考え、連想、あるいは記憶も含め、できる限り詳細に五つのステップを記録することにベストをつくそう。

以下に、（記録を）書いていくときに自分自身に問うとよい質問を挙げておく。

- 私がワークしたのは何のデーモンか？
- それは私の体のどこに保持され、そしてそれが持っていた色、質感、温度は？
- デーモンはどんな風に見えた？
- デーモンの眼の中には何が見えた？
- デーモンになるとどんな感じ？　見て予想したものと異なったか？
- デーモンが欲しがったものは何？
- デーモンが必要としたものは何？

必要としている何かを手に入れたときに期待した感情は何?
私は何でデーモンを育んだか?
デーモンを育んだとき、どのような変化が現れたか?
それが十分に満足させられたときに残されたものは何?
私の「なかま」は何に見えた?
「なかま」が私に誓約したことは何?
「なかま」はどのようにして私を守るのか?
「なかま」が私の中に溶け込んだときに私はどのように感じた?
五つ目のステップで安らいでいる段階に似ているものは何?
どのようにしてこの経験を毎日の生活で応用することができる?
このデーモンを育んだ結果、私が変えたいと思うものは何?
私の「なかま」にアクセスすることを可能にするために私ができることは何?

そういったことを書くことによって、さらなる洞察を次々と引き出すことができる。四十歳の理学療法士のクラリッサが外見に対する不安のデーモンに関する体験について書いているとき、彼女は母親のことを思い出した。母親は子どものころ貧しく、いつも着ているものについて気恥ずかしい思いをしていた。母親がクラリッサの外見について常に批判的であったとしても不思議ではない！　そして、五歳のときにひどい服装をした母親の古い写真の記憶が、ワークの記録を書いている折にクラリッサの脳裏を突然よぎった。クラリッサは、母親のデーモンと彼女のデーモンとの間にあるつながりについて考え始めた。彼女はいつも母親とともに暮らすことに困難を感じていた。しかし、デーモンについて書くプロセスを通して、クラリッサの母親への思いやりが増してきた。それは二人がより親しくなるための余裕をもたらしたのである。もし彼女がプロセスについて書く時間をもたなかったなら、このような洞察を得る機会は失われていたであろう。

抵抗を扱う

デーモンを育んでいる間、私たちにはさまざまな形の抵抗が起こる。積年の問題、あるいは身体の状態についてワークを行っているとき、その問題に取り組むこと、そしてデーモンを十分に満足させるに至ることが困難な場合がある。その問題が私たちのアイデンティティのかなりの部分になっているので、無意識的に、時には意識的に私たちはその問題に執着しているかもしれない。ある段階で私たちは自分自身に、「その問題を持たない私って誰?」と問うているかもしれない。そんなことは認めたくないと思うだろうけれども、私たちは自分の「もの」や、自分の「こと」になじむようになるものだ。それらはある種のフル・タイムの仕事のようになる。エネルギーの大半が犠牲やとらわれ、あるいは怒り、独善的な性格であることに縛りつけられているかもしれないので、私たちは自分が抱えている問題が解消したときに開かれてくる空間を恐れるようになる。無意識的に私たちはデーモンに執着して、ステップ4で十分にデーモンが満足することを許さないかもしれない。もっと深刻なケースでは、私たちはデーモンのエネルギーに感情的にはまっているかもしれない。例えば、憤怒のデーモンをもった人の中には、人を怒鳴ったり、威嚇したりすることに邪悪な喜びを覚えている人がいるかもしれない。

この抵抗に関してワークするための最も効果的な方法は、もしもステップ4であなたがデーモンを育み十分に満足させることができたなら、デーモンがどのように見えるだろうかを想像することだ。私はたいていこの「もしも」のアプローチを、抵抗がある場合にお勧めする。なぜなら、この方法が愛情に飢えたデーモンに固執する傾向を効果的に迂回することができるからである。ある意味デーモンをだますことになるにしても、デーモンが完全に満足させられたならどのように見えるかということを詳細にイメージすることが、ステップ5の解放へと完全に到達させる道であることを私は見いだした。

起こるかもしれない別の抵抗は、デーモンに向けられる憤りである。その憤りはあなたが寛大であることを難しくさせる。もし、こういうことが起こったならば、このデーモンと争ってもうまくいかないこと、だから別のアプローチを試みた方が価値があるということを思い起こそう。そのときには、もしあなたがほんの少しだけでも、そのデーモンを育むことができたならば、ということを考えてみる。それはデーモンを完全に満足させることと、その憤りを徐々に手放すための始まりとなるのである。

ステップ2の、デーモンが欲しがっているもの、必要としているものが何かということについて、デーモンから答えを得ることが難しいというかたちで抵抗にあっているならば、次のように尋ねてみる。「なぜ、あなたは付きまとうのか？　あなたが手に入れようとしているものは何か？」。もし、あなたがデーモンのはっきりとした形を見ることができないならば、ステップ1の身体的な感覚に戻り、デーモンを見ようとする前に、はっきりとした身体感覚が得られるまで待つ。

もし、あなたが抵抗を体験しているならば、あなたが忠実に五つのステップを行っているかを確認する。もし、忠実に行っていないならば、もう一度やってみて、きちんと指示に従うように。これらのステップは、あなたのプロセスを成功させるために丁寧に構成され、言葉で表されているのだ。

支え手を求める

あなたが五つのステップを始めようとするときに、たくさんの感情が生じてくることはよくあることだ。恐らくあなたは自分自身が涙を流していたり、狼狽していることに気づくだろう。それでも、あなたがしたくないと心底思っているのでなければ、そのプロセスとともに歩みを進めよう。あなたがこれまで避け続けてきた出来事に直面するときに、強烈な情動を経験することは全く正常なことなので安心して欲しい。これらの感情があっても、五つのステップを続けることによって、最後には安らぎと解放を感じることになる。しばしば、これまで見てきたように、デーモンを思いやりで育むため、私たちはデーモンに関する怒りを克服せねばならない、あるいはデーモンを愛で育むために、恐れを克服せねばならない。しかし、私たちがデーモンを育もうとするならば、何かがいつも変わるのである。

巨大なデーモンに直面しあなたが圧倒されるように感じ始めたならば、自分自身に問いなさい。「誰が供物をする力を私に与えることを助けてくれるだろう？　誰の助けが私は欲しいだろう？」そして、このプロセスに立ち会い、助力と精神的な支えを提供する賢い存在、親しい友人、あるいは精神的な師を招くことをイメージする。

あなたは必要なときに頼りになる精神的なガイド、あるいは信用できる友人、セラピスト、あるいは師をすでに得ているかもしれない。もし、そうならば、あなたがこのデーモンを育めるように、怒りや恐れを手放すことを助けるため、そうした人たちがあなたの前にいるデーモンの上の空間にいるとイメージする。このような支えとなる存在は、あなたがデーモンを育むときに思いやりをもった助力者としてふるまってくれる。

パートナーとともにデーモンを育む

あなたが実践中に何か手助けを得られないだろうかと思うならば、パートナーとともにデーモンを育むことは効果的である。パートナーとともにワークを行うとき、一人が見守り手の役割を取っている間、もう一人が実際にワークを行い、その後役割を交代する。

場を整える

始める前に、三つのクッションあるいは椅子を準備する。一つが見守り手のためで他の二つが実際にワークする人とその人のデーモンのためのものである。デーモンとワークをする人のための席は向かい合わせに置く。見守り手は実際にワークする人とデーモンに対して垂直の位置に座り、両方の席が簡単に見え、かつ親密さを感じるに十分な距離をとって後方に座る。

守秘義務

パートナーとともにデーモンを育み始める前に、秘密保持のためのガイドラインに合意することは欠かすことができない。特別な許可が与えられない限り、一緒に行ったセッションの中で起こったことは何であっても、誰であっても話し合わないということをはっきりしておかねばならない。次に、釈明の余地なく、いかなる冗談も言うことなく、この約束に則って行動するようにする。実際にワークするパートナーがそれについて話し合うことを望まない限り、あなたたち二人の会話の中でそのセッションの話題が出ることさえも許すべきでない。守秘義務をもってこの実践が外にもれないようにして、この境界を完全に守らねばならない。

見守り手

見守り手は支持的であるべきで、どのような形であっても批評的であってはならない。見守り手の役割は、そのプロセスを促進するための共感的な存在として役立つことである。見守り手がその場にいるのは、セラピストとしてふるまうためでも、相談相手となるためでも、あるいはパートナーの経験を言い表すためでもなく、ただ、ワークのための場所を守り、パートナーが五つのステップに沿って順調に進むように見守るためである。見守り手は五つのステップのコピーを持っているとよい（必要なら、付録の簡単な手引きを参照する）。

実践が行われている際に、パートナーが経験していることに十分に調子を合わせるために、実践しているパートナーの表現や身体言語のいろいろなニュアンスに、耳を傾け、細心の注意を払うべきである。例えば、デーモンが十分に満足させられたとき、微笑みが現れるかもしれず、それは実践しているパートナーが、その安寧の中で座っていられる静かな時間が必要だということを示しているかもしれない。

あなたが見守り手をつとめているときに、あなたのパートナーがプロセス中に涙を流しても、五つのステップを続けることを勧める。私はしばしば実践のはじめに涙や恐れを見てきたが、しかし、実践が終わるまでにはその涙はどこかにいき、何か重要な変化がおこる。しかしながら、あなたのパートナーがすさまじく苦しめられているように見えたならば、デーモンに会うための別の機会を設けたいかどうかを尋ねるとよい。見守り手は、パートナーが十分に深くないとか、正しいデーモンを選んでいないとか、どのような形であってもそのプロセスを批評するようなことを決してほのめかすべきでない。

見守り手は、五つのステップで起こっていることを記録する筆記役になるという価値ある働きをなすこともできる。しかし、これが手に負えないならば、あなたのパートナーを言葉でガイドするだけでよい。経験の少ない見守り手は、付録の簡単な手引きのコピーを手にもっておくことで、五つのステップのガイドの役を果たすことができる。しかし、見守り手が各ステップを暗記し、彼あるいは彼女のパートナーを躊躇なく案内することができたならば、それが最も望ましい。ワークしているパートナーとそのデーモンの間での会話の代わりに、ワークしているパートナーと見守り手との会話へとその実践が変質しないこともまた重要なことである。

実践

始める前に見守り手が「あなたはワークしたいと思うデーモンが何か知っていますか？」と尋ねる場合もある。ワークを行うパートナーは（このワークで）取り組みたいと思っている問題やデーモンについて述べるだろう。もし、まだはっきりと決まっていないようであれば、それが決まるまで、育くもうとしているデーモンあるいは神が何かということについて、少し話をすることはさしつかえない。

見守り手はリラクゼーションのための九回の呼吸法で、パートナーの手引きを行う。次に、見守り手は、存在するすべてのものの利益のために瞑想を行うことを示唆する。そして、見守り手とパートナーが共に利他的な動機を持つようにする。見守り手が目を開けパートナーを見ている間は、ワークするパートナーは目を閉じたままにする。パートナーがワークを始めるとき、実践中に見えているものについては、見守り手に報告する。

ワークするパートナーが実践の手順を暗記していないものとして、見守り手はステップを示してガイドする。ワークするパートナーが実際にデーモンを育むステップ４に至ったとき、「今、何が起こっていますか？　変化はありましたか？」と見守り手は定期的に尋ねる。

見守り手はしばらくしてから、「それは十分に満足しましたか？」と尋ねてもよい。もし、デーモンが抵抗し満足していなければ、見守り手はワークしているパートナーが、そのデーモン（あるいは神）が完全に満足させられたならば、どのように見えるだろうかについてイメージすることを提案する場合もある。次に、見守り手はワークしているパートナーがデーモンを十分に満足させたことがはっきりしたとき、彼あるいは彼女の頭を頷かせて欲しいと頼んでもよい。

デーモンが満足させられたとき、あるいはそのように見えるとき、見守り手はワークしているパートナーが「なかま」に会って、ステップ4を続行したいと思うかどうかを尋ねる。すべてのステップにおいて、ワークを行っているパートナーは、デーモンや「なかま」と話し合うのであり、見守り手と話し合うのではないことに注意する。ワークしているパートナーは、「なかま」とともに空（くう）に溶けこむまで、つまりステップ4の最後まで、「なかま」とともに経験していることについて述べ続ける。空（くう）に溶け込んだその時点で、見守り手とパートナーは双方ともが瞑想に入り、静かになる（ステップ5）。プロセスが完了したとワークしていたパートナーが感じたとき、パートナーが今度は見守り手になるために、今まで見守り手であったパートナーと場所を代わる。双方が入れ代わる際に、どのような話し合いも持たないことが最も望ましいことである。あなたが望めば双方が終わった後、話すことができる。

五つのステップの間中、ワークしているパートナーは常に一人称で話をするということを忘れてはいけない。例えば、パートナーがデーモンになって話すときは常に、パートナーは「私にはあなたが走りまわるのをやめ、そして私の声に耳を傾けてくれることが必要だ」と言うことになる。これはパートナーが見守り手に対して「走りまわるのをやめて、注意をむけることが必要だとデーモンが言っている」と報告するよりも、ずっと効果的で直接的である。

あなたの神やデーモンを育むために、パートナーと会う定期的な時間を定めることもまた良い考えである。これは毎週カレンダーを見比べ、新しい約束を取り決める必要なしに、実践が続けられることになり、双方にとって実践をより簡単にする。

セラピストと五つのステップを行う

もし、あなたが心理療法家とともにこの実践をやってみたいと思ったならば、資格を持ちイメージワークの経験のある心理療法家あるいはカウンセラーを探してみよう。ゲシュタルト療法家やユング派の分析家はいずれも、心の一部分に人の形を与えるような別の種類の心理療法の実践家がそうであるように、この条件にあてはまる。もし、あなたの心理療法家に五つのステップを見せ、デーモンを育むことの背後にある原理を説明したならば、彼あるいは彼女はあなたの見守り手としてふるまってくれるだろう。

　依存症者または摂食障害をもつ人とともにワークを行っているカウンセラーの場合、デーモンは明らかであり、それぞれのセッションでそのデーモンに焦点が当てられるだろう。しかしながら、すべてのセッションにおいて心理療法家は最初から始め、ステップ1，2からクライエントを導かねばならない。デーモンが毎回、同じ形で現われるだろうと仮定すべきではない。それがおなじみの問題であっても、新しいすべてのセッションでステップ1と2から取り掛からないといけない。心理療法家は見守り手として、上述された方法に沿って行動する。しかし、心理療法家はその経験について進行中の治療関係の流れの中で、クライエントとともに後で話し合うこともありうる。

五つのステップを他の瞑想実践とともに用いる

　デーモンを育む実践は、幸運にも他の多くの瞑想の実践とつながっている。さまざまな流派の師や聖職者たちが、人々が行き詰まり、あるいはある種の深い変動を経験しているときに助けになるデーモンを育む五つのステップの基礎を築いた。もし、瞑想の師、あるいは牧師とともにワークを行い、彼／彼女にその意志があれば、セラピストが行った方法で十分に見守り手として機能することができる。

もしあなたが師をもたず、独力で瞑想を行っているならば、あなたは五つのステップを加えて瞑想のセッションを始めることができ、あなたの瞑想の実践の中に五つのステップを拡張することができる。例えば、瞑想の指導者の中には、彼らの生徒が瞑想の一番最初にデーモンを育むことを実践し、ステップ5の後に、彼らの通常の瞑想に移っていくことを勧める者もいる。これは、あなたが瞑想しようとするけれども、何かがあなたの集中を邪魔しているときに特に実用的である。デーモンを育むことは妨害を和らげ、瞑想を続けることを助ける。自身の瞑想の実践とは切りはなして、五つのステップを単独で行う人もいる。

維持

私の「標語」は「一日一回のデーモンワークで医者いらず」である。しかし、実際のところ、デーモンワークをどれくらいの頻度で行うかはあなた次第である。もしあなたが、嗜癖行動や感情的な危機といったような深刻な状態であるならば、最低でも一日に一度はデーモンを育むことを提案するし、可能ならば、一日に幾度か育むことを勧める。あなたは、またそれぞれに単独のセッションを必要とする幾重にもなったデーモンを発見するかもしれない。例えば、私は肩に痛みを感じ始め、そして、十分になしとげていないことへの恐れのデーモンの下に仕事依存のデーモンを発見した。どのようにデーモンを育むかを身につけ、そして、他の価値ある習慣のようにこれも繰り返し行われることが必要なのである。あなたのニーズが緊急でないなら、「必要に応じて」いつでもデーモンを育むことができる。しかしながら、危機のときにだけ実践を行うことは、定期的に行うことに比べると効果は少ない。

最も根深いデーモンでさえも変容させることは可能である。デーモンは長い時間を経ても、きっかけとなるような状況が起こったときには、再び復活することがあるかもしれない。しかし、たいていの場合、私たちは永遠に自分自身を解放することに成功する。もし、あなたが根深いデーモンを持っているならば、そのことについて考え、感覚あるいは「デーモンの保管場所」について、あなたの体をスキャンすることで定期的に確認することは良い考えである。もしあなたが何かを見つけたならば、五つのステップを使って再びデーモンを育む。

もし、実践を真に発展させたいと望むならば、最低でも百回はデーモンを育み、日誌をつけ続けることをお勧めする。そして、定期的に会える、デーモンを育む幾人かのパートナーを見つけるのである。五つのステップが徐々に長くなり、瞑想に入る扉になるようにする。あなたがすでにそれを知っているからといって、プロセスのどの部分も飛ばしてはいけない。あなたに選択の余地がなければ、ベッドに横たわっているとき、公園のベンチに座っているとき、あるいは自分を見つめることができる所であればどこででも五つのステップは実践できる。これは理想的とはいえないが、実践しないよりもずっとよい。

これらの通常とは異なった育みにおいて、それがとても場違いなため身体的に場所を入れ代わることができないときは、あなたはそのステップ（デーモンや「なかま」と場所を入れ代わる）を行うことなしに、デーモンあるいは「なかま」になってもよい。私は講義中に人々に、この方法でプロセスを指導したことがあるし、夜に寝ないで横になっているときに、この方法で行ったことがある。しかし、可能なときはいつでも、私は全部のプロセスを行うことを勧める。そこには、大きな違いがある。つまり、実際にデーモンの席に座り、デーモンの身を通して世界を見ることは他の何ものにも代え難いのである。

第6章　ヒュドラ――デーモンの複合体

好ましくない状況を活かす方法を教えてくれたのは、偉大なるマチクであった。逆境を友と考えることがチューの教えである

――マチク・ラプドゥン

私はデーモンの複合体をヒュドラと呼んでいる。なぜならそれは相互に関連する神やデーモンのいくつもの頭の絡(から)まりだからである。第1章で述べた、ヘラクレスが邪悪なナーガであるヒュドラと戦ったときの話を覚えているだろうか？　それはたくさんの足と九つの頭を持っており、その頭のうち一つは不死であった。ヘラクレスが一つの頭を切り飛ばすと、その場所からは二つの頭が現れた。ヒュドラとワークを行うことは、複合体の中核となる問題に私たちを徐々に導くことになる。しかし、私たちが不死の頭にたどり着き、それを育むまでは、その複合体は新しい四肢と頭をいつもつくり出すことができる。ヒュドラとのワークの一つの特徴は驚きである。それは、あなたが以前には決して考えたことのなかった互いにつながったデーモンを発見するときの驚きである。

メリッサは、食にまつわる不安についてワークを始めたときに次のような経験をした。彼女は

五十代のビジネスウーマンで、通信販売のビジネスを経営しており、十人の従業員を雇うほどの成功をおさめていた。彼女は太り過ぎでもあり、肥満に関連した健康上の問題が生じていた。彼女の人生の大半が、不安と食の問題との闘いであった。癒しを求めて食べ過ぎてしまうのである。食べ物は彼女の感情をコントロールするための手段であった。彼女は過食をするとき、ほとんど味わっていなかった。

自身のデーモンを育む方法を学ぶまでは、人と一緒にいて喜びを感じることが困難だと気づいていたメリッサは、徐々に孤立していた。彼女は太っていくにつれ、自分の体を恥に思い、そのことがより一層彼女自身を孤立させていった。パスタを一皿平らげたあと彼女は、さらにもう一皿食べた。彼女はまた一度に一クオート（訳注　約一リットル）のアイスクリームを食べた。

若いころには、ニコチンとアルコールの問題も抱えていた。彼女は以前は酒を飲み、そして酒を飲むのをやめる代わりに一人で食べ始めたのである。そう感じる必要がないのにしばしば間違ったと感じ、謝らなければいけないような感じを持っていた。彼女はいつも「母の愛」を熱望していたが、なぜこの熱望にこれほどの悲しみが詰まっているかはわからなかった。彼女は互いに絡（から）みあったデーモンの一群、ヒュドラを持っていた。

はじめてメリッサが「食と不安のデーモン」を育もうとして、ステップ2でデーモンに人の形を与えようとしたとき、三つの質問をして、実際にワークをする前にデーモンは消えた。再び、体の感覚に戻り、それに焦点をあわせることによって、デーモンを呼び戻すことができた。彼女は波のような感情を体験していたので、焦点を定めたままにしておくことが困難であることに気づいた。つまり、彼女は「ふらついて」いたのだ。デーモンは大きな灰色の蛸のようなもので、悲しそうな酒びたりの眼をしていた。彼女はようやく三つの質問をすることができ、デーモンと場所を交代した。メリッサはデーモンが出した答えに驚いた。

「私が欲しいものは」、デーモンは言った。「セックスが欲しい」。メリッサはデーモンがそんなことを言うとは全く予想していなかった。つまり、彼女は食事に対する不安がセックスに関する何かと関連するとは全く実感していなかったのだ。これが彼女にとってパズルのピースが合わさったときのような、彼女の「アハ体験」（訳注　問題を解決しようと思案しているときに起こる突然のひらめき、または課題への見通しや解明が突然に獲得されたときの反応。「ああ、そうか」体験ともいう）の瞬間であった。

メリッサは、子どものころに経験した性的虐待と食事にとらわれることとの間につながりがあることに気がついた。彼女は小さいころ、叔父から性的な乱暴を受けていたのだ。それを発見したとき、母親はメリッサに深い恥の意識を生じさせるような反応をした。そしてメリッサが弟を相手に性的な遊びを表現したときにも母親が発見した。再び母親はメリッサのことを恥ずかしく思った。そしてこのときに、母親は親愛の情もまたひっこめたのである。メリッサは自然な反応として、ただ彼女の身に起こった何かについて再演していただけであった。しかし、彼女は叔父からの性的虐待と母親からの愛情喪失といった二重のトラウマを抱えることとなった。これがヒュドラコンプレックスの中核となる不死の頭、つまり、彼女の不安の源とそのヒュドラの脚であった。この脚とは、依存、恥、罪責感、不安定さ、母の愛情の切望なのであった。

「私が必要とするものは」、デーモンは続けた。「それは親愛の情と愛。もし私が必要としたものが手に入ったならば、私はまるで赤ん坊がそうされるように十分に育まれ、世話をされ、求められ、愛されるように感じるだろう」。これはメリッサにとって重要に思えた。なぜなら性的虐待が始まる前に彼女が感じていたものであったと気づいたからである。メリッサは彼女の日誌にこの感覚はまるで「完全で恐れるものは何もない」ようであった、と書いた。メリッサがデーモンを育んだとき、それは幸せな赤ん坊になった。しかしこれは「なかま」にはならなかった。彼女のデーモンワークのパートナーからいくらかの促しがあった後、メリッサは「なかま」の姿を招くことができた。その「なかま」は長い黒髪の賢い母親のような姿をしていた。「なかま」はメリッサを守り、彼女が必要とするときにはいつでも傍にいることを誓約した。後に、メリッサはヒュドラのさまざまな部分を育み続け、核となる問題である恥と愛情を強く望む気持ちについてワークをし続けた。ヒュドラを育み始めてからは過食をやめ、体重が減った。彼女は美味しい食事を作るけれども、今では一皿を食べれば満足を感じるようになった。急速に自信を得、どんなときももはや彼女自身を疑うことはなくなった。そして、彼女は友情を育み、仏教のコミュニティとつながりを持つようになった。

メリッサの不安のデーモンとのワークは、彼女を人生早期に苦しめた性的虐待、そしてそれに対する母親の反応へと導いた。それは彼女の一群の問題の原因であり、たくさんの頭をもつヒュドラの中核であった。

ペギーもまたヒュドラ・デーモンを持っていた。彼女はこのことを最近、発見した。三十年以上も前、彼女が十代のころ、ペギーはある男性と親密な関係にあり妊娠したことに気づいた。妊娠八カ月のとき、恋愛関係にあった男性に離れた地に住む他の女性がいることに気づいた。

その女性はペギーの妊娠について知ったとき、双方が関わっているその男性との関係を終わらせようとはしなかった。それどころか、相手の女性は仕事をやめ、ペギーと男性が住んでいる街にやって来た。この女性が街に着くやいなや、男性はペギーとまだ生まれていない赤ん坊を見捨てたのである。彼女は、今この時も彼女を飲み込む深い悲しみをはっきりと覚えている。

強い関連を持つこととして他に考えられる点は、ペギーの両親が、彼女が赤ん坊を育てることは絶対に不可能だと告げたことである。その赤ん坊は私生児として、養子縁組をする準備がなされた。両親は、ペギーが赤ん坊を育てるのを助けるというペギーの女友達からの申し出も拒絶した。

もし彼女が両親に従わなければ、親子の縁を切るという脅しがなされた。ペギーは息子が生まれたとき、養子縁組に出すために息子を諦めた。そして彼女の親族を含めた一族は、彼女が子どもを産んだことなど一切知らされなかった。

その後、数年してペギーは抑うつと低い自尊心に苦しむことになった。また破壊的な行動もあらわれた。同時期、彼女は自分自身を癒すための方法を探し求めた。さまざまなスピリチャルな生き方も試みた。しかしペギーは内向的であったため、助けや支えに手を伸ばそうとすると不安になった。彼女は簡単には人を信用しなかったし、精神的な師との関係を確立するうえでの信頼感を持っていなかった。

ペギーはほんの少しの期間で転居して、調理師として働いていた。彼女が苦しい過去を共有できたのは、たいていはお金を払ってセラピーを受けていたセラピストに対してであった。彼女が養子に出すために息子を諦めた話を友達にしたときには、たいてい内容が空っぽの返事が返ってきた。このことはより一層彼女の孤立感を強める一因となった。そして、ついには悲嘆と記憶を抑圧したのだった。

六十代の初めにペギーは息子を探す決心をした。インターネットを通じてすぐに息子の名前を見つけた。そして、数カ月で居場所を確かめ、彼と連絡をとった。最初の連絡の後、彼女は息子と文通を始めた。しかし、会うことはなかった。同じころペギーは養子縁組について、あるいは彼女と似た状況にある他の女性に関するたくさんの読み物を読んだ。これらの物語は彼女の癒しのプロセスを促進した。

しかし、心理療法でさえも、ペギーが見つけたいと願う深い癒しの体験は得られなかった。彼女はまだ孤立、拒絶の感覚、深い抑うつ、恥、そして男性との満たされない共依存関係に苦しんでいた。友達がタラ・マンダラの静養所でカパラ・トレーニング（訳注　著者の活動拠点であるタラ・マンダラで提供されているトレーニング・プログラムの一つ。「デーモンを育む」プロセスについてよく深く学べるよう、四つの段階から構成されているプログラムである）に出席することを勧めたとき、彼女は瞑想を試みることを決意して会を探した。

ペギーは孤立と拒絶のデーモンとともにワークを始めた。そして、次のようなことを報告した。「奇跡のようだわ。私はすぐに安らぎを感じた」。彼女はプロセスを続けた。そして、息子を養子に出すために諦めたこととさまざまな感情的な問題とがつながった。これがヒュドラの不死の頭であった。核となる傷つきは、彼女が子どもを失ったこと、息子の父親の裏切り行為、そして、両親によって恥とされたこと、おおよそ同じころにおこったすべてのことであった。このデーモンを育んだ結果、ペギーが感じたのは安らぎと癒しであった。ヒュドラは彼女に健康的な感情と精神をもって生きていける可能性に対して大いなる希望を与えた。

私たちの多くはヒュドラを持っている。そして、私たちがデーモンを育むことを始めたとき、驚くようなつながりを発見することになる。私たちが一番初めにワークを行うデーモンは、ヒュドラの持つ数多い頭のうちのほんの一つであることがほとんどである。もし、あなたがヒュドラ・コンプレックスを持っていることを発見したなら、それを精密に描くことはとても助けになる。この種の地図を作る際には、性的虐待のような中核的な問題であると考えられるものを中心に描く。そして、それとともに出てくる頭や足の名前を書く。「アルコール依存のデーモン」、「自尊心が欠けたデーモン」、「自殺企図のデーモン」、「摂食障害のデーモン」、「支配のデーモン」などなど。これを描く目的は（それらがどのようにつながっているかが分かるように）無関係のように見えるデーモンを相互につなぐことにある。この複合体につながった、新たに現れてくるデーモンとワークを行う際に、描いている地図にそれを加えるとよい。次の章で、絵、彫刻、そしてあなたのデーモン「地図」を作るうえでのさらなるアイデアを提供する。

第7章　芸術と地図を用いてデーモンとワークする

人間のこころにおける諸悪は、我々の経験の断片をまとめあげ、折り合いをつかせることに失敗することから由来する。我々が悪の源を含めた全てを受け入れるとき、悪しきものは変容する。

——A・B・シュムークラー

水彩絵の具、粘土、鉛筆、ペンあるいはパステルなどを用いて私たちはデーモンを描き出すことができ、彼らを育むプロセスでこれらのイメージを使うことができる。あるデーモンの一連のイメージを作ることは、やがて、デーモンの性質、その変化についての洞察を提供する。芸術とは、ただ精神世界の中にだけ、別な状態で存在しているさまざまなものに、はっきりとした形を与えるものである。芸術は、イメージによって無意識の内容を表現することで、それを意識へと運んでくる。誰かに見せるために何かを作るのではなく、そのイメージを作ることで、あなた自身の心の乱れがなくなっていくことが重要なのである。多くの人々がこのプロセスによって引き起こされる「芸術のデーモンたち」を持っている。芸術家ではないこと、あるいは「描けない」ことへの心配が出てきたときには、プロセスにおいて芸術は私たちを助けるためにあるだけだということを強調することがとても重要になる。

デーモンを育むときに芸術とともにワークすることは、デーモンのそれぞれの部分をよりはっきりと明らかにするので、視覚化だけよりも有益である。それに加えて「なかま」について視覚的に表現したものをつくり、よく見る場所に置いておくことによって、それは、自分を精神的に支えるために、あなたが得た「なかま」を呼びだすことができることを思い出させる価値あるものとなる。

始める前に素材を準備する。いくつかのフェルトペンと日誌というように、それらは簡単なものである。水彩絵具や水彩用の紙、あるいは油絵具やアクリル絵具とキャンバスといったように入念なものかもしれない。もし、あなたが粘土を使うならば、あなたが使うだろう粘土の塊を準備し、側に置いておく。

スケッチ、絵とともに五つのステップを行う

あなたがステップ１（デーモンを見つける）、ステップ２（デーモンに人の形を与える）を終えて、そのデーモンあるいは神のすべての詳細が視覚化されたならば、あなたの作品をつくる活動が

はじまる。あなたが黄色い細長い孔のような眼と、とげのような肌をもった大きな緑トカゲのような怪物を心に描いたとすると、すぐにあなたのデーモン日誌をとりあげ、あるいは紙をとり、覚えている限りより詳細にそれを描写する。あなたの眼を閉じ、デーモンを思い出すのもよいだろう。あなたが制作を終えたら、場所を変えてデーモンになる。そして、「通常」の自分の場所に向けて対面するように制作したものを手に持って、デーモンが話すままにする（ステップ3）。

サンフランシスコで建築家をしているローレルは、金銭的な不安のデーモンをもっていた。彼女は働いて稼いだお金を慢性的に浪費していた。彼女のクレジットカードは限度額に達し、常に経済的なストレス下にあった。お金を使うとき、彼女は不安とめまいの両方を感じた。彼女は胴の部分にこのデーモンの場所を探しあてた。それは橙黄色をしたはっきりとした形をもたないものであった。それは体の中で波動のように感じられ、彼女に吐き気の感覚を生じさせていた。彼女がデーモンに人の形を与えると、それは大きな手と足をした貪欲そうな女性の姿になった。彼女は強情そうにローレルを見ていた。

ローレルはプロセスを始める前に、水彩絵具と筆、そして水彩用の紙を用意した。はっきりとデーモンを見て、その細部のすべてがわかったので、彼女は描き始めた。彼女は描く間、そのイメージを心の中に持ち続けたが、正確に再現することに過度にとらわれないようにした。彼女はここまでと思うまで描き続け作品を彼女の前に置いて、三つの質問を行った。「私から欲しいものは何？」、「私から必要としているものは何？」、「あなたが必要としているものを手に入れたならどのように感じる？」

場所を交代して、彼女は描画を「通常」の自分に向けて膝の上に置き、そして描画の中の像が返事をしているところを想像した。デーモンは言った。「私はお前を支配したい。食い物がもっと欲しい。破壊したい」、二つ目の質問には、その大きな女性の像はこう答えた。「私は満足を感じることを求めている」、三つ目の質問にはこう答えた。「もし満足したなら、私は満たされ強くなったと感じるだろう」

この段階が終わった時点で、ローレルは元の自分の場所に戻った。そして、彼女の体を強さのネクターの中に溶かした。そのときには描画を彼女の前に立てかけ、目を閉じて、ネクターがデーモンに与えられることを想像した。デーモンが完全に満足した後、「なかま」が現われた。ステップ4で説明されたように、それと対話しながら、ローレルは「なかま」を描いた。「なかま」とともにワークすることを終え、ステップ5を終えたとき、ローレルは二つの描画を手にしたがそれらは後に、プロセスを彼女が思い出すために、机の傍に吊り下げられている。

粘土を用いる

この同じプロセスで粘土を使うことができる。粘土の利点の一つは、あなたが目を閉じてワークを行うことができるということ、そして、あなたの想像したデーモンに形を与え、その後、実際に粘土のデーモンを「なかま」に変化させることができるという点である。かつてデーモンであったものが「なかま」に同じ物質から象徴的に変化するという点が気に入っている。粘土を用いてワークするために、土からできた普通の粘土か、人工的な成分からできている粘土のどちらかを使う。あなたの前にある机の上に置く。そして、眼を閉じて九回のリラクゼーションのための呼吸を行い、集中する。あなたが二番目のステップにくると、あなたの前にデーモンが見える。あなたは目を閉じたまま、粘土でその神あるいはデーモンの形を作り始める。終わるとステップ3に進む。あなたがデーモンになったとき、粘土の人形を持ち、あなたが三つの質問に答える前にちょっとそれを見下ろす。あなたが元の場所に戻ったときには、粘土の人形はデーモンの席に残す。デーモンを育んだ後、「なかま」を見たなら、粘土を「なかま」の形に成形することによって、すぐに文字通りデーモンを「なかま」に変形させる。その後、休息のステップを続行する。そして、最後には「なかま」の影像を手に入れるだろう。

スケッチすること、色彩画を描くこと、そして粘土を使ってワークすることは、無意識からデーモンを連れ出し、さらに明瞭に表現する点でとても助けになる。それは文字通りそれらを明るみに出すことになる。また、そのプロセスを視覚的に思い出させるものを私たちに提供する。

デーモン地図

デーモン地図をつくることは、家族のある世代から次の世代へと渡されるデーモンの悪意ある循環を断ち切るために有効である。私たちのほとんどは、一世代前に私たちのデーモンの跡をたどることができる。私たちの関係、私たちの働く環境、子どもたち、そして孫にさえも、どのような影響を及ぼしているかに私たちは気づいていないけれども。私たちが手渡したデーモンよりも私たちが受けとったデーモンを見つけることの方が、たいていとても簡単なのである。

デーモン地図をつくるためには、線の入っていない大きな紙を使う。新聞印刷用紙のつづりが適しているが、他にも真っ白の紙であればそれで充分である。紙の真ん中に自分の名前を書くことから始める、そして、紙の左部分の上の真ん中にあなたの母親の名前を書く。そのまわりに母親についてあなたが遡れる限り、母親の両親や同胞の名前を書く。

右側にあなたの父親について同じことをする。あなたの名前の下に子どもたちや孫たちの名前を書く。あなたの名前のまわりにあなたにとって重要である（あった）人々の名前を書く。それは、教師、恋人、夫または妻、親しい人、師、同僚、上司など、あなたがあなたの関係の網の中で重要だと感じる人は誰でもである。最も重要な関係だけを記す。

それから、あなたのまわりにデーモンを記録し始める。あなたの両親のデーモンは彼らの名前のまわりにといったように、あなたが書ける限りの多くのデーモンでいっぱいにする。書き終えたとき、この地図を眺めるいくらかの時間をとる。色鉛筆でそのデーモンが最初に現われた場所を丸く囲む。例えば、祖父母とともに。次に、世代を通してあなた自身のところまで色のついた線を引く。そして、あなたのデーモンとともにあなたが「影響を与えた」子どもたち、従業員、それ以外の人々の所へも線を引く。デーモンごとに違った色を使う。時々デーモンは乗り換えることで姿を変える。例えば、あなたの父親からの暴力はあなたの所では低い自尊心になり、あなたの娘の所では、行動上の問題となる。この線もまた同じ色を使いながらたどる。デーモン地図の上で描かれていくこれらの関係が実際の関係で火花を散らせている力関係のつながりだと想像してみる。あなたはおそらく爆発的に広がる関係の複合体の網を見るだろう。次にあなたの日誌をとり、そして、内的なデーモンのこの網を見たときに、浮かんだことは何でも書き留めておく。

ヒュドラの地図

あなたが特定のデーモンであるヒュドラと集中的にワークを行うとき、その特定のヒュドラのためのデーモン地図をつくることは助けになる。再びあなたから始め、あなたの母方、父方の血統などを記入する。その次に、適切な人々の名前の次にヒュドラとの関係が見えるようデーモンで満たしていく。あなたがその地図をしっかりと見終えたとき、デーモンの間に線を引き、思い浮かぶものは何でも記録する。

虐待のヒュドラのデーモン地図をつくる、と声に出して言ってみよう。頁の中央にあるあなたの名前からはじめて、次にあなたの名前の上に虐待者（たち）の名前を書き、あなたの名前の下にはその虐待の結果、影響を与えた人（たち）であれば誰でも名前を書く。次に、名前から横線を引いて、その線の端、あるいは、これをヒュドラの脚に見立てたその端に、虐待に由来するデーモンの名前を書く。例えば、あなたの名前の上には、関係者、教師、牧師、心理療法家といった虐待を犯した人物の名前があるだろう。そしてあなたの名前の下には子どもたち、友人、あるいは愛した人といったように影響を与えた人の名前が書かれる。あなたの名前の外側にはアルコール依存、抑うつ、摂食障害、希死念慮、自尊心の欠如、等が書かれることになる。直接、関連していないことであってもあなたが思うことは何でも記録する。

ヒュドラの地図をつくった後、五つのステップの実践を用い、それぞれのデーモンを育むための時間をかける。あなたがこれを行っているとき、他のデーモンが現れるかもしれない。すると、あなたはその地図に彼らも書き込んでいく。デーモンと「なかま」について書くことを含むこのヒュドラのための別の日誌を作ることは役に立つであろう。

関係の地図

あなたが人間関係で苦しんでいるならば、地図をつくることは価値がある。あなた自身とその人をお互いに並べて位置づける。次にあなたと家族を一覧図にしてデーモンがどのように関連しているかを見る。例えば、自己嫌悪のデーモンをもった人は、しばしば、批判的な恋人と結びついている。そして、父親がアルコール依存である人は、たいてい嗜癖をもつ恋人と結びついているだろう。自暴自棄のデーモンとともにある人は、不誠実なパートナーを選んでいるだろう。関係のデーモン地図をつくることは私たちが無意識的にかじりついている行動様式を見ることを助けてくれる。私たちがこの行動様式をはっきりとさせたときにだけ、これらは意識化され、私たちの人間関係を邪魔するデーモンを止めることができる。つくり終えた後、再び地図をじっくりと見て、次に似ているデーモンの間に線を引く。そのあと、思い浮かんだことを何でも記入する。

心理療法家の助けを得てデーモン地図をつくることは役に立つ。地図はデーモンを育むプロセスの本質的な部分ではない。しかし、それはあなたがデーモンを理解し、それらが過去、現在においてどのように関連しているかを理解するためのより大きな文脈を与えてくれる。また、地図上にあるデーモンの根底にある性差別、あるいは人種差別といった集合的なデーモンを発見する鍵になるかもしれない。私たちは相互依存的で多世代的な網の目の中に存在している。地図上で展開されるものを見て、私たちの行動様式に気づくことは役に立つ。

デーモン地図をつくることはデーモンを育む実践にとって、重要な補助となる。大きな文脈の中にデーモンを置き、私たちのためだけに現れたように見える別のデーモンの起源を明らかにする。遺伝的な血統は偉大な贈り物であると同時に、それらの影もまた運んでくる。デーモン地図をつくることは、隠された歴史の側面から自由になることを助けてくれる。また、これらのデーモンを次世代に渡すことを回避する助けにもなる。デーモンの地図は私たちの問題点に対して誰かを批判するためのものではない。ただ、それは、行動様式を明らかにし、世代間のより深い思いやりとオープンなコミュニケーションを導くのである。

身体の地図

デーモンを明確に表現するために他に役にたつアイデアは、デーモンの身体の地図をつくることである。デーモン日誌を用いてデーモンを育んできた記録とともにあなたはワークしているだろう。一枚の紙にあなたの体の輪郭を描くことから始める。次にあなたのデーモンの記録を見て、あなたの体のどこにデーモンが保持されていたのかを確認する。そして、ステップ1であなたがデーモンを見つけた場所にデーモンの名前を書く、あなたはまた色を足すこともできる。ステップ1で見つけたそれぞれのデーモンの質感（手触り）を描こうと試みることができる。例えば、ナンシーは仕事し過ぎのデーモンを持っており、彼女の背中が「どうしようもなくなる」ため、カイロプラクターのところへ行くことがしょっちゅうであった。彼女は一連の鋭い青い形としてこれを描き、そして、「仕事依存」と次に書いた。たくさんの色でいっぱいにし可能な限り名前をつけた。病のデーモンや身体的な痛みのデーモンと同様に、こういったことには感情的なデーモンも含まれている。書き終わった後、身体の地図を見て、あなたにやってくる洞察が何かを見る。それらを日誌に書く。身体の特定の部分の地図を描くこともできる。ナンシーの場合は彼女の仙骨と腰骨の別々の図を描いた。そして、彼女の体の部分の拡大図に多くのデーモンの場所を特定した。

この本の次のパート（第3部）では、マチク・ラプドゥンによるデーモンの分類を見ていきたい。その次にさまざまな特別なデーモンを考え、それらがどのようにしてあなたの人生に現れるかについて考える。そこではデーモンを育むために五つのステップを使った多くの人々の物語があり、彼らの「なかま」たちに出会うことにもなる。そして、実践がそれらにどのように影響したかを示したい。

第3部

さまざまなタイプのデーモン

第8章 マチクの四つのデーモン、神々と神なるデーモンたち

自我がそこにある限り、デーモンたちがいる
自我がなくなってしまったなら、
デーモンたちもまた、いなくなる

――マチク・ラプドゥン

未来のブッダであるシッダルタ王子が、自らの魂の問いかけへの答えを求め、妻と生まれたばかりの子、さらには王としての将来を残して宮殿を脱け出したその夜、彼は初めてマーラ神に出会った。マーラ神は、彼の道を妨げる彼自身の内にある力の化身であった。丘の上にたどり着いたシッダルタが振り返ると、月明かりの中にはまだ宮殿が見え、窓辺にはランプが輝いていた。彼は自らの人生を背にして、悟りを求めていくことを決意していたのだったが、その時、マーラ神が現れたのだ。

マーラ神は彼の前に浮かび、こう言った。「これ以上進んではいけない。お前は宮殿に戻るべきだ。そうすれば七年後、お前は万国の君主、つまり全世界の王となるのだ」

シッダルタ王子は答えた。「マーラよ、私はお前をよく知っている。この世界の王となることは私が求めているものではない。私が求めているのは悟り、そして世界の苦難を終わらせる道なのだ」

マーラ神と認識したことによって、王子はその誘惑に打ち克つことができた。そしてシッダルタが旅を続けるうちにマーラ神は闇の中に静かに消えていった。しかし、マーラ神はブッダの生涯を通じて何度も現れたのであった、彼が悟りを啓いた夜にはとりわけ強烈に。

「マーラよ、私はお前をよく知っている」というシッダルタの言葉が、私たちのデーモンを認識することの重要性を理解するための、特に有用な鍵であることに私は気づいた。ブッダの物語の中で、マーラ神は人のような形、はっきりしないが男性のようなシルエットで現れた。しかし後になって、仏教が発展するにともない、マーラ神は感情の変動や自尊心のような、完全なる覚醒を抑制する内的な妨害としてみなされるようになった。私たちにとってのマーラ神、すなわちデーモンたちを同定できるようになることは、彼らとともにやっていく最初のステップとなる。もし私たちが彼らを認識しなければ、彼らは気づかれないままに引き継がれていくだろう。ブッダの千五百年後に生きたマチク・ラプドゥンは、四つのマーラに対して彼女自身の分類を持っており、それらは大乗仏教に基づいていた。これらの四つの分類は、私たちの覚醒を妨げる力がどのように私たちの前に現れてくるかを明らかにする助けになる。

私は、マチクのいう「神々と神なるデーモンたち」だけでなく、彼女がデーモンを分類した方法にも目を向けることが役に立つと考えた。そうすることで、私たちも自分自身のデーモンが現れたときに、「マーラよ、私はお前をよく知っている」と言うことができる。マチクはデーモンの四つの主分類を同定した。それは「外なるデーモン」「内なるデーモン」「うぬぼれのデーモン」、そして「自我中心性のデーモン」である。大体これらの四分類が、私たちがデーモンに出会い、そして彼らとともにワークをしていく方法を与えてくれる。そして進行するにつれ、どの分類も私たち自身の心のより深いところに私たちを導いてくれるのだ。マチクの四つのデーモンの分類は、外的なはっきりしたものからどんどん内的なとらえがたいデーモンに移っていくけれども、私たちが自分のデーモンと取り組んでいるときは、事態は必ずしもこのように進んでいくとは限らない。あなたは恥や抑うつのような内なるデーモンとともに始め、そしてこれらの内なるデーモンと結びついている依存のような外なるデーモンを発見するかもしれない。

これらの四分類は、私たちがデーモンを特定の順番で見るように導こうとしているのではない。むしろ私たちに、私たちが他者を非難したり状況に反応したりするようなデーモンの外的な現れから、それらすべての中で最も隠された核である「自我中心性のデーモン」にまで達した、よりとらえがたい内的段階までのデーモンの見え方の全体図を与えてくれているのだ。

それぞれの分類は段々とらえがたいものになっていくので、外なるデーモンが最もはっきりしていることになる。これら外なるデーモンは外的な世界からやってきたようであり、それには病気、特定の恐怖、嗜癖、関係、そして家族のデーモンが含まれている。外なるデーモンから内なるデーモンに移るとき、私たちはより深い段階に進んでいる。というのも、今や私たちは精神のレベルで取り組んでいるからである。怒り、不安、恥もしくは抑うつといった内なるデーモンは、外的な刺激がなくともその力を発揮するのである。

ひとたび外なるデーモンに出会ったり、内なるデーモンを同定したりすれば、私たちは自らの精神的達成にうぬぼれてしまう危険にさらされる。分類の三つめにあるデーモン、つまりうぬぼれのデーモンは、精神的か世俗的にかにかかわらず成功を求める私たちすべてを待ち受ける潜在的な落とし穴に対する警告として存在している。自分の成功に対するプライドとそれに伴う自我肥大は、うぬぼれのデーモンなのである。

そして最終的に、私たちはすべてのデーモンの源泉となる、つまり私たちの世界における経験の基盤そのものである自我中心性のデーモンに到達する。これは、「他人事」として経験したことと自己とがともかく別々のものなのだという、凝り固まった考えである。これはすべての孤立、疎外、そして葛藤の発生源であり、このデーモンが存在しなければ、その他のどのデーモンも現れないであろう。もし敵が存在しなければ、誰が戦うことができるだろうか？　私たちがこのデーモンに語りかけるとき、私たちは日々の苦難という雲の隙間から、果てしない青空を垣間見始めるのだ。

外なるデーモン

二〇〇一年九月十一日、私たちの国全体がワールドトレードセンターへのテロ攻撃を驚愕と恐怖をもって目撃した。これらの攻撃の結果として、人々はそれぞれ異なった反応をみせたが、その後の何週間、何カ月、それどころか何年にもわたって、恐怖は人々の心に共通した状態であった。より深刻な状態の人もそうでない人もいるが、ある意味では、私たちの国全体がこの出来事から生じた心的外傷後ストレスのデーモンを抱えている。

希望、恐れ、もしくはそれ以外の感情が、人間についてであろうと出来事であろうと、ある外的な現象と結びついたとき、私たちは外なるデーモンを抱える。外なるデーモンに対してのチベット語は、文字通り「有形のデーモンたち」と訳される。私たちが感覚を通して知覚し、その魅力や反感に固着する、もしくは嫌悪感を持つときに、しばしば「妨害するデーモン」と呼ばれる外なるデーモンが生まれる。外なるデーモンは、薬物やアルコールのような物質や病気はもちろん、光景、音、匂い、味、人々、動物、物体そして出来事との関係の中から生み出される。外なるデーモンを説明する最も正確な方法は、感覚を通して明らかになるものをデーモンと呼ぶことである。外なるデーモンはテロリスト、ストーカー、強姦犯、家庭内暴力をふるうパートナーのような文字通りの脅威に対する反応であるといえる。彼らは竜巻、台風もしくは津波のような自然災害からも生じうる。疾病もしくは苦痛は、それが体内から生じたものか伝染してかかったものかにかかわらず、外なるデーモンである。このデーモンは、また偏見や人種差別、反同性愛主義のような集合的デーモンとも結びつけられる。

人間関係に結びついた外なるデーモンに取り組むとき、その人物に対する私たちの反応から生み出されたデーモンを育むのと同じように、当該の人物を育むことをイメージすることは、助けとなりうる。私が自らの離婚の結果として、「息子を失う恐怖」のデーモンを育んだとき、私は同時に自分の夫のイメージを育んだ。もしあなたが問題を抱えている実際の人物を思い浮かべて、育んだなら、あなたはその過程を通して、その人物がどのように感じているか、より共感できるようになるだろう。

内なるデーモン

外なるデーモンはデーモンの中でもはっきりした水準のものである。私たちがより内省的になると、私たちは何も外的な入力がなくても心の中から湧き上がってくるデーモンが存在することにも気づくのである。これらの摑みどころがないデーモン、つまり私たちの内なるデーモンたちは精神から生じるデーモンなのである。精神は終わることのない思考の流れであるので、彼らはしばしば「休まずに走り続けるデーモン」と呼ばれる。外なるデーモンと異なり、内なるデーモンは知覚に関する入力に基づくものではなく、感情、ファンタジー、記憶している思考を含んでいる。それらのものは意識的な思考であると同時に、時々私たちが同調し、反応するがたいていは意識に出会わずに移りゆく潜在意識のおしゃべりの絶えまない流れの両方のレベルを含んでいる。内なるデーモンは想像の産物であるかもしれないし、もしくは被害妄想のような形をとることもある。抑うつは内なるデーモンであり、それははっきりした原因なしに生じる浮動性不安である。激しい怒りも外的なきっかけなしに生じれば、内なるデーモンとなりうる。

例えば、ジェンは抑うつのデーモンを抱えていた。それはどこへでも彼女についてまわる内なるデーモンであった。彼女はカリブ海の美しい島へ休暇に行ったが、ずっと抑うつに苦しめられていた。おそらく外的な環境がどんなものであっても、彼女はこのデーモンを抱えることになっていたであろう。外なるデーモンは、空を飛ぶ怖さのように、より具体的なものであることが多い。不十分だという内なるデーモンは、外的な出来事と関連した自暴自棄、嫉妬もしくは危険に対する恐怖のデーモンになるかもしれない。ちょうど他の首が切り落とされた後に残った、ヒュドラの不死の首のように、関連するすべての外なるデーモンが去ったときでさえ、内なるデーモンは存在し続けるだろう。

うぬぼれのデーモン

マチクの分類の三つめはうぬぼれのデーモンである。これらのデーモンは自我肥大につながる名声や業績もしくは成功から生じる。外的な要因は、名声や評判、そしてそれらから生じる権力や注目も含んでいる。これらの経験が、自己に執着した自我と混ざり合ったとき、それらはうぬぼれのデーモンを産みだすのだ。このデーモンは、世俗的な状況と精神的な状況のどちらにも現れる。例えば、精神的なうぬぼれのデーモンは瞑想の中で展開する経験にともなうものである。

うぬぼれのデーモンが精神的な経験と結びつくとき、私たちの精神的な成長が阻害される。うぬぼれのデーモンは、はっきりした徴候そのものによってではなく、これらの経験に対して私たちが「かかわる」ことによって生じうる自我肥大によって引き起こされる。世俗的な意味でも、もしあなたが成功し、あなたにペコペコする人々に囲まれたなら、あなたはこの種のデーモンを成長させる危険にあるのである。

自我中心性のデーモン

すべてのデーモンの根底にある第四のデーモンは、自我中心性のデーモンである。私たちが取り組むのが具体的なもの、精神状態、自我肥大のいずれであろうと、私たちの困りごとの根底にあるものは、自尊心という信念である。四つのデーモンについてのマチクの記述の中にあるように、自我中心性のデーモンは他の三つのデーモンの源泉である。なぜなら、自我はそれらのデーモンを生じさせる執着を生み出すからである。

神々と神なるデーモンたち

第3章で私が触れたように、マチクはデーモンについてだけでなく、彼女が神々と神なるデーモンたちと呼ぶものについても述べている。私たちの希望とは私たちの神々である。神はデーモンとの戦いに似た苦闘を生み出す、ただし、何かから逃れるよりむしろ何かを手に入れさせようとする試みであることを除けば。神は反感よりもむしろ欲望と願望に基づく苦闘に関連している。強い愛着とそれに伴う緊張に巻き込まれることなくポジティブなエネルギーと楽観主義を引き起こすインスピレーションと、何かの願望もしくはある種の成果にとりつかれることと結びついている神、この両者を区別することは大切である。

例えばあなたが給料の大幅な引き上げが見込める仕事を切実に求めているとしよう。あなたは早々と自分が買いたい新しい家具や、とるつもりの休暇について想像する。求人に申し込み、その返事を待っている。この仕事に大きな期待を持つと同時に、その期待をめぐって大きな緊張が生じている。あなたは電話が鳴るたびに飛びつくが、相手が採用を伝える人事課でなかった場合は、失望の波がやってくる。この種の感情に基づいた希望は、デーモンの対局にある神である。

神はしばしばデーモンより、問題あるものとして認識することが困難である。私たちの文化では、希望は良いものだと教えられる。しかし実をいうと、私たちの希望はしばしば不安に基づいている。少し立ち止まって、あなたのとても大きな希望について考えてみよう。あなたは本当は何を望んでいるのか？　そしてあなたの一番大きな不安について考えよう。それらはどちらも緊張をもたらす同じコインの表と裏ではないか？　愛を望み、孤独を恐れる。成功を望み、貧しさを恐れる。賞賛を望み、批判を恐れる。

神とデーモンについて言及するとき、マチクはこの二つを「神なるデーモン」という一つの言葉に溶けあわせた。そしてこの言葉は、神とデーモンが同じコインの裏表であり、私たちの期待と恐れは、複雑に一つに組み合わされているということを示唆している。この文脈では神はまるで自我を高めてくれるかのようなものであり、デーモンは自我を脅かすようなものである。これらを統合するマチクが重要視しているのは、すべての経験を善と悪に分けるとき、願望と不安から生じるストレスは、苦悩のサイクルの中に一緒に閉じ込められているという点にある。

イタリアに住み、初めての本を執筆していたころ、私はさらなる調査のために、ネパールに戻らねばならなくなった。私には限られた時間しかなく、何もかも済ませなければいけないことにストレスを感じていた。加えて、私は、最適ではない時期の子どもたちを置いて、いかねばならなかった。しかも、旅行は初めから終わりまで万事がうまくいかなかった。ローマを出発するところから、空港へ向かう途中で自分がパスポートを忘れていたことに気づいた。私は現地のまわりの運手たちさえも怯えさせながら大急ぎで戻り、パスポートをひっつかんで、空港まで引き返した。ネパールでは、会わねばならなかった人々に数時間の差で会い損なった。私はまた必要な資料を持たずに到着していた。物事がうまくいかないので、プレッシャーが膨らんでいった。どうすれば私はやらねばならない仕事を成し遂げられるだろうか？　私はますますストレスを感じていたが、結局はほんの少ししか達成できなかった。

ようやく帰宅したとき、私は自分の師匠に会いに行った。

彼は尋ねた、「旅はどうでしたか？」

「ひどいもんでもう最悪でした！　初めから終わりまで全部ダメでした。へとへとになったし、予定していたことをやり遂げることさえできませんでした。一体何が起こってるんでしょう？」

と私は応えた。

彼は私を見て静かに言った、「たぶん期待と不安がありすぎたんじゃないですか」

しばしば私たちは休暇といったものに関してでさえ、神とデーモンのサイクルに陥ることがある。もし私たちがそれにあまりに多くの期待と不安を持っていると、リラックスできるはずのことさえも、悪夢となりうる。私たちはすべての時間を管理しようとし、文句なしのホテルに滞在するために、もしくは一流のレストランで食事をするために予約をするが、どれもうまくいかない。一方で、私たちがより自由で自然な取り組み方をするとき、不思議な力は物事の一番シンプルなところに作用して、一つのことが努力やコントロールなしに見事に次へと流れていくのだ。

神は容易にデーモンになりうるし、デーモンもまた同様である。例えば、私たちの恋人は神であることから、またデーモンにもなり、また神に戻ることもあるかもしれない。彼女もしくは彼が私たちが望むことを行うとき、私たちは神を感じる。相手が私たちに不安を引き起こさせるなら、私たちはデーモンに出会う。機能不全の関係において、そのデーモンが自分たちが普段直面させられているものであっても、私たちは願いをもって神にすがりつく。

同様に、仕事中毒の人も神とデーモンの間を行き来する。あるときは仕事から得られる賞賛と活力に執着したかと思えば、次のときにはそれによってへとへとになってしまう。私たちは健康への願望にはまりこんだ病気への恐怖を抱えている。そしてそれは私たちにいつも希望と不安の間を行ったり来たりさせるのである。

嗜癖はデーモンとなった神の好例である。私たちがコカインのような薬物を初めて使うとき、コカインは私たちのすべて、つまり仕事の能率、性体験そして人との結びつきを高めてくれるかのようである。薬物はすべてをより良くしてくれる。私はそれに大きな「期待」をかけ、それは私の神となる。

「これが答えだ！　これがたっぷりあれば、すべてうまくいくんだ！」

しかしすぐに神はもっともっとと望むようになり、それはまるで麻薬に十分ということがないかのようである。麻薬は肉体によくない影響を与え始める。私たちの神経はへとへとになり、そして私たちを追いたて、麻薬を得るために盗みをさせる。コインはひっくり返った。神は今やデーモンとなる。マチクは、それらを結びつけることによって、デーモンと戦うことと神を追い求めることが、実は一つの力動の二つの側面であることを私たちに示している。

私たちの人生のほとんど大部分は、神なるデーモンに動機づけられている性的欲求（セックスへの願望／「うまく」できないことへの恐怖）、仕事中毒（達成への強迫的な願望／失敗への恐怖）、美しさへの強迫観念（美しさへの憧れ／老いることへの恐怖）等である。神なるデーモンが存在しているときには、あなたはそれにいつでも気づくことができる。なぜなら神なるデーモンは常にストレスと緊張を伴うものであるからだ。あなた自身の人生において、あなたはどこかで希望と不安を同時に見いだしたであろう。それが神なるデーモンなのだ。

もし私たちが不安と苦闘の力動から外れて歩を進めることができるならば、最後にはただ座り込んで、何もしなくなるのではないだろうか？　実際のところ、真実はその逆である。というのは、神なるデーモンによって生じた緊張を解き放つことで、エネルギーが自由になる。なぜなら、私たちはもはや自らの期待と不安に巻き込まれていないからである。例えば、仕事中毒の神なるデーモンと和解すれば、私たちは緊張することなく職場でこれまで通り働くことができる。

神なるデーモンを解放するのに役立つと思う一つの表現がある。それは「そっと抱える」というものだ。人生において私たちにどれだけ責任があり、どれほどひどい、あるいは重要な出来事が起こっていようとも、もし私たちが内的に「そっと抱える」ことができれば、その状況に余地がつくられ、神なるデーモンにさほどとらわれなくなる。おそらく、あなたは結果にあまりとらわれずに物事に取り組むことができ、そしてそれがうまくいき、楽しいものだったと思ったときのことを想像できるだろう。

今から、より綿密にデーモンの分類と、五つのステップを使ってどのようにして人々がデーモンたちに語りかけているかの実例を見てみよう。

第9章　病気のデーモン

このようにして、マザー・ラプドゥンは「マハムドラー・チュー」と呼ばれる特別な教えを持っていることが広く知られるようになった。それは人々を苦しめる四〇四種類の疾病と八万種類の障害を防ぐことができ、悟りの境地に導くことができる、たいそうすぐれた教えであった。

——サラ・ハーディング著『マチクの完全な解釈：チューの意味を明らかにする』

チベットにおいて、チューは伝統的に、疾病や伝染病などの外なるデーモンへの取り組みにも応用されてきた。チューを実践する人々は、墓地や納骨堂のような病に侵された死骸があった恐ろしい場所で儀式を行うことによって、デーモンに形を与えたものである。いったん恐ろしいデーモンが現れたことを感じると、彼らと戦うのではなく、実践家たちは自分自身の肉体をデーモンが完全に満ち足りるまで育むネクターに変容させることをイメージした。

チベットには、主としてチューの実践に焦点を当てた宗教学校があった。生徒たちは数年にわたって徹底的にマチク・ラプドゥンの教えを学んでいた。チューの実践において、自分を鍛えるために一〇八の恐ろしい場所へチューの巡礼の旅をするというマチク伝説もある。修道女と修道士が病気のチベット人の道路工夫に対してチューの儀式を行っているのをアポ・リンポチェ修道院で私が見たように、生徒たちが伝染病や疾病と取り組めるぐらいに徐々に熟練してくるのだ。チューに習熟した者すべてがこれらの学校に通学していたわけではないが、この教えを学ぶ一つの方法であった。

熟練したチュー実践者にとっての一つの顕著な成果は、彼らが伝染性の病気に対して免疫力を持つようになることであり、チベットにはチューの有効性についてのたくさんの報告がある。天然痘またはコレラの発生が起こったときはいつでも、チュー実践者はそれを止める手助けをするように呼び出される。偉大なチュー実践者は、病者に対して援助を与え、自分たち自身が感染することなく亡骸の世話をするだけでなく、伝えられるところによれば、伝染病を引き起こしている病気のデーモンを育むことで、しばしば伝染病を終わらせることもできたという。

医学的かつ科学的観点から、疾病は「個別の疾患単位」としてみなされる。伝染性疾患の本体は種を維持し続けるための方法を探しており、そのためそれらは「食べる」必要がある。通常、それらは身体の表面もしくは内部で増殖する。伝染を繰り返すたびに、それらはより強くなる。たいていの薬は、病気を攻撃することに関連している。チューによる癒しの背景にある原理は、実践家によって疾病が育まれたならば、疾病は、もはやその人あるいは動物を食い尽くす必要がなくなるというわけなのだ。それらは昼食や夕食を食べにいく別の場所を与えられるのだ！　こういうわけで、チベットにおける天然痘とコレラの発生がチュー実践家によって止められたのである。疾病の本体が、身体をネクターに変容させることを通して育まれたがために、その人あるいは動物を食い尽くす必要がなくなったのだ。

それはあり得ないこと、もしくは奇跡のように思われるだろうが、そこにはチュー実践家が行う治療に対するしっかりした論理がある。もし、私たちが自らの型にはまった病気の理解を変え、病気をエネルギーの形態として理解することができるようになれば、私たちはこの治療法について理解することができる。この治療法が西洋でどんなふうに作用するかについて、私はフレッドとの共同作業の中で垣間見ることができた。

フレッドの場合

私がフレッドに出会ったのは、一九七〇年代半ばにインドから戻った後、シアトル近くのバション島に住んでいたときであった。私はチベット仏教の尼僧として長年過ごした後、還俗したばかりで、私の初めての娘であるシェラブを妊娠していて、俗人としての生活に慣れつつあるところだった。夫と私は、スグリ畑を横切り、雨のしたたるセコイアと古いヒマラヤスギの熱帯雨林を通り、古い材木切り出し道を下って、フレッドが恋人と暮らしている農場がある浜辺まで歩いていったものだった。彼らは野菜を育て、陶器を作り、乳牛を飼っていた。私たちは彼らの新鮮な牛乳を買い、日曜の朝の瞑想グループを開いている私たちの小さな家まで丘を登って戻っていった。付き合っているうちに、フレッドは次第に仏教に興味を持ち、グループに加わった。何年かの間に、私たちは親友になった。私がボウルダーに引っ越し、そしてイタリアに移って、私たちのつながりは途絶えたが、何年も過ぎた九〇年代の初めに、フレッドは私の居場所をつきとめて、電話をかけてきた。

しばらくの間、古い友人のことや自分たちの生活についておしゃべりした後で、彼は本題に入ってきた。

「僕はエイズなんだ。僕は一九八七年に検査を受けて、ＨＩＶ陽性であることがわかった。その時点で僕のヘルパーT細胞はかなり高かった」

「正常値はどれくらいなの？」私は尋ねた。

「正常値は八〇〇～一二〇〇の間で、僕はその時は一一〇〇だった。しかしそれ以降、数値は徐々に下がってきているんだ。僕は検査を受けたところで、今は四七七だ。これが意味するのは、完全にエイズが進行していってるってことだ。いつも怖いんだ。瞑想もしていなくて、僕のこころは乱れている。僕はこいつをなんとか扱っているが、それはとてもつらい時間だ。ストレスがいっぱいの環境なんだ。僕はサンフランシスコのＶＡ病院（訳注　復員軍人局病院）の二重盲検試験に志願したよ。それはＡＺＴ（訳注　抗エイズ薬アジドチミジン）とプラセボの治験だ。すでにこれまで三カ月ごとに血液検査を受けてきて、Ｔ細胞がカウントされ、エイズに関連したことなら何でも検査される。僕はＡＺＴが投与されることを願っているけど、それはわからない。最悪なのはその恐怖だよ。僕はたくさんの友達が死ぬのを見てきた。それは恐ろしい経過だった。風邪をひくたびに、いよいよか？と思っちゃうんだ。ぐっすり眠れないことに悩んでいるし、疲れてしまうのが怖くて、あまり行動していないんだ。けど僕は働かなくてはならないし、そのストレスも僕を悩ませるんだ」

フレッドの声には恐怖が明らかだった。幸い、数週間後にカリフォルニアでチューの指導にあたる予定だった私は、彼に瞑想に来るように勧めた。チューの実践がエイズのような死に至る病を元に戻す助けになるとは思っていなかったが、彼の恐怖を和らげる助けになるだろうことは強く確信していた。

フレッドは来ることを決めた。瞑想の一日目の夜に初めて会ったとき、彼のブロンドヘアーは短く刈り込まれ、今や白髪で縞がついていたが、彼の目の輝きとユーモアのセンスは以前のままであった。私たちが瞑想を始め、私がデーモンを育むプロセスを教えた後で、彼はデーモンを育むプロセスにおいて、彼と私がパートナーとして一緒に取り組むことができるか尋ねてきた。私はそれまでずっと修養で忙しくしていたので、彼とのマンツーマンでのワークができることを楽しみにしつつ、その提案に同意した。

対面して座ったとき、私は彼にこれまでにＨＩＶデーモンと取り組んだことがあるか尋ねた。彼は笑って言った、「いや、あまりにも大きすぎるよ。僕にはできないよ。そいつはどこにでもいるような気がする。僕は圧倒されそうで怖いんだ」。「フレッド、その大きな奴は直面しないでいるともっと大きくなる。あなたが向き合わないと、それはもっともっとたいへんなものになるよ」と、私は彼に取り組むように励まし、最終的に彼はやってみることに同意した。以下は彼自身の言葉による、彼の物語である。

「僕が身体の中で見つけたとき、そいつは全部が緑色のヘドロみたいなやつで、僕をしゃぶっていたんだ。それを自分の前に置いて、形を与えたとき、ＨＩＶデーモンは巨大だった。それはアメーバのような形をしていて、緑がかっているが、大きな口がある中心はもっと黄色がかっていた。それはとても近くにあり、僕の視界全体を覆っていた。僕はこのデーモンを自分の人生に抱えていることに大きな怒りと恨みはもちろん、こいつをここまで育ててしまったこともとても不快に感じていたんだ」

「彼が何を望んでいるのかを尋ねると彼は言った、『お前の命も含めた全部さ。俺はお前のすべてが欲しい。しかしお前の命をもらうのはゆっくりでいい。俺はお前が衰弱して醜くなるまでやせ細り、病気になり、弱っていくのが見たいのさ。そして最後にはお前に死んで欲しいのさ』」

「僕はふいに、デーモンは僕に怖がってもらいたがっていることがわかった。そいつは僕を恐怖で食いつくしたかったんだ。僕が怖れることで得られるパワーを感じる必要が、そいつにあることに気づいたんだ。それに応じて、僕はこのデーモンに僕の身体の形でパワーを差し出した。一度に一部分、つまり僕の体力、自分の世話をし働く能力、血液、皮膚、髪の毛、視力、精神などをだ。それぞれを供物とするたびに、僕はどんどん気づきに近づいていった。それは、もし僕が例えば視力をあきらめたならば、視力は僕ではなくなるというものだ。何が僕を僕たらしめているのか？フレッドとは誰なのか？　この僕とは何なのか？　デーモンにパワーを与えることによって、自分が愛着を持っていたこの肉体の空虚さがよくわかるようになった。それが進むにまかせるにつれ、僕は光輝く気づきを垣間見た。空(くう)への気づきだ。そのときぐらいから、デーモンはどんどんぼんやりしていって、最後には消えてしまい、そしてデーモンもまた空っぽだったことを気づかせた。『僕はいない。デーモンもいない』その場所で僕は休息をとった。」

「僕はこのデーモンを育み続けた。初めは毎日、そして今は時々。僕はそいつを定期的に育めば、そいつは呼び出すときに小さくなり、もし僕が育む間隔を伸ばしすぎると、そいつはまた大きくなることに気づいた。」

「このＨＩＶデーモンを育んで二年半以上過ぎると、デーモンはかすんで小さくなっていた。僕はＨＩＶのことを考えないし、怖いとも思わない。僕はデーモンを育むために呼び出すときを除いて、毎日ＨＩＶのことを考えることもない。そんなに怖れるということもない。今や僕には注意を向けて欲しがっている他のデーモンがいる。僕がもともと望んでいたように、ＨＩＶは厄介な唯一のデーモンではなくなったんだ！」

復員軍人局病院での治験を始めて一年半たって、フレッドは自分が投与されていたのは、プラセボであって、ＡＺＴではなかったことを知った。彼は抗ウイルス剤を服用しておらず、特別な食事をしていたわけではなかった。しかし彼が自分のＨＩＶデーモンを育む実践を始めた後、治験をモニターしていた看護婦と医師は、彼のＴ細胞が急速に増加していっていることに気づいた。たいていの場合、いったんＴ細胞が下がると、しばしば安定することはあっても、再び上昇することはめったにない。しかしフレッドのケースではそれが起こり、そして彼のＴ細胞はこの近年ずっと、正常範囲の低めで維持されてきている。医師や看護師らから、ずっと何をやっていたのかを聞かれて、彼は答えた、「いやぁ、ただのちょっとした瞑想ですよ」。医師らは言った、「何であれ、それを続けなさい！」。彼は実行し、そして今はカリフォルニアの療養センターで生活している。

私は五つのステップの実践が、深刻な疾患を抱えた多くの人々を助けるのをこれまで見てきた。私が自分や他の人の中で出会った病気のデーモンをいくつか挙げると、癌や摂食障害、アレルギー、慢性疼痛、繊維筋痛症、潰瘍そして高血圧といったものがある。フレッドが自分のエイズデーモンを育んでから、エイズへの恐れに縛られていたエネルギーの全部を、彼は利用できるようになった。恐怖は、彼にとって病気の中でも一番衰弱させられる部分であったが、もはや彼はそれにとらわれることはない。エイズの恐怖に縛られていたエネルギーは、今や彼のスピリチュアルな実践に向けられ、すべての存在への思いやりを生みだしている。

病気の身体メッセージを育む

フレッドの物語で見たように、病気のデーモンを育む実践は、顕著で具体的な結果をもたらしうる。通常、エイズという病気本体を、生きたものとして視覚化し、それを完全に満足させるまで育むというようなことは、馬鹿らしいことだと思われるだろう。しかしフレッドはそれがとても有効であることを証明した。普通は、私たちは病気のデーモンと戦うものである。インフルエンザになるとすぐに、私たちは防御のこと、つまりビタミンC、免疫促進剤もしくは風邪薬を使うことを考える。これらの取り組みは、どれも必ずしも悪い案ではないが、病気のメッセージを理解し、それを育み、そして「なかま」を見つけることは、従来のあるいは補完的な医学的アプローチに対して、重要なものとして付け加えられる。私たちは身体からのメッセージとして病気にアプローチし、そして五つのステップによって病気は私たちに語りかけることが可能となる。

もし私たちが症状を抑圧しようとするばかりでそれを扱ったり、病気が私たちに伝えようとしていることを決して理解しないならば、私たちは身体が伝えようとしている重要な情報を受け取りそこなうかもしれない。脳と免疫系は、お互いにしばしば同じ経路によって、継続的に情報を交換しており、そのことは、病気を視覚化することが健康に影響する理由を解き明かすかもしれない。考えてみれば、私たちの身体を侵す病気の方もまた、一種の人格を持っているのだ。バクテリアやウイルスはそれぞれ、顕微鏡の下で見ることのできる、特有の質と形態を持っている。また、癌の中には「攻撃的」なものもあれば、「おとなしい」ものもある。

チベットの言語では、病気を引き起こすデーモンのことをゴンポと呼んでいる。病気になると、私たちはこのゴンポが侵入してくるのを感じ取ることができる。私は、最近インフルエンザにかかりかけていたときにベッドで横になっていて、文字通りウイルスが身体に広がっていくのを感じていたのを覚えている。私たちが「病気になる」ためには、鍵が鍵穴にはまるように、病気が私たちの中に自分が受け容れられそうな環境を見つける必要がある。健康の専門家は、この鍵穴を「免疫系の低下」もしくは「遺伝的傾向」と呼ぶかもしれない。病気への恐怖もまた、病気が侵入するための鍵穴を作る可能性がある。ストレス、疲労、栄養不良、遺伝的素因、そして運動不足もまた、病気のデーモンの侵入を促す環境をつくりだすのだ。

ジョージタウン大学医学校の生理学科・生物物理学科の研究所の元教授で免疫学の専門家であったキャンディス・パートは、心身相関について広く研究した。彼女は意識的に心構えをすること、もしくはイメージ化が、ＰＡＧ（中脳水道周囲灰白質）に作用することを発見した。ＰＡＧは脳の第三脳室と第四脳室の間に位置し、たくさんのオピエート受容体が存在する疼痛の制御領域である。パートは、「多くの身体活動は自動的で無意識レベルで生起するのだが、新しい情報モデルによると、私たちの意識的な心が身体活動のネットワークに加わり、意図的な役割を演じることがいかにして可能であるかを説明してくれる可能性がある」と言う。彼女の視点は、精神が肉体を超える力を持っているというのではなく、精神と肉体は一つであるということ、つまり王が臣民を支配するモデルではなく、むしろ身体中が民主的に割り当てられた知性の形だということである。

中枢神経系も免疫系もどちらも「感覚的な」要素を持っている。つまり、それらはどちらも環境と身体の他の部分から情報を得ることができる。そしてそれらはまた、適切な反応を実行する「運動の」要素を備えている。

一つの例を、神経ペプチドと受容体を持った神経細胞や他の細胞が並んでいる消化器系において見ることができる。これは私たちが「内臓感覚」を持っていて、そのため消化不良が私たちの気分に影響する理由かもしれない。

ウイルスは細胞に入るときに、神経ペプチドと同じ受容体を使う。したがって、もしその受容体が、人が幸せなときに流れると考えられている神経伝達物質、いわゆるノルエピネフリンによって占拠されていたなら、ウイルスが細胞に入るために使える受容体はほとんどなくなるだろう。

私たちがこの力動を利用して、五つのステップの実践に適用するならば、デーモンもしくはウイルスにネクターを与えることによって、デーモンを育むという新しい方法を創造しているといえるだろう。すなわち、ウイルスが五つのステップの実践を通して育まれるならば、ウイルスはもはや、自身を細胞の受容体にくっつけて、身体に入る必要はなくなるのだ。繰り返しになるが、私たちが病気を、人格と要求をもった「生きもの」とみなすことによって、私たちは彼らのニーズを満たすという代わりの方法を差し出しているのだ。病気という実体は、別の食糧源に向け直され、満たされ、その結果、肉体を餌にすることから転じていく。このことは心身複合体が持つ知性によってもたらされる。

一九八〇年代にサンフランシスコのカリフォルニア大学の心理学者であるリディア・テモショックは、怒りなどの感情を抑圧した癌患者は、感情を表現しやすい群に比べて、回復ペースがより遅いことを証明した。テモショックはまた、自分の感情を表現した群の方が、免疫系がより強く、腫瘍がより小さいことを見いだした。

私たちの身体の中では、いつでも癌腫瘍が発生しており、健康であれば、これらの腫瘍を抑制するナチュラルキラー細胞がある。これらのキラー細胞は、身体と脳のなかにあるペプチドによってコントロールされている。そしてその分泌は感情表現と関連している。もし感情が表現されないと、癌の成長を抑えるキラー細胞を調整する役割を持つペプチドが、機能するのに十分には分泌されにくくなる可能性がある。スタンフォード大学のデビッド・シュピーゲルは、悲しみや怒りなどの感情を表現できることが、癌患者の生き抜く能力にはっきりと影響を及ぼすことを明らかにした。
デーモンを育むことによって、ただ感情を表現するだけよりももっと意識的な方法で、私たちはエネルギーを発動させることができる。遮断されたり抑圧されたさまざまな感情は、語るように勧められ、そうすることでより目的に沿って感情が動かされる。私たちが肉体から受け取った、痛みや病気もしくは感情に由来するシグナルに意識的に形を与えたなら、〝ナチュラルプロテクター細胞〟がより分泌されやすくなるだろう。これは、治療過程において「なかま」の活性化につながる。

このすべてについて考えることによって、デーモンを育むプロセスが病気に対してどのようにして効果的たりうるかの説明がしやすくなる。これらのデーモンが気づかないままにされたり抑圧されたりすると、肉体はそのメッセージを受け取ることができなくなり、その結果としてよりひどい障害に陥る。絶え間のないストレスは免疫系の衰弱につながる。当初は、肉体からのメッセージが頻繁に風邪をひくことであるかもしれない。しかし、そのメッセージがそのままにされたならば、この故障は、心臓の異常もしくは他の重篤なストレス関連疾患につながるかもしれない。デーモンを育むことによって、私たち自身が取り返しのつかない病気になってしまう前に、知性を持った我が身体のニーズを聞き取り、養うための手段が与えられるのだ。

デーモンを育むことは慢性疼痛にも適用が可能である。三十七歳のシェフであるリンダは、つまらないことでひどく怒ってしまうので、二年間セラピーを受けた。リンダは人々と口論をひき起こし、そのために彼女は度々仕事を変えていた。背中の痛みが悪化していたが、彼女はそれを無視していた。その後、母や娘と海辺で休暇をとっている間に、リンダの背中の痛みはいよいよ悪化した。

この休暇の後、五つのステップ実践の訓練を受けた彼女のセラピストは、リンダに痛みのデーモンを育むことを提案し、彼女はそれに取り組むことに同意した。リンダの痛みは、彼女の身体の中では黒く、ねばねばして、冷たいものだった。そのデーモンは、彼女の頭をしゃぶりたがっているたくさんの足を持ったタコであった。彼は赤い目をしていて、彼女の方を見たがらなかった。彼を認識したことによって、彼がくつろぎと自由を欲していることがリンダにはわかった。しかし彼女は、彼にそれを与えることはできないと思った。なぜなら、彼女は今あるささやかな自由を、自分自身のためにおいておきたかったからであった。けれども彼女は、彼に思いやりと愛を与えることができたのだった。デーモンはより親しみやすくなり、そして彼の吸う行為は止まった。痛みも、ちくちくした感覚に変化した。

数日後、痛みが戻ったので、リンダは再度デーモンをイメージし、彼女の愛を彼に捧げた。このとき、彼女がより惜しみなく愛を捧げると、さらに数日後には痛みはなくなった。彼女は、自分の人生にくつろぎと気晴らしが不足していたことにも向き合おうと決め、ヨガのクラスをとり始め、そして自然の中で休む時間をとるようにした。彼女は、自分自身を一生懸命駆り立てるのではなく、自分の健康を優先事項とするようにした。彼女の背中の痛みがまた戻っても、彼女は自分のデーモンに耳を傾け、育もうとした。彼女の怒りは小さくなり、怒りに飲み込まれるのではなく、それが生じたときにそのまま受けとめることができるようになった。

病気の肉食デーモン

私たちは、マチクが肉食のデーモンと呼ぶ分類を、原始的な迷信だと考えるかもしれない。しかし、拒食症、結核、ハンセン病あるいは癌について考えてみれば、これらはまさに肉食の疾病ではないだろうか。もちろん、これらは用語の猟奇的な意味での肉食のデーモンではない。しかし、まさに文字通り肉体を食い尽くす病気は、侵略してくるデーモンとして確かに経験されうるものである。これらの病気のデーモンを育むことによって、通常の治療がすっかり見落としてきた要因と潜在的なニーズが明らかとなる。これらの「肉食のデーモン」のうちの二つを見てみよう。

拒食症のデーモン

摂食障害は、高校生や大学生の女性の間で流行となっており、若い男性たちもまた、それに冒される者が増えている。拒食症はしばしばダイエットとむちゃ食いの循環から始まり、極端な絶食、過度の運動、あるいは下剤の使用へと加速していく。極端な場合、と言っても、それは残念ながら、まれなことではないが、身体がまさに文字通りに自分自身を食べるのだ。初めは脂肪を、次には筋肉を、最後には臓器をだ。拒食症において、最も一般的な死因は、うっ血性心不全であり、これは心臓がもはや機能することができなくなるまで消耗したときに起こるのだ。

摂食障害に信頼できる統計は存在しない。なぜなら、多くの人々はそのことについて話すのを恥ずかしく思い、また医者の方は、関連して生じている病気を摂食障害から起こったものであると認識せずに、しばしば治療しているからである。摂食障害が増加していること、そして五歳ぐらいで摂食障害になった女の子の症例があることもわかっている。統計的に、摂食障害という病気の診断を受けた人のうちの二〇％が、そのために命を落としている。拒食症のデーモンは、とてもやせているのがよいという女性への文化的圧力との関連と同様に、コントロールや完璧主義とも関連がある。拒食症はまた、発育期の身体の心地よくない変化をコントロールする方法として、思春期の始まりにある女性に生じる。

ジェイミーは三人の子どもの一番年長で、家族がぎくしゃくしたとき、それはたいがい継父が関係していたが、彼女の母親が一番頼りにできる子どもであった。彼女の母はとても彼女を信頼していたので、時々ジェイミーは自分が子どもではなく親のように感じた。彼女がダイエットを始めたのは十一歳ごろ、継父に自分の膨らみかけた胸についてあれこれ言われた後であった。思春期に入り、継父の彼女を見る目つきに屈辱を受けた彼女は、成熟した身体つきの女性になることを恐れた。彼女には強い意志があり、ダイエットがうまくやれることに気づいた。この事実は、不安定で恐ろしい環境において、何かをコントロールできる力を彼女に与えた。

ジェイミーは自分を飢えさせ始めた。だんだんと九四ポンドまで落ち込んで最終的に母親によって入院させられるまで、彼女は体重を減らしていった。彼女は回復するためにさまざまな方法を試したが、どれも長くは続かなかった。彼女はいつも自分を飢えさせることに戻っていった。彼女が二十歳で、すでに家を離れて学校に通っていたとき、友人から、デーモンを育む実践について聞き、私がカリフォルニアで行っていた講演を勧められた。彼女はやってきて、そして瞑想に出席することを決めた。

ジェイミーはたった一〇〇ポンドの体重となり、学校を退学する寸前であり、飢餓状態と拒食症の徴候のすべてを示していた。彼女の手足は、拒食症のしるしである、やわらかな産毛が生えた皮膚で覆われた骨のようであった。彼女の眼は輝いているが、うつろであった。それにもかかわらず、彼女は自らの拒食症のデーモンと向き合うために、力を奮い起こした。

ジェイミーのデーモンは、ヘンゼルとグレーテルの物語に登場する、やせて怒って、残酷な魔女のように見えた。その魔女はジェイミーを要求がましく、傲慢にじっと見つめてきた。ジェイミーがデーモンになると、魔女は彼女に食事を禁じ、彼女を支配したいと言った。そのとき、ジェイミーは、以前思っていたような力強さではなく、不確かさを感じた。その魔女は、彼女の望むものは支配であるが、問いかけるうちに、彼女は自分が安心と安全の感覚を必要としていると認めた。

ジェイミーが彼女を育むうちに、その魔女は膨らんできて、しわのよった顔はなめらかになり、そしてだんだんとギリシャ女神のような、長く流れる髪と肉体美を備えた身体つきになってきた。この女神は「なかま」であった。彼女はジェイミーに、ジェイミーが自らの身体を受けいれ、コントロールすることから自由になれるよう手助けするつもりだと伝えた。このことはジェイミーをリラックスさせた。彼女はジェイミーに完璧であろうとすることをやめる手助けをした。ジェイミーは後になって、彼女の母親が継父と親密な関係になり、ジェイミーが二人の関係に影響できなくなり始めたとき、食べ物が彼女にコントロールできた唯一のものだったということに気づいた。そして食べないことは、彼女が継父の欲望の対象になっていくことから彼女の身体を守ってもいたのだった。

ジェイミーは女神の絵を描き、いつも過度に頼られたり支配されるのではなく、彼女の「なかま」が望むことを意識的に行い始めた。彼女は、物事には自分の手に負えないものや、自分の責任を超えたものもあることに気づき始めた。

彼女は楽しみにダンスを始め、そして南カリフォルニアの彼女のマンションの近くの森や海でより多くの時間を過ごすようになった。これらのことが彼女を自身の身体に連れ戻し、彼女を幸せにした。ジェイミーはセラピストとともに拒食症のデーモンと取り組み続け、そしてだんだんと完璧さに固執することから離れ、そして女性である自身の身体を信じ、楽しみ始めた。彼女の体重は増え、魔女は時々戻ってくるけれども、ジェイミーは今や彼女とどう取り組むかがわかっている。つまり、魔女の命令に従うのではなく、彼女は魔女を育み、そして自身の「なかま」に手助けを求めるのだ。

癌のデーモン

癌は数多くの人々に影響するデーモンである。たくさんの種類の癌があり、そしてこれらのデーモンを育むことは、あなたの治癒への過程において大いに有益な貢献をもたらす可能性がある。他人の健康について、しばしばアドバイスを行ってきた医療従事者のローズは、彼女自身が乳癌と診断され、衝撃を受けた。彼女は化学療法と放射線療法を選び、集中的な治療が始まった。しかしそれは効き目がなく、癌は広がっていった。彼女は以前に、デーモンを育む実践を行ったことがあったが、化学療法の効き目がないことがわかるまで、それをもう一度やってみようとは思わなかった。

ローズが自らの注意を、自身の身体や病気に冒されている乳房に向けたとき、彼女は熱い、赤いねばねばしたものに気づいた。彼女が自分の前に呼び出してみると、それは怒りに満ちた幼い少女であった。彼女は「三つの質問」をして、そして場所を代えた。その少女は怒り狂い、そして第一の質問に答えて言った、「立ちどまって、私の言うことを聞いてよ。どうして私を無視してきたの？　あんたは馬鹿で間抜けよ。私を隠し続けてる。あんたをやっつけてやるわ！　私の方があんたより強いのがわからないの？」

第二の質問、つまり彼女の本当に必要なものについて答えて、赤い少女は返事をした。「虐待がなかったみたいなふりするのはやめて！　あんたが私を無視するやり方が嫌いなのよ！　あんたが嫌いなの！」

激しい恥ずかしさが突然ローズを襲った。彼女が少女のとき、叔父から性的虐待をうけたこと、しかし彼女は、自分がそれを「乗り越えた」と思っていたこと、自分の家族のなかにそのことを持ち込みたくなかったこと、なぜなら、彼女はそれを恥じ、自分の落ち度だと感じていたことを思い出した。彼女の叔父の方も、もし彼女が「言えば」、誘惑したのは彼女だと言うと脅かした。彼女はそれについて忘れようとし、誰にも言わず、浮かんでくる記憶もすべて抑え込もうと決心したのだった。赤い少女が現れたとき、すべてのことに辻褄があった。

赤い少女は続けた、「私には声が必要なの、私は言わなきゃいけないの。私は黙っていたくない。黙っているつもりもない。もしあんたがこれ以上、私を黙らせておくのなら、あんたを苦しめてやるわ」

第三の質問、もしローズが耳を傾けたときに彼女は何を感じるだろう、について答えて、彼女は言った、「愛されてるって感じるかな」

ローズは吐き気を感じた。それは彼女が受けている化学療法の後遺症によってだけではなく、真実が何たるかを知ったことによってでもあった。その夜、「五つのステップ」を行っている間、彼女は赤い少女に自分の愛と注目を注いだ。彼女はまた、水彩絵の具と画材一式を取り出し、自分のデーモンを描いていった。怖かったが、やり終えた後は気分がよくなった。自分の前でイメージに向き合うことは、その形と声を定着させ、彼女がデーモンと結びつき、交流しやすくさせた。彼女はまた自分の「なかま」を描いた、それはギリシャ女神のアフロディーテであった。

ローズは毎日、五つのステップを行い、絵を創作することを決めて、それらの絵を壁にかけていった。彼女はやりやすいように、自分の絵の具を出したままにしていた。そして絵を描くことが明確にするだけでなく、リラックスさせてくれるものであることがわかった。続く数週間後には、その赤い少女は前ほど怒ったり、悲しんだりしなくなった。ついには、彼女は赤いドレスを着て、ローズが子どものときに持っていたような小さなウサギのぬいぐるみを抱えた、優しく繊細な子どもになった。ローズはまた自分の「なかま」を描き、その「なかま」はさまざまな形で現れた。

この数カ月後、CTスキャン検査を受けたローズは、彼女の癌が完全な寛解状態にあると告げられた。彼女は壁に何枚かのデーモンと「なかま」の絵を思い出としてかけておき、寛解状態に対する恐怖が出てきたらいつでも、このデーモンを育み続けた。彼女はまた化学療法と放射線療法を続け、自分の虐待問題に取り組むために心理療法を始めている。

病気のデーモンを観察する中で、私たちは病気と戦うのではなく、育むことがいかに効果的たりうるかを見ることができる。さほど劇的でない状況でも、例えばあなたが風邪もしくはインフルエンザにかかったように思うとき、これらのデーモンを育むことを試してみよう。身近な感情的な問題に語る機会を時々与えることは、病気を食い止めるだろう。これらの場合、あなたは取り組むべき複合的なデーモンを抱えているかもしれない。

たとえあなたがある治療法、昔からの解決策、もしくは従来の医薬品をもって自分の病気と戦おうと決めたとしても、あなたの病気のデーモンの隠されたニーズを発見することは、新しい洞察を得る刺激となりうる。そしてあなたがステップ4で見つけた「なかま」は、治療の間、あなたの支えとなって手助けしてくれるだろう。

第10章　恐怖のデーモン

秘密の罪をすべて告白しなさい！
嫌なことに取り組みなさい！
助けられないと思う人を助けなさい！
つながりができたものは、そのままにしておきなさい！
墓場のような、あなたを怖がらせる場所に行きなさい！
感覚ある存在は、空(そら)のように無限である。
覚知せよ！

——ダンパ・サンギエ（一〇四五—一一一七）からマチク・ラプドゥンへ

何らかの形の恐怖は、私たちのほとんどによく見られる。それは、生活を妨げる恐怖症や心的外傷後ストレス障害（ＰＴＳＤ）、あるいはもう少し身近なものかもしれないが、私たちの大部分はいくつかの恐怖のデーモンを抱えている。

統計によると、十人に一人のアメリカ人は、特定の不合理な恐怖を抱えている。ある状況や対象の回避を引き起こす恐怖のデーモンは、たくさん存在する。例えば、人前で話す恐怖、暗闇恐怖、犬（もしくは猫、クモ）恐怖、高所恐怖、水恐怖、飛行機に乗る恐怖、ハイウェイを走る恐怖、汚染恐怖、見捨てられ恐怖、死の恐怖、貧困恐怖、レイプ恐怖、癌恐怖、血液や注射恐怖、失敗恐怖など、少し挙げるだけでこうしたものがある。広々とした場所、または脱け出すことが難しい、または助けが得られない場所への恐怖である広場恐怖は、三百万人以上のアメリカ人を悩ませている一般的なもう一つの恐怖である。

これらすべての恐怖は、ある外的な事件が「私にふりかかってきている」、何か外的なものが私を傷つける、もしくは殺そうとしている、という認知に基づいており、そして恐怖はこれらが外なるデーモンであることを私たちに知らせている。しかし、外的なきっかけは個人次第である。つまり、ある集団が全く同じ体験にさらされたとき、集団のある者は恐怖をもって反応するかもしれないが、反応しない者もいるだろう。恐怖はトラウマからも生じうるし、「親から引き継がれる」こともあり、喪失から生じることもある。しかし多くの場合、人々は特定の恐怖の源を探し出すことができない。たとえ、その恐怖が不合理で極端なものだと気づいていたとしても、それをコントロールすることは、多分できないだろう。

恐怖を引き起こす状況を避けることが、あなたの仕事や社会生活の邪魔をする場合もある。恐怖はまた、何もないところから現れ、突然にあなたを「攻撃する」こともある。幸運にも、恐怖のデーモンを育むことが、とても効果的となりうる。恐怖は回避を引き起こし、しばしば私たちの中の暗く、近づきがたい場所に住みつく。彼らに形を与え、恐怖の下に隠されているニーズを発見し、そのニーズを育むことによって、私たちは持続的な恐怖症や特定の恐怖を解き放つことができるのだ。さまざまな種類の恐怖と、これらのデーモンに人々がどのように取り組んできたかについて、以下に少しの例を挙げよう。

社会恐怖のデーモン

よく知られていて、有害な種類の恐怖の一つとして社会恐怖症（訳注　社交不安障害とも呼ばれる）があるが、それは五百万人以上のアメリカ成人に悪い影響を及ぼしている。社会恐怖はたいてい、児童期か思春期に始まり、そして不当に非難される、あるいは誤解を受け批判されるという恐怖に関連している。このことは、誰かに見られながら食べたり飲んだりすることへの恐怖、公衆トイレへの恐怖、社交場面に加わることへの億劫さにつながっていくこともある。

株式売買をしている三十八歳のダグラスは、何世代にもわたった乏しい自尊心と社会恐怖のデーモンに苦しんでいた。彼の両親は、彼ら自身が肉体的にも情緒的にも虐待を受けており、自分の価値は低いという両親の感情が息子にも引き継がれていた。ダグラスは自分の劣等感と弱さの感情を、自分がより安全だと感じられるように、優越と尊大の感情によって過剰に埋め合わせていた。彼の母親も同様に、うつ病に苦しんでおり、ダグラスは子どものときに母親の幸せに責任を感じていたので、彼女を不幸にしてしまうという恐れから、決して自身のネガティブな経験を母親に話したがらなかった。その結果、彼はネガティブな感情の処理がうまくできなかった。

ダグラスの恐怖は、不慣れな人に会ったり、人前でスピーチをしたり、どこにも逃げ場のない限られた場所に知らない人といたりすることによって誘発される。彼は自分の恐れや不安を隠そうとしたので、他の人には彼が何を体験しているのかわからなかったし、恥についても同様であった。デーモンが襲ってくると、彼はパニック発作を起こし、楽に呼吸ができないことに苦しみ、激しく汗をかき、声が出なくなり、そして身の破滅が迫ってきているという強烈な感情が生じた。この社会恐怖は、その徴候の引き金となるような状況を避けたい気持ちにさせることで、彼の生活に悪影響を及ぼしていた。彼は発作を引き起こすことを避けるために、すべての社交場面をコントロールしようとしており、そしてまた社交場面での緊張をほぐすために、薬物とアルコールを乱用していた。恐怖症の結果として、ダグラスは長年にわたって、とてつもない怒りと欲求不満に苦しんでいた。

社会恐怖を切り抜ける確かな方法は、自分自身を無理やり困難な場面に置き、たとえパニックになったとしても、ひとたび治まればすべてが大丈夫だと学習することであることに彼は気づいている。このことによって、初めての場所を恐れる理由は、実際には何もないことが彼にわかるようになった。彼は、社会恐怖に取り組む努力の一部として、仕事を辞め、デーモンを育むプロセスが教えられているタラ・マンダラにボランティアとして来ることを決めた。タラ・マンダラには多くの集団黙想があったので、人々がよく出入りしていた。どの黙想でも彼は初対面の人に出会わねばならなかったが、そのことが自分を社会恐怖に逃げずに向き合っていくことだとわかっており、また自分が支持的な環境にいるということもわかっていた。

タラ・マンダラにただ着いたというだけで、彼のデーモンは大いに育まれた。タラ・マンダラには誰も知り合いがいなかったので、彼には極度の不安が生じていたが、それを扱うためにアルコールを用いるのではなく、すぐにパートナーを見つけ、自分のデーモンを育むことについて案内を受けた。デーモンを育むことは、彼が安全な環境の中で恐怖と「出会う」ことを助けた。そして彼にさらに困難な社交場面に向き合える、より強い精神力をも与えた。特定の人物と結びついたデーモンを育んだ後、彼は恐怖の感情が起こったとき、その引き金となった人物とその恐怖について話し合うことができるようになっていた。また、彼の「なかま」は、これらの直接的な直面化を支え、そして彼のそばにいる「なかま」を想像することは、ダグラスの孤独感をやわらげることに役立った。彼はこれらの根深い不安を完全に変質させるには時間がかかることはわかっている。しかし、自分が薬物やアルコールなしで、定期的に恐ろしい場面にアプローチし、そして状況が徐々に改善されつつあるということで、彼はとてもうれしかった。数年前なら、これらの恐怖に向き合うなど彼には想像もできないことだっただろう。しかし、五つのステップの過程を用いることによって、彼は自らの恐怖と直接に向き合うように、自分自身を訓練したのだ。

喪失の恐怖

ミリアムは死と喪失の恐怖に苦しんでいた。彼女は三人の子どもの母親であり、さまざまな病院で司祭として働くラビ（訳注　ユダヤ教の教師の敬称）であった。彼女の父親はうつ病に苦しむアルコール依存患者であった。彼は自分が子どもたちを愛していることを子どもに示そうとしたのだが、すぐに怒ってしまい、そのことに思い悩んでいた。彼自身の父親もまたアルコール依存患者であり、子どもたちを叩いた。また彼の母親は聞くところによれば、息子たちにとてもそっけなく、愛情をもっていなかったらしい。

ミリアムはもちろん、何世紀にもわたってユダヤ人を襲った悲劇をよく知っていた。彼女の兄が十三歳で突然亡くなったとき、彼女は両親から、子どもを失うことに対するほとんど病的ともいえる恐怖を引き継いだ。これは喪失と死に対するユダヤ人に共通した恐怖とつながっていた。彼女の中核となる恐怖は、自分の子どもたちが死んでしまうというものであった。

ミリアムがこのデーモンを育むプロセスを始めたとき、彼女は自分の胸の中心に恐怖の感覚があることに気づいた。この感覚はひどい緊張を伴い、火のような、オレンジ色の、鋭く、執拗な感情であった。ステップ2では、彼女はその感情を巨大で、不機嫌な、ヒトラー親衛隊の帽子をかぶったナチスの人物として心に描いた。彼はとげだらけの明るいオレンジ色の身体を持っていた。たくさんの腕があり、それらはすべて銃やその他のいろいろな武器を持っていた。その顔は暗く、あちこちを見張る鋭い目を持ち、怒り狂っていた。彼は病的で、完全に理性を失っているようだった。彼は彼女の子どもたちを、そしてついにはすべての子どもを食べ、破壊したがっていた。しかし彼女が彼にこの欲求の下に何があるのかを尋ねたとき、驚いたことに彼が安全と家庭と両親を求めていることが分かった。それによって、彼は安全と育みを感じるようであった。

このことがわかったので、ミリアムは自分の肉体を濃厚で甘く、乳白色の、安全と安心のネクターに変質させた。彼女はネクターをデーモンの全身に注ぎ、繰り返しデーモンに浴びさせた。ゆっくりと、デーモンはだんだんと小さくなっていった。ついに彼は小さな子どもになり、そして裸の、無力な、柔らかく、ピンク色で丸々と太った赤ん坊になった。彼はゆっくりとさらに小さくなり、最終的には溶けて、くもりのない金色の光になった。

ミリアムが「なかま」に姿を見せるように招いたとき、「なかま」は翼のある天使のような姿をとってやってきた。なぜか、彼女はこの「なかま」が、ユダヤ教における神の女性の側面であり、

「神の臨在」を示す〝シェキナ〟であると知っていた。彼女はミリアムと同じぐらいの大きさであり、長く、黒みがかった流れるような髪をもっていた。彼女は深い、慈愛に満ちた目と、光り輝く肌をして、蝶のような大きな白く輝く羽根を持ち、白いローブを着ていた。彼女はいつもミリアムとともにあり、決して一人にしないと約束した。そして力と知恵と、資質を与えることでミリアムを守ることを約束した。彼女はミリアムの子どもたちのためにいつもそこにいて、彼らに援護と勇気を与えることも堅く約束した。

時には、私たちの喪失の恐怖は、その瞬間に直面しているものよりもむしろ未来についてのものである。つまり、私たちは決して起こらないであろう想像上のシナリオに自分たちを投影し、起こりうるかもしれない出来事としてそれを何年も前から怖がっているのだ。ダナの母親であるジョージアは、自分の母親のように、とても聡明で、元気いっぱいで、成功した女性であった。ダナ自身は歴史学の博士号を持った教授であり、二人の子どもの母親であり、そしてコミュニティの中で活動的であった。しかし彼女は老いることを過度に恐れていた。母親のジョージアが「忘れっぽく」なり始めたのは七十歳代の初めであった。今や彼女は七十歳代の後半であり、アルツハイマー病と診断されていた。彼女は会話をするのも苦労しており、自分が何を読んだのか覚えることもできず、さまざまな人格変化にも苦しんでいた。ダナは母親から二千マイル離れたところに住んでおり、年に数度、母親を訪れていた。彼女は母親に起こってくる変化を恐れていただけでなく、その変化が予兆となってこれから先に母親に生じるだろう事態をも恐れていた。

ダナは、こうした老いとアルツハイマー病への恐怖に取り組むことを決め、その恐怖が自分のみぞおちにあることに気づいた。それはまるで氷でできたボーリングの球のようであった。冷たい光を放っていたが、死んでいた。吐き気をもよおさせるほどであった。ダナがデーモンに人の形を与えたとき、それは八フィートに届こうかという巨人になった。彼は青白く、冷たく、愚かであった。彼はぼんやりした目をして、ずんぐりした大きな身体をしていた。彼は皆から避けられる愚か者のようであり、孤独で悲しげであった。彼は目的もなく、のろのろと動いた。

デーモンになったとき、彼女は狼狽して自分自身を見つめた。デーモンは皆から蔑まれずに普通であると感じたがっていた。彼は仲間づきあいと愛を必要としており、もしこれを得られれば、彼自身が他者に対する思いやりと愛情を感じられるだろう。

ダナは彼を育もうとして、難しさを覚えたが、耐え続けた。デーモンは、愛に満ちた暖かい白いショールで包まれたがっていたので、彼女はそれを行い、そして愛と思いやりの濃厚なネクターを与えた。彼は自分の頭を持ち上げ、ゆっくりと飲んだ。暖かい白いショールに包まれながら、少しずつ、デーモンは小さくなっていった。ついには彼は若い女性に変わっていき、そして一面のヒナギクとなった。幼い少女が現れ、幸せそうにスキップをして、花束を摘みとった。ダナが彼女に、

「なかま」なのか尋ねると、彼女は自分はそうではないと答えた。そのとき、大きな白い鳥が現れた。この鳥が彼女の「なかま」であった。その鳥は、ダナに人はみな死ぬだろうこと、そしてそれが大丈夫であることを伝えて安心させ、そのことを思い出させる母親とのことについてもダナを助けることを約束した。彼女は自分の恐怖のデーモンを育むことがとても役立つと気づき、もはや老いへの恐怖を抱かなくなった。

心的外傷後ストレス障害（PTSD）のデーモン

一九九九年の終わり、私はブータンでの一カ月間にわたる黙想に参加していた。それ以前にしていた約束のために、私はその後すぐに出発する必要があった。一方でグループの残りの人々は、さらにもう数日間旅を続ける予定であった。ヒマラヤ・ブータン王国には、たった一つだけ東西に渡る主要道路があり、その道はひどく曲がりくねっていて、片側は崖でもう一方は険しい山の斜面になっていた。午前四時三〇分に私は、ガイドと運転手とともに東ブータンから空港に向けて出発した。一日で運転して行くのはもうほとんど不可能になっており、そのときに私たちがガイドから聞きだしたことによると、運転手が地元の人々と黙想の終了を祝っていたために、眠らず夜通し起きていたとのことだった。一時間くらい後に、運転手は山の滝で顔を洗うために車を止めた。私は彼を見て、彼がへとへとであることに気づいた。

少し後で、さらに急な曲がり角にさしかかったときだった。車が道のカーブに沿って曲がっていないことに気づいた。私たちはまっすぐに崖の端に向かっていたのだ。運転手に目を向けると、彼は居眠りをしていた。私は叫んだが、遅すぎた。私たちはすでに宙に浮いていた。ジープは何度も何度も跳ね、周りにある木にぶつかりながら、険しく、樹木に覆われた堤防を転がり落ちていった。その衝撃はひどいもので、落ちるときの衝撃音とガラスの割れる音で一層際立っていた。

ジープがやっと止まったとき、すべてが真っ暗で、私は自分たちが一体どこにいるのかわからなかった。それから私は自分がさかさまになっていることに気づいた。私は手足を動かしてみて、自分にはひどい怪我はないことがわかった。私はドアを見つけ、外に出て、運転手と同行してくれていたガイドを助け出した。彼らはあちこちをひどく切っており、ガイドは肩を脱臼していたが、私たちは崖下から道まで這い上がっていくことができた。そこで私たちは最終的に私たちの他のグループの車に乗せられ、四時間かかって病院に連れて行かれ、検査をされ、そして解放された。このトラウマ的な体験の後、険しい崖がある曲がりくねった道にいるときはいつでも、私は吐き気をもよおし、ドアの取手をつかみ、床だけを見て、そして時には車から降りて歩くことさえあった。

私はこの恐怖のデーモンを育み続けており、だんだんと回復してきている。そのデーモンに取り組むとき、デーモンは異なった形態をとるが、何が来ようと私はそれに向き合っている。かつては、そのデーモンは鋭い歯を持ち、背が高く、黒く、鉄のとげに覆われた男性の姿であった。彼は私が彼の話に耳を傾けることを必要としていた。すなわち、彼は私に聞いてもらっていると感じること、そして私をコントロールすることを求めていた。彼は話を聞いてもらうと、力がみなぎるように感じるらしく、そのために私は彼にパワーを与えた。彼が完全に満足するまで育まれたとき、彼は溶けて、黒く反射する水たまりになり、そして私はその場所で身体を休めた。

ＰＴＳＤのデーモンは、トラウマティックな一つの体験、もしくは一連の体験の跡から生みだされる恐怖のデーモンの特定の種類なのである。心的外傷後ストレス障害（ＰＴＳＤ）は五百二十万人のアメリカ成人と、退役軍人のおよそ三分の一近くが罹患している。近年のテロや戦争の急増、ハリケーンや津波など恐ろしい出来事を引き起こす異常気象等によって、ＰＴＳＤに罹る人の数は増加している。

ＰＴＳＤの徴候は個人個人によって異なっている。いくつかの徴候として、悪夢、トラウマとなった出来事を繰り返し再体験する、トラウマとなった出来事のフラッシュバック、感情の麻痺、驚きやすくなる、怒りっぽい、攻撃性、無感動、激しい罪悪感、頭痛、胃腸の症状、免疫系の弱さ、めまい、そして不眠症を含んでいる。ＰＴＳＤは我々を衰弱させるような一つの状態であり、かつて親密だった人々と付きあうことも妨げうるものである。

オーストラリアからやってきた四十五歳のヨガ指導者であるレベッカは、津波がやってきた二〇〇四年十二月に、スリランカ島で休暇をとっていた。彼女と彼女の夫はその朝に水が岸から引いていったとき、ビーチに座っていた。近くにいた漁師が、彼らに走って逃げるように叫んだ。彼らは自分たちの浜辺のホテルまで走って戻ったが、水はすぐ後ろまで来ていて、そしてオートバイが彼らの部屋につながるドアを塞いでいた。レベッカはなんとかして隣の部屋に入ったが、その部屋も渦巻く水でいっぱいになろうとしていた。彼女の夫は自分たちの部屋に入り、近くの丘につながる後の窓から這い出すことができた。最後の瞬間、水は腰まで上がってきていたが、レベッカも窓から這い出すことができ、そして夫と丘の上で合流できた。彼らは更にもっと高いところまで走って逃げ、人々や、家、車、そしてオートバイが流されていくのをゾッとしながら見ていた。

その地域全体が破壊されていた。彼らと知り合いだった人々は亡くなるか、もしくは家族の誰かを失っていた。後片付けを手伝うためにしばらく滞在した後に、彼らはオーストリアの自宅に帰ったのだが、心的外傷後ストレスも彼らについてやってきていた。レベッカは津波が来る前にすでに私と学んでいたので、彼女はおよそ一年後にスイスのカパラ・トレーニング修養にやってきたが、そのときもまだトラウマに圧倒されていた。

ＰＴＳＤのデーモンに取り組むことを決めたとき、レベッカは自分の津波への恐怖のデーモンが、自分の身体全体にある強い緊張であると感じた。彼女はまるで罠に捕えられているかのように感じた。彼女は、感覚の中心が胸部にあることに気づき、そして彼女の背中の下部の痛みの中に、さらにあることに気づいた。それは黒く、冷たく、つかみにくいものだった。

彼女の目の前に現れたデーモンは、男性の巨人で、灰色がかった黒色で、鱗に覆われていた。彼は巨大な手と極端に長い腕、醜い足を持っていた。彼はとても攻撃的で、愚鈍で、不器用であった。彼の眼には怒りと悲しみのどちらもがあった。そのデーモンは、優しさと愛撫され抱擁されることを求めていた。彼の心は、彼が安心だと感じられるように吹く暖かい息吹を求めていた。そのため、レベッカは彼に優しさにあふれた安心のネクターをささげた。ネクターを与えられたのち、彼は柔らかい金色の毛に覆われた眠れる熊に変わった。レベッカが彼に、彼女の「なかま」かどうか尋ねたとき、彼はまだ目覚めていなかったので、ステップ５で彼女は穏やかにただ休んでいた。

彼女の恐怖はとても強かったため、レベッカはプロセスを繰り返した。次のときには、ＰＴＳＤのデーモンは黒い目と鋭い爪を持った鎧を着た騎士として現れた。彼は育まれると、その鎧は地面に落ち、小さなバレリーナが現れた。彼女はレベッカに快活さと、心と身体の軽やかさを与えた。津波のデーモンはいまだにやってくるが、レベッカは今もこの方法で取り組んでいる。彼女はとても規則的に取り組んでいるので、いつも穏やかな状態でいられた。次第に、彼女に恐怖の波がやってくることはまれになっていった。

マウラは彼女自身がPTSDに苦しんでいるだけでなく、ソーシャルワーカーとして自分のクライエントたちの中にあるこの病気をも見ている。彼女はニューオリンズの「高台」の家に一人で住んでいる。カトリーナを経験することによって、彼女にはハリケーンと結びついた、自然はもはや制御できないという恐怖があった。彼女は自然災害に対して計画や備えをしていたけれども、彼女の中に、自分の愛する者はすべて最後には破壊されてしまうという強固な確信があった。それは次の夏に起こるかもしれないし、それともその次の夏かもしれないが、それはきっと起こるのである。

ニューオリンズの多くの人々は、ハリケーン・カトリーナの衝撃からくるPTSDを抱えて生活しており、彼らには次の「大きなやつ」に対する共通した不安がある。マウラは仕事の中で生存者の話に耳を傾け、カトリーナによって生じた恐怖と喪失、あるいは他のハリケーンに関する心配を聴くなかで、彼女自身が繰り返し心的外傷をこうむっている。

マウラが自身のPTSDに取り組んだとき、恐怖のデーモンは彼女の肩、胸の上部を横切って、腕全体の中にいた。デーモンは彼女の胴の上半分全体に広がっており、それらは彼女が仕事と泳ぎ（危険から逃れるために！）に使っている領域であった。それは湿っていて、濃い藍色をしていた。マウラの探求に対する答えの中で現れたデーモンは、巨人であった。それは彼女の前に立ち、大きく、湿って、青く、そして黒かった。その身体中には白波があった。その巨人はマウラよりも背が高く、横幅もあった。それは野蛮で、波をかき分ける大きな脚と腕を持ち、手足を激しく動かすたびにあらゆる方向に波と水を投げかけた。巨人は動き続け、そしてとても大きく重かったので、その下手なダンスによって彼女や彼女のまわりにあるすべてのものを破壊してしまいそうであった。

そのデーモンは怒り、恐れていた。彼は彼女と彼女が愛するすべてのものを殺したがった。ニューオリンズを瓦礫の山に変えたがった。ガルフコースト（メキシコ湾岸）を襲い、そこに人間がいたすべての痕跡を消し去りたがった。彼は敬意を求めていた。もし望んでいるものを得られれば、彼は落ち着くだろう。

マウラはこのデーモンをとても恐れていたので、これを育むことは難しかった。そうではあったが、彼女は自分がプロセスを信じようと決心した。なぜなら、彼女の他の対処法は何一つうまくいかなかったからである。彼女は敬意と冷静さを具現化する、これまでと違ったいろいろな方法を試してみた。最終的には彼女は濃厚な白いネクターとなり、デーモンの上に降り注いだ。彼女は彼の口からネクターを与えた。そのデーモンはひどく飢えていて、小さくなって弱っていくのは本当にゆっくりであったが、最後には彼は溶けていなくなった。

マウラが「なかま」に現れるように招いたとき、デーモンが溶けてなくなった地面から小さな茶色の鳥が昇ってきた。それは強く、賢い鳥であった。それは自分の知恵を与えることによってマウラを助け、彼女が何をすべきか知るのを手伝うことによって守ることを告げた。その鳥は、マウラと彼女の家族がどんな変化がやってこようとも生き残ることを誓った。現在、マウラがストレスを抱えた自分のクライアントと話すとき、彼女はこの鳥と彼女の恐怖を育んだ後に感じる穏やかさを思い浮かべる。彼女は、もう自分が恐怖に飲み込まれないことはわかっているし、今はもう彼女自身も落ち着いているので、コミュニティにとって、これまでよりずっと価値のある資源となりえている。

最も一般的なPTSDのデーモンの一つは、退役軍人の間で見受けられる。レオは、退役軍人省から心理学的に、一〇〇パーセント障害があると認められたベトナム戦争を経験した退役軍人である。彼は二十歳でアメリカ海軍部隊に入隊し、そして一九六八年と一九六九年に戦闘歩兵として仕えた。

レオは家に戻り、三日のうちに兵役を免除され、そして二カ月のうちに大学に戻った。彼の十七年にわたるPTSDによる苦しい体験はそこから始まった。そのPTSDは、彼を八日間意識不明のままにした一九七七年の自動車事故によってさらに強くなっていた。一九八五年に彼は自身のPTSDを治療するため、ボストンにある退役軍人支援センターでのベトナム戦争経験者の定期ミーティングに参加し始めた。彼は八年間、継続的に参加し続けた。それから彼は三年間、個人心理療法を受けた。これらの治療は彼の助けになっているようだったが、PTSDの徴候は依然残っており、彼はそれを抑えるためにいくつもの処方薬を服用した。レオはタラ・マンダラでのカパラ・トレーニングのレベル1に参加することを決めた。彼は参加するのをしぶっていたが、カウンセラーが勧めるのでやってみることに決めた。

レオに向かってやってきたデーモンは怒りのデーモンであり、それは緑のコブラとして現れた。それは今にもレオに襲いかかりそうであり、冷たく、狡猾な目でレオを見ていた。そのコブラは保護を望み、安心を感じられることを求めていた。このデーモンが安心のネクターを与えられた後、「なかま」が膝に緑のコブラを抱えた女性として現れ、そしてそのコブラは消えていった。その「なかま」はレオを安心させて自信を与えることによる手助けを提供し、そしていつも彼の傍にいることを誓った。

ステップ5の終わりまでに、レオは休まり、穏やかだと感じた。彼は自分がいつも自分の女性的な面を信用せず、男らしくあらねばならないと感じていたことに気づいた。彼の父親は海兵で、彼の子ども時代には軍隊の価値観がとても強調されていた。PTSDを癒す中で、自身の女性らしい面を「なかま」として認識することは、レオにとってとても意味があることであり、彼が人間としてより統合され、恐怖が和らぐようになると感じていた。主治医の指導により、レオは今やすべての処方薬をやめており、彼がデーモンを育み始めて以来、PTSDの徴候はほとんど見られなくなった。そして、もし徴候が現れても、彼はそれらを解放するために五つのステップを用いている。

パニックのデーモン

恐怖は、ありふれた日常場面でも同様に起こりうる。ノルウェー人のインガは永住許可証の申請をしている期間に、黙想にやってきた。彼女はアメリカに法的居住をするための要件が厳しくなっているということを、ちょうど聞いたばかりだった。そのころの彼女はカリフォルニアで幸せに暮らしており、自分が退去しなくてはならないのか心配していた。申請用紙を完璧に作成することに対する（彼女の）恐怖はとても大きかったので、書類を完成するのに彼女はとても苦労していた。パニックが起こり、彼女が質問に答えることを妨げた。五つのステップを行う間に、インガはこの恐怖のデーモンを、初めは胸の前面に位置づけていたが、それは喉を通って目の中まで伸びてきて、そこで彼女は泣きだした。

彼女の前に現れたデーモンは、白い眼を持っているが、形のはっきりしないものであった。それは入国管理局の具現化されたものであり、白い男性の幽霊で、冷たく感情を表さなかった。デーモンは尋ねられたとき、彼は自分の力がインガ以上であることをインガに認めてもらいたいと伝えた。しかし、彼が彼女に「求めていた」ことは、何事もなく労働許可証を申請することであった。

もし彼女がこのことを行えば、彼は落ち着き、気負いがなくなるだろう。

育まれた後で、このデーモンはついにはたくさんの書き込みが入った一枚の紙になった。その紙が空白になるまで、書き込みは徐々に消えていった。インガの「なかま」は、喜びに満ちた、賢明なブッダの姿で現れ、その紙を見て笑っていた。彼はインガが永住許可証についてリラックスできるように助け、彼女に文書記入を完成できる辛抱強さを与えることを約束した。たった一回の五つのステップ・セッションの後に、インガはたやすく自分の永住許可証申請用紙を完成させることができた。

インガのケースは、特定のストレス状況で、限定された一つの恐怖によって引き起こされたデーモンをどのようにして育むかの好例である。恐怖は、しばしば特定の出来事に対する反応の中に生まれるのに対して、病的な恐怖症はそれ自体がたくさんの恐怖と結びついた内なるデーモンによって容易に引き起こされるので、これらを区別することは重要である。恐怖のデーモンを育むことは、インガにとってそうだったように、即時的な効果を発揮しうる。もしくは一連の五つのステップで育むことが必要となるかもしれないが、いずれのケースにおいても、実践することは恐怖と取り組む有効な手段となる。

伝統的なチュー実践は、隠された恐怖を洗い流し、受容的に受けいれることをねらいとしており、そして不快なもしくは恐ろしい体験と直面することによって、すべての神とデーモンの源泉が私たち自身の精神なのだということを理解するのだ。インドの賢人ダンパ・サンギエに、「あなたが怖いと思う場所に行け」と勧められたため、マチクはそのような一〇八の場所への巡礼を始め、それぞれの場所でその場所によって呼び出された異なるデーモンと出会い、育んだ。私たちの神々やデーモンたち、希望や恐怖に、自我に執着した自分自身を与えることによって、私たちは自分の中の恐怖を生み出す部分を捧げ、自らを解放し、全く新しいやり方で自由を体験するのである。

第11章　愛のデーモン

初めての恋の話を聞いたとき
あなたを探しはじめた。
それがどんなにおろかなことだったか。
恋人たちは最後にどこかで出会うことはない
彼らはずっと最初から、お互いの内にあったのだ。

——ルーミー（一二〇七—一二七三）

関係性は眠れるデーモンが目を覚まし、動きだす領域である。あなたは自分があるデーモンとやりとげたと思い、それから恋をするかもしれないが、その結果はデーモンが戻り、混乱を起こさせることになるのである。私たちが恋に落ちたとき、私たちの鎧のいくつかは剥がれ落ち、心は開放され、より傷つきやすくなり、そしてデーモンが表面に上がってくることを促進する。恋は傷つきやすさを必要とし、そして傷つきやすさは自我を脅かし、したがってデーモンは自我を保護するために現れる。すなわち、嫉妬、不安、抑制、恐怖そして共依存のすべてが現れるかもしれない。

恋愛関係にある、もしくは他人と同居することは、一人でいればわからない自身の側面を知るという点でたいへん役立つことがありうる。

ユング派分析家であるマリー゠ルイズ・フォン・フランツ（Marie-Louise von Franz）が述べた。「もし人が一人で生きるとすれば、その人の影を見ることは実際には不可能であろう、なぜならあなたが外側からどのように見えるかを言う者は誰もいないだろうから。そこには傍観者が必要なのである」

私たちは、病気のデーモンがどのようにして私たちの体内にある利用できる受け皿を探すのかについて議論してきた。似たような方法で、私たちの関係のデーモンもまた、特定の感情の受け皿に引きつけられる。私たちは、自分たちが恋人に選ぶ人物の中に無意識につながりを見いだし、そしてまた私たちは、まさに錠前に正しい鍵を見つけ出すように、私たち自身に補足的なデーモンを持った恋人を見つけ出す妖しげな能力を持っているのである。私たちは同様に、「私たちは恋に落ちた」という代わりに、「私たちはデーモンをつなげた」と言えるかもしれない。自分の連れ合いとして選んだ人物、そしてその人物とどのような問題が持ち上がってくるかを見ることによって、あなたは自分の外なるデーモンについて多くのことを発見できる。私たちが自分のデーモンと神々の投影をこれ以上はっきりと見ることができるところは他にないのだ。私たちが恋に落ちたとき、たいていまず私たちは神に出会い、思いをつのらせ、強迫的に考える、もしくはロマンティックな空想にひたる。そして後になって、デーモンが現れるのである。

ロマンスにおいて表面化するデーモンは、依存する恐怖もしくは溺愛される恐怖であるかもしれない。それらは古い痛手を反映するかもしれない。もし私たちが中傷されたり罵倒されてきたならば、私たちはその自分を大事にしてくれない誰かに対して、自らが「恋に落ちている」ことに気づくかもしれない。もし私たちが見捨てられているならば、私たちは戯れに恋をするものを選ぶ人もいるのだ。私たちがこれらの神とデーモンを明るみに出すまで、彼らは私たちの恋愛相手の中に現れ続けるだろう。

カールとキットは完璧なカップルのようであったが、その後、彼らのデーモンはぶつかり始めた。彼らは友人の結婚式で出会った。カールは三十五歳の弁護士であり、キットは二十八歳でビジネスを学ぶために大学院にいた。キットはしばしば無秩序になる家族の出自であり、したがって彼女は安定を強く求めていた。カールが十二歳のときに母親は家を出て行き、彼は父親と継母に育てられた。初めはカールは強く、守ってくれるようであった。そのためキットは安心と愛情を感じており、それはまさに彼女がそれまでいつも欲し続けていたものであった。

六カ月後、カールの保護はまるで支配のように強く感じられた。彼は彼女が友達に会ったり、読書クラブに行くこともしてほしくなかった。キットは息が詰まるように感じ、自由を切望し、そしてカールは彼の家族歴に基づいた彼自身の神なるデーモンを抱えていた。キットを失うという考えのもと、彼は見捨てられるという不合理な恐怖に襲われていた。キットがもっと自立したいと望むとき、彼の見捨てられデーモンが表面化し、彼はもっと彼女を支配したがり、そしてそのことはただ彼女の逃げたいという欲求に油を注ぐだけであった。

カップルが神なるデーモンのワークに一緒に取り組むとき、投影されたものはパートナーから分離され、彼らが何者であるかを自分たちで確かめることになりうる。キットとカールは、デーモンワークに精通しているセラピストとカップル・セラピーに取り組んだ。彼らは同席面接で自分たちの問題について議論し、それからセラピストがそれぞれ別々に会い、彼らのデーモンと神に取り組む五つのステップに彼らを導いた。家に戻って、カールとキットは自分たちが何を学んでいるのかを分かち合い、そして彼らのデーモンが、どのようにして相互に組み合わさっていたのかにだんだんと気づいていった。彼ら自身のデーモンに向き合うことによって、そしてカールが徐々にリラックスし、キットがより自由を感じるとともに、彼らは自分たちの関係に圧力をかけないようにすることができるようになった。彼らはどのようにして自分たちの「なかま」を使えるかを学び、そして彼らはいつ自分たちのデーモンがやってきているかをすぐに認め始め、そしてデーモンを育めるようになった。少しずつ、彼らの関係の中に本物のリラックスした親しさが現れてきた。

関係を阻害するデーモン

もし私たちが関係を見いだす、あるいは続けることに困ったとしたら、このことは私たちがどのようなデーモンが作用しているかに気づく必要があるという確かなサインである。例えば、ある女性が結婚して子どもを持ちたいと言うかもしれない。しかし彼女は自立を失うことを恐れるデーモンを抱えているかもしれず、そしてそれが彼女に献身的なデーモンを持った男性だけを選ばせるかもしれない。

コニーは若者更生プログラムを運営する成功した経歴を持っていた。三十代に入ったとき、彼女はパートナーと子どもが欲しいと非常に強く思ったので、この願望から神なるデーモンを創りだした。彼女は結婚することを熱望し、自分がこれまでふさわしい相手に出会ってこなかったことを確信していた。コニーの母親は子どもを持つために仕事を断念していて、ずっと家にいなくてはいけなかったので、子どもにいつも腹を立てていた。コニーは無意識に自分の母親のようになってしまうことを恐れていて、そのため彼女は長期間の深い関係になりそうもないパートナーと自分が付き合っていることに前から気づいていた。

コニーは最終的に、人と深い関係になれない何かが自分にありそうだということに気づいた。それから彼女は自分のデーモンを育んでみる決心をした。彼女が五つのステップを用いて、切望と恐怖の神なるデーモンを育んだ後、それは彼女に彼女の優しく、傷つきやすい面を思い出させてくれる小さな子鹿になった。この子鹿は、コニーが強さを持ちつつ、関係性からくる傷つきやすさと息苦しさもまた、自分にあるという可能性を表していることをコニーは理解した。この「なかま」と出会ってから、彼女は小さな子鹿の石像を見つけ、彼女が学んだことを思い出させるものとして机の上に置いている。

近頃では、コニーは心から結ばれうる男性に対し、より心を開けるようになり、結ばれない、もしくは結婚している男性に惚れ込んでしまう彼女の傾向は過去のものとなった。彼女は最近、ある男性に出会った。彼は末永く続く関係を意識していて、彼女と若者更生プログラムへの愛を分かち合えている。彼らはうまくいきそうな関係性を育てており、そして自分の母親のようになってしまうのではないかというコニーの恐れは生じていない。

このテーマにおける別の形は、信頼できない恋人にあまりに多くの愛を与えるというデーモンである。四十六歳の弁護士であるシャロンは、父親不在で成長した。シャロンが子どものとき、母親は一日中働き、親切で優しい祖母がシャロンの世話をしていた。母親にはパートナーがいなかったので、シャロンは母親の情緒的な支えであり、最も重要な友達となった。自分自身の欲求より母親の欲求を優先していたので、シャロンは母親にあるがままに愛され、認められているというよりむしろ、支配され所有されていると感じながら大人になっていった。成人したとき、シャロンは自分自身でやっていくために引っ越しをしたが、自分が新しく手に入れた自立を失うことが怖くて、人とかかわりあうことをためらっていた。何年も後になって、彼女は関係を切望しているのに、なぜうまくいかないのかを不思議に思っている自分に気づいた。シャロン自身は同性愛の女性であるが、ストレートの女性と親密になりがちであり、したがって最終的にはうまくいかなかった。彼女は関係にあまりに多くの愛を注ぎ込み、そして裏切られたと感じるはめになった。

シャロンが、愛情を大いに注ぐが見返りに報われていない関係性に入り込むという自分の傾向に気づいたとき、彼女はこのデーモンと取り組むことを決意した。それは大きく、柔らかくて軽い、空気で膨らませる女性の人形であった。デーモンが望むものはシャロンの気をひくことであり、そして最終的にデーモンが求めるものは愛されていると感じることであった。シャロンは、愛をこのデーモンに捧げることができた。その愛は、彼女自身が切望しながらも、他の人から決して受けられないように思われるものであった。何度かこのワークをした後に、彼女は結ばれうるゲイの女性と新しく、満ち足りた関係を始めた。

関係性の神なるデーモン

強迫的な習慣というものは、関係性のデーモンがよく出てくるところである。三十八歳の生態工学の専門家であるデレクは、ケータリング・ビジネスをしている四十歳のジョジーと知り合ったときに、女性が依存しようとするとすぐに別れてしまうという、これまでの自分のパターンから脱却するチャンスだと感じた。ジョジーは自立していて自信があり、彼はそんな彼女をとても好きになった。デレクの母親は、彼に依存して彼を恋人代わりのようにしており、そのため関係が悪くなると、デレクはしばしば反発を感じ、自分の自立を訴えるために行動を起こしていた。デレクとジョジーは一緒に引っ越したが、六カ月後にはデレクは機会があるとインターネットでポルノ写真を見て自慰行為をし始めた。ジョジーが彼の行為を発見し、その程度がわかったとき、彼女は自分が裏切られたと感じ、彼に別れると脅したので、彼はやめることを約束した。

デレクは欲望の神と強迫のデーモンに取り組んでいた。彼は性的に自由であることを切望しており、縛られることを恐れていた。その後一カ月の間は、彼はポルノ写真についての約束を守ったが、新しい空想のはけ口として、やむにやまれずテレフォンセックスを始めてしまっていた。それを再び発見したジョジーは、怒り、嫉妬した。それをやめたときから、彼はジョジーでは興奮できなくなっていた。彼が外的な刺激がないと性的にうまく機能できないことは、二人の関係についてデレクを混乱させ、そしてジョジーはもはやデレクを信じられなくなっていた。

関係を失うことが怖かったので、デレクはセラピーに取り組むことを決心した。彼のセラピストは偶然にもデーモン・ワークの訓練を受けており、そのため彼はデレクにデーモン・ワークをやってみたいかどうか尋ねた。彼の欲望と恐怖の神なるデーモンは、大きな目とみだらな唇を持った、緑の、ねばねばした怪物であった。その怪物は安心を求めており、そうされることによって彼は安全を感じられるようだった。しかし彼はまた、デレクが情緒的に依存してくる母親によってなされていたのと同じように、溺愛されることを恐れていた。神なるデーモンが感じたがっていたのは、窮屈でない安全であった。

デレクがこの神なるデーモンを育んだ後、デーモンは彼のアウトドア活動に一緒に来ることを約束してくれる木の妖精の形の「なかま」になった。アウトドア活動は、ジョジーがアウトドア活動を好きでないために、ジョジーと知り合ったときに彼が断念したものであった。デレクは自分の性的衝動が起こるたびにデーモンを育むようになり、そして彼はまた一人でハイキング旅行に行き始めた。このことはデレクに彼が求める自立の感覚を与え、関係性を裏切ることなくジョジーと健康的な分離をすることを可能にした。しばらくして、彼はもはや衝動的な性的はけ口の必要を感じておらず、またジョジーに性欲を刺激されるようになった。やがて彼女はまた彼を信じられるようになり、そして彼らは関係を深め、本当の結びつきを得ることができた。

私たちが関係の中に見いだすもうひとつの神なるデーモンは、「永遠の少年」（女性であれば「永遠の少女」)、つまりすべての可能性に開かれたいと望み、はっきりした態度をとらず、大人になることを拒む永遠の若さである。このコンプレックスを持つ人々は、しばしば若者らしい危険な活動にかかわり、大人の生活と信頼しあう関係という大切な努めを避ける。「少年」の神の側面は、精神的な恍惚感を強く求めて、計画なしにあちこちに出かけ、空を飛ぶことを夢みたり、しばしばスリルを求めてアルコールや麻薬を使うこともある。「少年」のデーモンの側面は、終わりのない恍惚感を探し求めて、麻薬やアルコールの嗜癖に陥ったり、自分の行動の責任を取らないことで他人を傷つけたりするかもしれない。「少年たち」はしばしば季節的もしくは短期の仕事につき、自分たちより若い人たちとデートし、そして責任感のないセックスをしたがる。

アーロンは大家族の出身であり、彼の父親は一家を支えなくてはならない重い責任を負担に感じていた。彼の母親は長い間うつ状態であり、アーロンの父親が五十歳代で心臓発作で亡くなった後、自分の世話をアーロンにまかせた。彼が女性と付き合い始めたころ、彼は一人の人と深く付き合うのではなく、たくさんの一夜の関係を持った。アーロンが二十代後半に入ったとき、彼はある女性を妊娠させ、時々の父親役割をしぶしぶながら受け入れた。アーロンは年を取ってもまだ、若者のような服を着て、息子の友達と遊び仲間の一人のようにふるまうことを好んだ。大抵の場合、彼は健康的な生き方、つまり断食やヨガを行うことの大切さを口にしていたけれども、衝動的に、完全に酔っ払ったり、ブラックアウトを起こしたり、若い女性たちを口説こうとしたり、いい加減な運転をすることがあった。五十歳になったころ、アーロンは息子の二十一歳の誕生パーティに出席し、酔っ払い、息子のガールフレンドといちゃつくのがあまりにひどかったので、翌日に息子はもう顔も見たくないと彼に告げた。

この時点で、アーロンはついに自分が問題を抱えていることを認めた。彼は自分の問題に取り組むためにカパラ・トレーニングの黙想にやってきた。そして、「少年」の神なるデーモンについて私がグループで話をすると、彼はこれこそが自分が抱えているものだと悟った。彼がこの神なるデーモンを育む五つのステップを始めたとき、彼は老いることと閉じ込められることへの恐怖に自分が向き合っていることに気づいた。その「少年」は、彼の注視を避けながらそこらじゅうを跳ねまわっているケンタウロスのような恰好をしていた。アーロンがその「少年」を育むと、「なかま」が現れた。その「なかま」は野生の馬であり、「ただそこにいる」ことによって彼を守るつもりだとアーロンに話してくれた。自由を切望する神と罠にかけられることを恐れるデーモン、この両者と取り組んだことで、彼は酔いを醒まさねばならないと決意した。彼はまた自分が年老いていっており、未来のない束の間の出会いの連続ではなく、心からパートナーを欲していることをはっきりと理解した。セラピーを受け始め、そして自分自身を理解し始めるにつれて、彼は自分の父親で見てきたような不幸を必ずしも繰り返さなくても、関係を持つことはできるのだとわかった。彼は変わり始め、無茶な飲酒をやめた。彼は対話を通して、自分の「なかま」と取り組むこともまた役立つことがわかった。その後、彼は旅行好きで同じスポーツを楽しめる女性と出会い、その女性との関係を大切にできるようになった。

自らのデーモンを投影すること

関係の分野において、デーモン・ワークは非常に効果的となりうる。なぜなら恋愛においてはたくさんのデーモンが生じ、そしてデーモンの結びつきはとても激しいものになりうるからである。もしあなたが交際中ならば、あなたのデーモンとあなたの神の双方について考えてみよう。このことはあなたが新しいやり方で関係に取り組めるように導く、さらに深い洞察を与えてくれるかもしれない。パートナー・ワークのための前述したガイドラインを用いて、あなたはパートナーとともにデーモンを育むことに取り組むこともできる。これによってあなたたちはもっと親密になり、より心を開くことができるようになるが、それにはまた注意もいる。デーモン・ワークにおいて、あなたは自分の最も傷つきやすい部分をさらすことになるので、もし関係が安全だと感じられなければ、信頼できる友人もしくはセラピストと取り組む方がよい。

私たち自身のデーモンに出会い、育むことによって、関係にかかる圧力を大いに軽減することができる。とてもたくさんのデーモンが関係の中で生じ、パートナーに投影されるので、デーモン・

ワークによって自分自身が自由になることで、より健全な関係が結ばれたり、もしくはすでにある関係が癒されるのである。関係において、私たちは自分とは正反対のものに惹きつけられることが多いが、初めに惹きつけられたまさにその特性をその後非難するようになることがある。強くて静かな男性が、感情に疎いよそよそしい夫になる。明るく自由奔放なガールフレンドが、無責任で浅薄な妻となるのだ。私たちが惹きつけられる初めの特性は、関係がより深まるまでは明らかにならないデーモンを隠していることが多い。それらはまた、私たち自身の否認された部分の投影でもあるかもしれない。デーモン・ワークをすることによって、私たちがパートナーのデーモンとして見るものの内に、自分自身の拒絶された特性を見いだすことがよくある。

関係のデーモンはまた、家族のデーモンともつながっているかもしれない。私は自分の父の口喧しい性質が嫌だったので、まったく違うタイプだと思った男性と結婚したのだが、結局はその彼も大層口うるさいことを知ることとなった。そのとき、私は批判的であるかどで彼を責めていたのだが、そう振る舞う自分自身が実のところ口うるさくなっているという事実には目をそむけていた。対人関係の葛藤に個人のデーモンを持ち込むというのは、一人の親しいパートナーが自己の否定もしくは否認された部分をパートナーに投影することを意味する。私たちはこれらの自分の一部が相手のものであるように見ていて、そしてその間中、私たちは彼もしくは彼女が自分が投影したように振る舞うように誘導する小さなきっかけを相手に与え続けるのだ。そうして私たちは逆上し、彼らを攻撃するのである。だから、あなたがパートナーを攻撃しているとき以下のように自問してみるのはよいアイデアである。「これは投影された私自身のデーモンなのか？」

例を挙げれば、レンとリンダは若くして結婚し、彼らが四十代になるころには、レンは別の性体験をしたいと思っていた。彼はそれに関して単刀直入にはならずに、いつもリンダが浮気で不貞であると非難していた。彼はまた彼女をけしかけるかのように、彼女が惹かれているのはこいつかあいつかと尋ねた。時には、このことがとても激しくなり、彼は「ただ認めるだけでいいから」と言いながら、彼女を追いつめることがあった。彼女は、ひょっとしたら自分が本当にこうした感情を抱いているのではないかと疑うようになった。しかし、彼が別の関係を開拓したいと言いながら、ある日、立ち去っていったとき、ようやく彼の願望が投影されていたことがわかった。

同じ出来事が、自分は怒ったことがないと言いつつ、配偶者の怒りをたきつけるもしくは配偶者を扇動して他の誰かを恨ませる名人であるような人に生じるかもしれない。これらの投影は、しばしば私たちが恋愛関係にあるパートナーと結んだデーモンに関する無意識の契約の一部分である。あなたが怒りを引き受け、私が悲しみを引き受ける。あなたが楽観主義を引き受け、私が悲観主義を引き受ける。したがって、私たちが自分たちの親密な関係について熟慮する際に、投影ということに気づいていることはたいへん助けとなり、自分が保有するデーモンに関して責任をとる機会を私たちに与えてくれるのだ。あなたの親密なパートナーほど、あなたのデーモンのことを知ってく

れている人はいない。そしてそのことは、この関係をとても貴重な贈り物にすると同時に、特別な難題にもするのである

第12章　嗜癖のデーモン

もしかすると我々の内なる恐ろしいすべてのものは、
最も深い存在の中にあって、
我々の助けを求めている救いなきものであるのかもしれない。

――R・M・リルケ

世界で最もはびこっているデーモンのひとつが嗜癖である。嗜癖に陥っているということは、とりつかれたように何かに身をまかせることを意味し、したがってすべての嗜癖は、私たちのデーモンを育む野放しの（したがって誤った方へ導く）企てである。すべての嗜癖の背後には、魂を養うのに必要な食べ物を探し求める飢えた精神がある。

私たちが嗜癖のデーモンについて調べるとき、嗜癖物質そのものがデーモンなのではなく、それらへの私たちの愛着がデーモンなのだということを認識することが重要である。これらのデーモンは私たち自身の心の内からやってきて、自らを外部の物と結びつける。例えば、アルコールはデーモンではなく、私たちの嗜癖につながる内的要求こそがデーモンなのである。嗜癖物質（もしくは行動）から自分自身を切り離しても、私たちがデーモンに取り組まない限り、あまり事態を変化させることはないであろう。

あなたが今までダイエットに取り組んで、食べないように捨てたクッキーやチョコレートを探すために、気がつけばゴミくずをかき分けていたことはあるだろうか。ルキアはタバコを止めたいと思い、自分自身をタバコと引き離さねばならないと決心した。彼女は田舎に住んでいたので、タバコを全部捨て、次いで買いに行けないように自分の車を友達に預けた。彼女はタバコを切望したが吸わず、一週間を家で過ごしたのだが、自分の車が返ってくるとすぐ、一番近くのガソリンスタンドまで行ってタバコを一箱買った。彼女がやめるためには、ただタバコと自分を引き離すだけではなく、彼女のタバコ嗜癖の背後にいるデーモンから彼女自身を解き放たなければならなかったのだろう。

嗜癖の中にはかなり明白な種類のものもあれば、微妙なものもあるので、このことが嗜癖を同定することを難しくしている。あなたに嗜癖があるかどうかを判定する一つの方法は、あなたの人生が特定の物質を中心に回っていないかどうか、ストックを買いだめしたり保護したりしていないかどうかに注目することである。また、あなたとその物質の関係が、あなたの個人的関係や職業活動を損なっていないかどうかを問うてみよう。より明白な嗜癖には、食物、薬物、処方薬、アルコール、タバコ、自分の身体を傷つける行為への嗜癖が含まれている。より微妙な嗜癖には、完璧主義、セックス、ポルノ写真、買い物と浪費、ギャンブル、インターネットやエクササイズへの嗜癖が含まれる。生理的な構成要素を持つ嗜癖もあれば、一方で単に心理的な依存に基づいた嗜癖もある。

嗜癖はしばしば複雑であり、ある特定の種類の嗜癖を終わらせたからといって、あなたの人生から嗜癖の存在を除去したことには通常ならない。例えば、あなたが酒をやめても、処方薬に依存するようになるかもしれない。なぜなら、もともとの行動に隠された原因には、まだ焦点が当てられていないからである。アルコールをやめることは治療の始まりではあるが、それはまた、別の形で飢えを満たすために現れてくるデーモンを取り残すことになる。いったん外なるデーモンが取り除かれると、内なるデーモンが現れてくるが、内なるデーモンはそれ自身の未解決の絶望に対処するために、また別の物質にくっつこうとする傾向がある。私たちは嗜癖の根本的要因を見つけ、そのデーモンを育む必要がある。そうしなければ、私たちはただ一つの嗜癖を別なものに取り換えているに過ぎなくなる。

他のあらゆるデーモンと同じように、嗜癖のデーモンはそれを抑圧しようとすると力を増す。しばらくの間あなたは嗜癖をやめるかもしれない。しかし欲求不満となった嗜癖が圧力を生み、強め、ついには無茶苦茶な爆発を起こす。そしてその行動は、以前の行動よりもたいていはもっと悪いものとなる。このシナリオの中では、全か無かの勝負になっている、つまり均衡というものがないのである。無茶苦茶な行動はあなたの抑圧に抗議する小さな声に始まって、酒を一杯だけ、タバコを一本だけ、アイスクリームを一パイントだけ、あるいは何らかの物質や行動など、あなたにそれだけをするよう執拗に要求する。そしてあなたが酒一杯もしくはタバコ一本を口にすれば、欲望のダムは崩壊してしまうのだ。もっともっと欲しくなり、あなたがそれに気づかなければ、嗜癖のデーモンは怒りだす。ひとたび、あなたが嗜癖のデーモンを心から認めて、「だいじょうぶ。君を気にかけるようにするよ。だから、君が本当に望むものを私に伝えて」と言うことができたなら、そのときから本当の治癒が始まるのだ。

物質乱用のデーモン

三十二歳のゾイは大きな保養地のアシスタント・マネージャーであった。十二ステップのプログラム（二一六頁の訳注を参照）とデーモンを育んだおかげで、彼女は嗜癖のサイクルを打ち破ったが、これまでいつもそうであったわけではなかった。十三歳のとき、ゾイは自身を切ることで、家での困りごとに対する反応を示すようになった。初めて彼女がそうしたときは、彼女が死を望んでいたからだが、以後その行為は一つの対処方法となった。切ることによって彼女が肉体的な痛みを感じている間は、感情の辛さは薄れたものだったが、それはほんのしばらくのことだけだった。彼女は十四歳のときにアルコールを知ったのだが、それは彼女の自己嫌悪と絶望の感情を和らげてくれた。彼女はお酒を飲む楽しさや人付き合いはどうでもよくて、ただ酔いたくて酒を飲んでいた。彼女はまた薬物を知り、マリファナが自分の内的な辛さをさらに麻痺させてくれることを覚えた。

数年後、ゾイは薬物売買人との関係に巻き込まれていた。時が経つにつれ、彼女はますます深刻な薬物を使うようになった。彼女は自分はヘロイン中毒にはならないという自信があったが、一年もしないうちにそうなってしまった。彼女はまだ在学し、友達や家族もいたが、また薬物も必要としていた。彼女は自分が厄介な状態にあると思っていなかったが、健康状態はとても衰弱していたので、両親は彼女には助けが必要だと判断した。ゾイはそれでもなお問題があることを否定していたが、彼女は更生施設に入った。施設を出た後に、彼女はヘロインやマリファナやアルコールなしで元気でいようと決心した。しかし一カ月もしないうちに、彼女はホームレスになり、麻薬で衰弱して、みじめな有様になってしまった。

ゾイは自分の心の空しさを埋めてくれるものをいつも探し求めていた。最初は、薬物とアルコールが彼女のさみしさを埋めてくれるように感じられた。薬物は彼女の空しさに少しの安らぎを与えてくれたのだ。しかし彼女はしらふになるといつも自己嫌悪に陥り、事態はどんどん悪くなっていった。彼女は自分自身から逃れられるほどハイにはなれなかったが、かといってやめることもできなかった。二回目の施設の終了後、ゾイは十二ステップのプログラムに取り組み始め、瞑想を行い始めた。彼女は麻薬を使わずクリーンであったが、彼女は別の嗜癖、たいていは仕事と恋に没頭した。そしてそのこともまた手の施しようがない状態になった。彼女はいまだに自身の痛みに対処するのに外のものを使い続けていた。

この頃、ゾイの母親がタラ・マンダラで生活し働いている友人の娘のことを耳にした。このつながりを通じて、ゾイはボランティアとして夏の間働くためにコロラドにやってきて、そして彼女は自分のデーモンを育むことを学んだ。彼女の嗜癖のデーモンは、膨大な数の触手を持った灰色の怪物であった。どの触手にもその先端に目玉があり、不規則に辺りを手探りしていた。彼女はこれらの触手が自分の嗜癖のすべての側面であることを悟った。デーモンが望んだのは完全でありたいということであり、そうすればデーモンは物質をつかんでいるのを離し、安心を感じることができると彼女に伝えた。このことは彼女がデーモンに平穏を与えるべきであることを告げていた。

デーモンを育んだ後、ゾイはより落ち着き、神経過敏はましになり、より自信を感じられるようになった。その触手が縮み溶けていくと、デーモンは小さなウッドチャック（訳注　北米産のマーモット。地中に穴を掘って巣を作る）になり、ゾイを統一性のある状態にして去って行った。今ではゾイは、アルコールや仕事や恋を渇望するときはいつでも、自分の身体の中にデーモンを「足りない、もう少しだけ」という苦しい不安として感じている。そしてその不安を彼女は、自分のことこんやり尽くしたいという欲求の背後にある根源の感情であるとみなしている。彼女が自分のなかにあるこの感情を探索して五つのステップを行うとき、そのたびにデーモンは異なって見え、わずかに違うものを求めるが、そのたびに彼女はデーモンが必要とするものを与えている。このプロセスを続けるうちに、デーモンがまれにしか戻ってこなくなっていると彼女は感じている。

食べ物に向く嗜癖もまた、非常に一般的なものである。五十九歳のアンナは、強迫的にチョコレートを食べていた。彼女が傷つきやすいときには、チョコレートは彼女に慰めを与え、まるで古い友人のように彼女を落ち着かせてくれた。第二次世界大戦直後にドイツで生まれたアンナは父親不在で育ち、彼女の母親はアンナがよい行いをしたり、自分が長い時間外出したりしたときにはチョコレートを与えたものだった。このようにして、アンナにとってチョコレートは、母親の愛の代用物であるという深い象徴的意味を持つようになった。ストレスがかかったり恐ろしい状況になると、彼女はチョコレートに避難した。彼女は大量のチョコレートを買ってすべて食べ、そのため彼女は肥満になり、うつと過食症に苦しむようになった。まるでチョコレートの中に願望を満たしてくれる何かがあるかのように、アンナにとってむちゃ食いのはじめはいつも束の間の希望があったが、チョコレートの最後の一かけらによって彼女は自己嫌悪に陥っていた。

アンナがこのデーモンに取り組み始めたとき、彼女は栄養失調に苦しんでいるような、大きな目のやせこけた少女を見つけた。彼女の人目につく、あきらめた目は、これまで彼女が自分の要求を何度も表現しようとしたが、うまくいかず、望みをなくしていることを物語っていた。彼女は優しさ、温かさ、安全を求めていた、つまり彼女は母親の愛を感じたがっていたのだ。アンナは彼女に母親の愛のネクターを与え、デーモンの身体はひたむきにエネルギーを吸い上げ、そして走ったり遊んだりしたがる普通の幸せな少女になった。アンナはこのデーモンが現れたときには育めるようになり、そして最後には彼女はむちゃ食いをやめた。もう彼女はチョコレート・デーモンが本当に欲しているものを理解できるので、チョコレートがなくても彼女自身が切望している愛をデーモンに与えることができるようになった。

仕事中毒

仕事中毒者は仕事で忙しく、他のことに割く時間がほとんど残っていない。ますます多くのアメリカ人が仕事中毒になっており、一週間に六十時間以上働いている。すべての嗜癖にあることだが、この行動には強迫的な側面があり、それが仕事中毒者の生活において主要な焦点となっている。仕事中毒者は自分の健康、家庭生活、友人、そして自分の精神生活を無視し、全面的に仕事を選ぶ。

仕事中毒は高い報酬の仕事において見られるだけではない。それは、建設業からビジネス、学者まで、どんな職業においても見受けられる。彼らはしばしば非現実的な締切を受けいれ、限界を重視しない。仕事中毒者には、最小の時間でできるだけたくさんのことをしたいという抗い難い要求があり、すべての人をコントロールしようとし、人にまかせることが難しく、従業員と同僚に強い圧力をかける。彼らの健康がストレスと極度の疲労によって損なわれたとき、仕事中毒者は周りで支えてくれるシステムがほとんどなく、自分が孤独であることに気づくのである。

仕事中毒者の間には、仕事はいつか大きな報酬をもたらし、それによって自分をゲームから抜け出させてくれるのだという根底に流れる信条がある。しかし、この「いつか」は決して来ることはない。いつでももっと多くのやるべきことがあるのだ。単に一生懸命働く人々とは違って、仕事中毒者は休憩することを楽しまず、しばしば仕事をしながら食事をすることが多いであろう。彼らは、いつもまるで自分が時計の上にいるかのように感じている。多くの仕事中毒者は、自分たちが十分にやり遂げたと決して感じることのない完璧主義者である。

私たちの中の仕事中毒のデーモンを抱えた者たちは、最後にはハムスター車輪のように終わらない努力を続けることとなる。仕事中毒者は自分の子どもたちにとても高い期待をかけ、たびたび彼らがどんな人かよりも何をしたかによって評価し、そして子どもたちに世話と養育を与える暇がなく、しばしばうつと不安という遺産を残す。

時々、私たちは自らの仕事中毒の傾向に言い訳をする。シルビアは自分の子どもたちを育てる一方で生計をたてるために、天然素材の子ども服を販売する事業を始めた。彼女はアビゲイルとリサという二人の娘を持つシングルマザーであったので、彼女の経済的困窮は切迫していた。彼女の事業がうまくいき始めたとき、彼女は自分がまだ娘のために働いていて、長い時間を費やすことによって、娘たちによりいい暮らしをさせてあげられるのだと自分自身を納得させていた。しかし母親が忙しすぎて一緒に過ごすことができないため、少女たちは不幸になっていった。仕事中毒のデーモンに駆り立てられ、彼女は子どもたちを乳母に預け、学校行事にも出席せず、家族との休暇のために時間を割くことは決してなかった。彼女が大きな成功を成し遂げたとき、シルビアは自分の天然素材の子ども服の着想をフランチャイズ化したが、その結果は、彼女がいつも会議のために飛行機で飛び回っているという状況になったのである。

シルビアが自分の人生に注意を向け始めたのは、娘の一人が十五歳のときにした自殺未遂がきっかけであった。地元の書店でデーモン・ワークのＣＤを買った後、シルビアはデーモンを育むことについて知るようになり、黙想に参加することを決め、それによって彼女は自分の仕事への強迫的な関係について洞察することができた。

シルビアが自分の仕事中毒のデーモンの姿をイメージしようとしたとき、デーモンは成功と力を欲していると伝えてきたが、その背後にあるニーズは、安らぎと調和を感じることであった。仕事に打ち込んでいるシルビアはずっと、自分に十分なお金が得られたときに、ようやく安らぎが得られるだろうという考えをずっと持ち続けていた。彼女がデーモンに安らぎのネクターを与えた後、「なかま」である青緑色のトンボが現れ、シルビアに彼女の苦闘には終わりがないであろうこと、そのため彼女は待つのでなく、今ここで安らいでいられる必要があることを告げた。このデーモンを育んだ結果、シルビアは自宅に一番近いものを除いたすべての店舗を売却した。彼女は、それによって出来たお金を家族休暇に費やし、以前ほど働かずにいられるようになった。これらすべてを実行した彼女は、再び子どもたちと楽しく過ごせるようになった。彼女は週末に事業の指揮をするのはやめ、ヨガを始めた。このようにして、彼女はデーモンが欲しがっているものそのものではなく、デーモンが本当に必要としているものを与えるようになった。彼女はデーモンを育み続けているので、子どもたちとの関係もよくなっていった。そのとき以来、子どもたちは成長したが、彼らは相変わらず親密である。

トムには権力のデーモンと結合した仕事中毒のデーモンがいた。三十四歳のニューヨークの法人組織顧問弁護士であるトムは、どんな討議においてもいつも決定権を持つ必要があった。社交的場面において、彼はある種の人々を除外して、有力であると彼が思っている人々に焦点を向けることで、自分は特別なんだという感覚になることを好んだ。彼は大いにお金を稼ぎ、ハンプトンに夏の別荘を購入したので、有力者たちと親しく交際することができた。彼はニューヨークのモデルと結婚したが、それは彼女の性的な魅力と、上品な友達に惹かれたからだった。トムは長時間起きていて、眠ろうとするときでさえ仕事のことを考えていた。家にいるときや週末には、食事の時間を抜かし、コンピュータの前で食事をとった。彼は妻とはほとんど一緒に過ごさず、一緒にいるときに彼が話すことはすべて仕事についてであり、決して彼女と深く親密に繋がることはなかった。

その後、トムは夜、睡眠がとれなくなり始め、日中にパニック発作が出るようになった。この頃、彼の妻はトムが人としての彼女を本当に愛していないことがわかったので、彼女は彼のもとを去る決心をした。この時点でトムは壁が迫ってくるように感じ始めたので、彼は大学時代からの知り合いでセラピストになった友人に電話をした。彼女は「デーモンを育む」実践を知っており、トムのパニック発作について聴いた後、トムにデーモンを育む五つのステップを行うことを勧めた。最初、彼は抵抗していたが、破れかぶれでやってみることに決めた。

トムは自分の不安のデーモンに取り組み始めたが、すぐに背後に仕事中毒のデーモンがいることに気づいた。このデーモンに形を与えたとき、彼はそのデーモンの虚勢と有能さといううわべの裏には、弱さと傷つきやすさがあることがわかった。トムは彼の恐怖、自信のなさ、さみしさ、そして権力というさまざまなデーモンを育んだ。彼は自分のパニック発作が、自分の人生は本物ではないと警告してくれる本当のメッセージであることを発見した。そのときから、トムは黙想会で出会った女性と心からの関係を育て、規則正しい時間で仕事を制限し、それに対して強迫的にならないようにでき始めている。彼は週末にはコンピュータにログインさえもしなくなり、彼は自身の仕事中毒のデーモンの背後にある、傷つきやすさの感情に一層心を向けながら、仕事を続けている。トムは、もはやパニック発作を起こさず、今もうまくやっているけれども、人との親密な関係を仕事に取って代えようとはしなくなった。

あなたが自分自身の嗜癖のデーモンを観察する際に、ものや外的状況への渇望の背後にあるニーズを見つけ出すようにしよう。そうすることで、あなたは単に症状ではなく、嗜癖の原因に取り組み始めるだろう。嗜癖の神なるデーモンは多くの形態をとるが、それらすべての根底にあるものは、自分自身の内にある厄介な感情に対して、一時しのぎの修理や麻痺させる手段となってくれる何かが、世の中にあるのではないかという感覚である。皮肉にも、そこで答えを探すのに時間をかければかけるほど、私たちの必要性はますます大きくなっていく。嗜癖のデーモンの根底にあるものに注意を向けることで、それを取り除き、さらにそれに関係したすべてのデーモンが私たちの注意を得ようと躍起になることから自由になるのだ。

嗜癖は、外的な世界そのものがいかに問題ではないかを示す明らかな例である。このようなわけで、ダイエットや禁止、他の抑圧による対処法が嗜癖には決してうまくいかないのだが、それらはすべて、人とものとの関係ではなく、ものそのものが問題だと想定しているからである。これらのデーモンを育み、ステップ５の安らぎと統合の場に向かうことによって、私たちはその根本のレベルで嗜癖という異常への手当てができる。深刻な嗜癖を扱う際には、私はデーモンを育む方法に加えて、心理療法および十二ステップ（訳注　ＡＡ（アルコホーリクス・アノニマス）の自助グループで用いられている依存症からの回復のための十二のステップのこと。他の依存や嗜癖からの回復にも有用とされ、用いられている。）を用いた全人的で統合的なアプローチの併用を勧めている。

第13章　虐待のデーモン

影とは物事の裏側である。それは我々自身の不完全性、世俗性のあらわれであり、絶対的な価値とは両立することのない否定的なものなのである。

——E・ノイマン

虐待のデーモンは、身体的あるいは情緒的な虐待によって引き起こされ内面化された感情に由来する。こういうわけで、これらのデーモンは非常にしばしば家族の中で広がったり、世代を超えて生じる。ほとんどのものが報告されないまま生じているため、さまざまな虐待に見舞われる人々の数を推定することは不可能である。だが、統計的な証拠がないからといって、これらのデーモンの重要性を過小評価してはならない。というのも、これらは私たちが体験する最も破壊的なデーモンのうちに数えられるからである。

虐待にはさまざまなものがあり、子どもの虐待、情緒的虐待、身体的虐待、子どもに対する性的虐待、デートレイプ、家庭内暴力、ハラスメント、脅迫、成人に対する性的虐待、そして、心理的虐待などがそこには含まれるが、それらに限られるものではない。性的虐待は最も一般的かつ破壊的な類の虐待のひとつであるが、とりわけ、子どもに向けられるときにそうである。子どものときの性的虐待は、しばしば、生涯にわたり続く苦しみをもたらすことになり、それらの苦しみには、嗜癖、自己破壊的な行動、自殺などが含まれる。乱暴するということは身体的なものに限らない。言葉によるトラウマも含まれうる。同様のことが配偶者に対する虐待、しばしばレイプを含む家庭内暴力のひとつのかたちにも当てはまる。虐待は、権限を持った人たち、両親、介護者、教授、牧師、聖職者、治療者によってしばしば行われてしまう。関係において大きな力の格差があるときはいつでも、虐待が生じる可能性があるのだ。

最近になって初めて、そして、限られた国に過ぎないが、子どもの虐待は生涯にわたるダメージを引き起こす深刻な問題として認知されるようになった。性的虐待においては、秘密にしておかねばという思いから犠牲者に生じるプレッシャーや、強烈な恥の感情、仕返しされることへの恐怖のために、子どもや、時には虐待に気づいている大人でさえも助けを求めることができない。性的虐待は性と力の二重の力動を含む。牧師、治療者、教師は自分たちのもとにやってくる愛情を求めて、傷つきやすく、疑うことを知らない多くの人々を相手にし、自分たちが体現している組織によって権限を与えられている。もし、権限を持つ人が、かなわない要求や欲望をもち、スーパーヴィジョンを受けずに他者とかかわるのであれば、虐待への誘惑が生じうる。虐待のデーモンは初めは、抑うつ、嗜癖、あるいはそれ以外の自己破壊的な行動として現れる。そして、これらの見せかけのデーモンが育まれた後に、虐待のデーモンが現れるのである。

虐待のデーモンが見つけだされたならば、この問題についてのデーモン地図をつくることを私は勧めている（一二一頁を参照）。虐待のデーモンはたいてい、多くの異なった脚や頭をもったヒュドラである。また、虐待のデーモンを取り扱う訓練を受けた、資格を持ったセラピストといっしょに問題に取り組むことも勧めている。というのも、虐待のデーモンが引き起こす情緒は強烈なものであるかもしれないからだ。このプロセスをやり抜くには専門家のサポートを必要とするだろう。そのプロセスで現れる「なかま」とともに問題に取り組むこともまた大切なことである。「なかま」が自分自身をどのように守ってくれるのかということを具体的に理解することは、特に治療的であるだろう。なぜなら、保護を与えてくれるべき人からの保護が十分にえられないということが、虐待におけるトラウマのひとつだからである。

性的に虐待されてきたり、いたずらを受けてきたりした人には、しばしば身体から解離する傾向がある。このために、ステップ4において、身体をネクターに溶かす代わりに、デーモンに与えるための無尽蔵のネクターを生み出すことができる魔法の力をもっているとイメージするように私は勧めている。虐待を受けたときにそうしたように、自分の身体から解離するのではなく、「身体の中」にとどまるということがこれによって可能になる。この方法は、身体をネクターに溶かすことをイメージすることに不快感を覚えるのであれば、いつでも使うことができる。しかし、身体を差し出すというこのプロセスは、可能であるならばなされなければならない。というのも、これは自我への執着を超える方法としてマチクが教えていることの鍵となっているからである。

時として、人生の早くから生じた虐待のデーモンは、ドナのケースのように、さらなる虐待に私たちを導くことになりうる。彼女はパン屋を経営している、容姿がよい銀髪の五十八歳の女性である。子どもの頃、彼女は日常的に養父から叩かれており、二十代には彼女は自分自身の子ども時代を再現するような男と結婚した。その男は、何年にもわたり彼女を絶え間ない恐怖に陥れ、トラウマを与えた。最終的に結婚生活を終わらせたとき、彼女の自尊心と自信はずたずただった。男性に対する彼女の信頼は粉々になっていた。その後二十年間、彼女は男性との付き合いを楽しめたことはほとんどなかった。

男性から受けたトラウマのデーモンに取り組むことをドナは決心した。デーモンが現われ、それがお手洗いのドアに描かれているような万国共通の男性のシンボルのようなかたちをしているのを見ても、ドナは驚かなかった。デーモンは手も足もなかったし、顔には何の特徴もなかった。彼の胴はガラスの破片のように突き出た透明なクリスタルにすっかり包まれていた。彼の名前はイガイガであった。

彼女がこのデーモンの席にすわって彼になったとき、デーモンは言った。「俺は石英のギザギザの破片で覆われていて、寒いんだ。うまく振る舞えない。あんたが男を拒絶してるってことはよくわかってるんだよ。あんたとはほんとに長いこと一緒にいるが、あんたは本当に怖がっているから俺の後に隠れるんだ。俺は大きくて強いし、あんたより力がある。俺があんたに望むことは、俺をリタイアさせてくれってことだ。あんたの後向きなところには本当にうんざりしているんだ。それに、あんたはもう俺を必要としてないんだ。俺は心穏やかになりたいんだよ」

自分はこころを安らげる無限のネクターをつくりだせるとドナがイメージし、それをデーモンに与えると、彼はそれをバケツに入れて、大きなバスタブに注いだ。デーモンがその中に入ると、クリスタルは砕け落ち、その身体は曲がったり、やわらかくなり始めた。そして、デーモンはドナに恐怖を引き起こさないような健康的な人間の男、穏やかで気がきく男になった。この男は彼女の「なかま」だった。ドナはくつろぎと信頼のうちに安らいでいた。このデーモンを育んで以来、ドナは自分自身の変化のうちに重要な何かを感じとっていた。自分自身の内に居座り続けた不快なものは消え失せてしまったとはっきりと彼女は感じていたのだ。今では、自分の人生に男性を迎え入れることができるようになるのではないかと彼女は希望を抱いている。

性的虐待を受けてきた人は、しばしば、どういうわけかそれが自分自身の過ちであるかのように、虐待についてとても恥じることがある。

クロエは四十四歳のインテリアデザイナーで、結婚して何人かの子どもがいる。彼女は少女のころ、父親から性的虐待を受けていた。父親は彼女のポルノ写真を撮り、彼女をレイプした。心から愛しており、友人として付き合いたかった男性とのとても不快な経験の後、彼女はデーモンとの取り組みを始めた。その友人は性的な関係を望んでおり、彼女がロマンスに興味を持っていないことがはっきりしたときに、二人の関係は突然終わりを迎えたのであった。このことで彼女は尋常ではないほど動転していたが、それが虐待とつながりがあるということに気づいてはいなかった。この友人からの拒絶の感覚を、彼女は自分の身体の左側に捜し出した。それは干からびた筋肉のように硬直し、体のこわばりのように感じられた。

彼女がその感覚を自分の前にもたらした時、最初、それは「ロード・オブ・ザ・リング」に出てくるゴラムのようであった。それから、このデーモンは、パートナーの同意の有無にかかわらず、ただセックスをしたがっている「やりたがりのトカゲ」に姿を変えた。彼女がそのトカゲに何を必要としているのか尋ねると、「単に男になりたいだけさ」と答えた。さらに、もし必要としているものを手に入れたならどんなふうに感じるかと彼女が尋ねると、トカゲは「強いと感じるだろうな」と答えた。

クロエは彼女のデーモンに、力強さと「男であること」の自信のネクターを与えた。それを終えるときに、自分の父親が頭を下げて、横切って歩き去っていくイメージがぱっと彼女に浮かんだ。このイメージは、自分の近親相姦のデーモンのもうひとつの現われであるということに彼女は気づいた。彼女の父親はしばしばゴラムのようであった。うわべだけで、人にお世辞ばかり言っていて、そして何よりも、臆病であった。強姦トカゲのうわべの下にある、とてつもない悲しみを彼女は見たのであった。

デーモンを育むことのユニークなことのひとつは、それが以前は考えたこともなかったような驚くべき繋がりをつくりだすことへの導きとなるかもしれないということである。与えたくないものを欲しがる友人からの拒絶と、自分をただ愛するのではなく性的に自分から何かを得ようとする父親とをクロエは結びつけたのであった。このデーモンに出会う前は、どうして友人との見解の不一致が、自分にとってこれほどトラウマ的であるのか彼女には理解できなかった。セラピーにおいて何年もこの問題に取り組んでいたが、彼女は初めて父親の弱さに同情さえも抱くようになった。このデーモンを育むことによって、クロエは二つの大事な教訓を学んだ。ひとつは、自分は父親の行動を忌み嫌ってはいるが、彼を愛することができるということであり、もうひとつは、友人との線引きをすることへの自分自身の激しい反応は、性的な要求のない純粋な愛、つまり、父親からは決して得られなかったものを求めることと関連しているということである。

クロエのケースほどは明らかに性的なものではない虐待の体験であっても、極めて重大な被害をもたらすことはありうる。虐待とみなされるいたずらは、力によるものであったり、言葉によるものであったり、あるいは、触ることや、ただじっと見つめるといった微妙なものまでをも含むのである。「実際には何も起こっていない」と考えるかもしれないから、これはわかりにくいものであるだろう。しかし、だからといって、その破壊的な力を過小評価してはいけない。このような性的虐待によって引き起こされた問題は、極めて根深いものでありうる。

ソフィアはこのような類の侵襲的ないたずらを経験した。アメリカ北東部に住んでいるプロのヒーラーである彼女は、父親が亡くなるまでずっと不適切に触られたり、情緒的に侵襲されたりしていた。父親が亡くなったのは、彼女がカパラ・トレーニングにくる前年であったので、彼女は実践の間、まだ父の死に対する喪の作業を行っていた。彼女は首の慢性的な痛みに苦しんでおり、それは彼女を時として非常に衰弱させるものであった。この痛みは何年にもわたって断続的に続き、彼女の首が「ダメになった」とき、肩にまでくるひどい頭痛が起こるのであった。これを何とかするために、何年ものあいだ彼女は週に二回カイロプラクティックに通わねばならなかった。

自分自身の仕事で、ソフィアはよく他人のエネルギー場を扱っていた。彼女は自分が許容したいと思う以上に、クライエントのエネルギーによって侵襲されていると感じていた。このデーモンと取り組もうと決めたとき、彼女はデーモン日誌にこう書いている。「侵襲のデーモンを感じる。外からやってくるデーモンを自分の胃に感じる」。そのデーモンは、うぬぼれた態度をした、縞メノウのように黒い目をした七フィート丈の男のかたちで現れるようになった。彼はハンサムで自信満々で、ソフィアに最後には自分が勝つんだということを言っていた。そのデーモンにソフィアが抱いた最も強力な印象は、彼女に対して自分は何らかの権利を持っているという感覚をデーモンが抱いているという感覚であった。

デーモンは彼女に言った。「俺はあんたを所有しているし、長い間そうしてきた。俺はいつでもあんたに勝っているし、それは今でも変わらないんだ。あんたは本当は俺を怒らせたくないんだから、抵抗なんてやめちまえよ」。ソフィアに警告するように、デーモンの瞳は突き刺すような赤色になり、彼女はとても怖くなった。自分の人生は自分自身のものではなかったというおなじみの抑うつ的な感情に彼女は屈し始めていた。自分は守られてはいないし、自分自身で用心しても安全でいるには十分ではないと彼女は感じた。デーモンを育むプロセスのこの時点において、ソフィアは絶望して、途方に暮れていたのであった。自身の首の問題と自分の父親をつなげて考えることは決してなかったけれども、彼女の興味を引いたのは、デーモンが父親と非常に多くの同じ特徴を持っていたということであった。

「わたしに何を望んでいるの？」「何を必要としているの？」「必要としているものを手に入れたらどんなふうに感じるの？」とソフィアが三つの質問をしたとき、デーモンの席に身を置くとすぐに、彼女は以下のような返事を受け取った。「俺はソフィアの生命の力が欲しい。俺は彼女を貪り喰らいたいんだ。必要なものを手に入れたなら、俺は満たされて、ゆったりして、すっかり満足するだろうな」

ソフィアはそれから元の自分の席に戻って、安らぎと満足感のネクターをデーモンに与え始めた。そのネクターはコバルトブルーにパールホワイトが入った色だった。ソフィアは、デーモンがネクターと同じ青色になるまで、長い間ネクターを与えた。そうすると、デーモンはその真ん中が割れて開いて、その殻のなかから何千ものさまざまな色の蝶が飛び出してきた。これらの蝶はソフィアの「なかま」であった。ソフィアのデーモンとの取り組みは、壁がない屋外の大きなテントで行われていた。そのプロセスが終わって、彼女が自分の身体を見たとき、きれいな黄色の蝶が彼女の腕にとまっていたのであった！　彼女はこのことを、自分がたった今なしとげたプロセスに対するすばらしい承認であると考えた。

このデーモンを育んだ後、ソフィアの首は弛緩して、もはやカイロプラクティックに行く必要はなくなった。彼女は最後にいつそこに行ったか覚えていない。仕事では、他人のエネルギーを「取り込んでしまう」恐怖をほとんど感じなくなった。そして、彼女は蝶のなかまを心に思い浮かべ、助けやアドバイスを求めることによって、その「なかま」とことあるごとにつながりを持っているのである。

第14章　家族のデーモン

怪物と闘うものは誰でも、その過程において自らが怪物と化さぬよう心せよ。
長く深淵を覗きこむとき、深淵もまたあなたを覗き返しているのである。

――F・ニーチェ

何もないところからデーモンは現れるわけではない。デーモンとはしばしば受け継がれるものである。家族のデーモンはある世代から次の世代へと伝達される。アルコール中毒や生化学的要因による抑うつへの傾向といったいくつかの間世代的なデーモンには遺伝的要素があると考えられているが、それらはまた両親や祖父母の振る舞いから身についてしまうものでもある（最近の研究では、遺伝的なものは情緒的そして精神的な要因によって影響されうるものであるということがわかっている）。身体的虐待あるいは性的虐待への傾向は、恐怖や摂食の問題、怒り、不安、経済的成功へのプレッシャー、抑うつ、完璧主義がそうであるように、親からその子どもへ伝達されるということを私たちは知っている。もしこれらのデーモンに気づいていないならば、子どもたちにそれを受け渡してしまうかもしれない。私たちは、例えばアルコールの乱用など、ある特定の行いをしないように子どもたちに言うかもしれないが、もし自分たち自身がそのような振る舞いをしていたなら、子どもたちもおそらく同じことをするだろう。

マチクの時代のチベットの人たちは、父系デーモンと母系デーモンについて語っている。この考えは、家族のデーモンという概念を考えるにあたって興味深いものである。母親の家族にどのようなデーモンを見いだすだろうか。父親の家族から引き継いだデーモンは何だろうか。私が子どもたちに「与えてしまった」デーモンは何だろうか。私たちは自分の母親がある種のデーモンを持っていることに気づいているかもしれないが、それ以上深く考えたことは決してなかっただろうし、次の世代へ受け渡したものを真剣に考えたり、孫がどのようなデーモンを現しているのかということを考えたりしたことはなかっただろう（私たちは年齢に応じて、家系のデーモンについて過去にさかのぼって考えることができるし、先の世代についても考えることができる）。このようなことを明らかにすることは、私たち自身や親戚に対する思いやりを深めるという点で価値がある。例えば、私たち自身の母親の母親が全く頼りにならなかったということを理解できれば、私たちは母親が自分たちの傍にいなかったという事実を超えて、考えをかえるようになる。そして、おそらく、自身の子どもに安定を与えるという点において、自分たちもまたうまく振る舞えなかったことが認めやすくなるだろう。このような家系のデーモンを理解できれば、罪悪感を個人的に抱くことが少なくなり、より広い文脈でこれらのことを理解できるようになる。

父方であれ母方であれ、家系からやってくる親譲りのデーモンについて見たように、あなたが親から譲り受けたデーモンについて考えてみよう。デーモンとの取り組みにおいては、時として、リリーのケースに見られたように、私たちは家族の歴史について突然、洞察を得ることがある。

リリーの母親は伯父、つまりリリーの大伯父から性的虐待を受けていた。彼はリリーの母親に時にはナイフを使って暴力的に襲いかかり、繰り返しレイプした。虐待は過激で長い間続いた。とても幼いころ、リリーと姉のアリスは、母親がその暴行について詳細に語るのを否応なく耳にして、このためリリーはその間の大部分、異常に警戒し、怖がったままであった。リリーは小学四年生以降、抑うつ状態にあった。彼女の不安のデーモンは激しさを増し、大学院生のときまでには、そのデーモンは彼女の日常生活までも邪魔し始めていた。彼女はほとんど家から出ることができず、あるときには毒を盛られることを恐れて食事をとることができなかった。おそらく、伯父からナイフを突き付けられて組み伏せられ、レイプされたということを母親がリリーに話したがために、リリーは頭や首を撃たれたり、刺されたりするという悪夢やファンタジーを繰り返し見ることもあった。

五つのステップに取り組んでいたとき、明るいブロンドの髪で、尖った耳の赤くて汚い子どもの形で、リリーはデーモンを呼び起こした。その子どもはとても怒っていて、口を利かなかった。リリーが三つの質問をしたとき、子どもは以下のように答えた。

「あんたが欲しいんだよ。あんたの注目を引くためには、あんたを殺さなくちゃならない。あんたの注目とケアが必要なんだ。もしそれを受け取ることができたら、愛されているって感じるだろうし、怒りもなくなるだろうよ」

リリーはその少女に、注目、愛、ケアからつくられたネクターを与えた。その少女はだんだんとより人間らしくなり、ついには、四歳の子どものリリーに姿を変えた。しかし、彼女は「なかま」ではなかった。リリーの姉のアリスが、「なかま」としてこの子どもの隣に現れた。大学在籍中や卒業後に、不安と抑うつのデーモンが彼女を支配したときに、アリスはリリーを助け、守ってくれていた。母系において、性的虐待と暴力を逃れたただ一人の女性であったがゆえに、リリーを蝕んでいた、すさまじいまでの罪悪感やアンビバレントな感情、恐れ、悲しみを、彼女が通り抜けるための手助けをすることを、このアリスという「なかま」は約束したのであった。

最近の研究によると、トラウマ後のストレスが、二次的ＰＴＳＤと呼ばれる症候群として、両親から子どもに受け継がれるということが指摘されている。このケースにおいては、リリーの不安のデーモンは、悲しみ、罪悪感、そして恐れのデーモンを覆い隠している。最終的に、リリーはこのプロセスの最後まで残った子どものころの自分と、その「なかま」との両方を自分自身に取り込んだ。彼女は姉に対する感謝の念と心からの開放感を新たに抱いた。この実践の後、彼女はアリスに電話をかけ、子どものころについての深い癒しの会話をした。また、リリーは非常に傷つきやすく感じたが、それは穏やかでゆったりとした感じ方であった。彼女は繰り返し家族のデーモンに取り組むことを続け、それはとても良い効果をもたらした。

時として、身体的な病気も、家族のデーモンと関連した感情的な問題から生じることがある。デーモンに取り組むことは、病気がいかに家族のデーモンやその他の感情的な要因に結びついているかを理解し、そこに含まれているデーモンの重なりを明らかにするのに役立ちうる。このような状況では、しばしば、ホッとするためには、要因となっているさまざまなデーモンたちを育むことが必要であるかもしれない。このことに気づくようになることは、癒しの重要なステップであろう。

シンディは四十三歳で教師として働いている二児の母である。彼女の父親はアルコール依存で、彼女自身もまたアルコール依存と闘っていた。すべての物事が秩序立っていて、子ども時代のように混乱して予測不可能なことがないような、完全な家族をつくりたいと彼女は思っていた。彼女は乳癌と診断され、化学療法がちょうど終わった後に実践にやってきた。

シンディは乳癌であることがわかったとき、自分自身がすでにコントロールに関して問題があることに気がついていた。長年にわたり、彼女は自分自身の人生をコントロールできるという幻想をなんとか持ち続けようとしていたが、今やそれができないことがわかっていた。重要な物事は、実際は彼女のコントロールを超えたところにあり、すべてをコントロールしようとする無駄な努力は、致命的なストレスをつくりだすだけであったということに、彼女は癌になることで気づいた。癌とコントロールのデーモンに取り組むことで、シンディはコントロールが父系のデーモンであることを発見した。父親はとても支配的であった。彼女は完全であることを望み、他者にも同じことを求めていた。彼女は自分の夫に不満で、常にもっと彼自身のことをきちんとするように強いていた。このため彼女と彼女のまわりの人はみな、かなり緊張していた。

シンディはまず、彼女の病気よりも、コントロールのデーモンに取り組むことを決めた。というのも、それが癌の一因であると感じていたからであった。最初のステップでは、デーモンの身体的な徴候を探していたとき、彼女は自分の顎のあたりにコントロールのデーモンを感じた。彼女はしばしば歯を食いしばりがちであった。顎の痛みをイメージすると、それは紅葉色の鋭いものであった。だが、それが自分の前で形をとったとき、突然、黄色いニコちゃんマークのような笑顔が彼女のこころに浮かんだ。彼女は考えた。「こんなはずがない。これは酔っ払っていて、みすぼらしすぎる」。そして、それは彼女の父親の顔に形を変え、彼女は突然、両手でその顔を掴んだ。その瞬間、自分の父親がデーモンであったことと、多くのことが一度に変容したことを理解したのであった。

シンディはいつも父親と争っており、両者の間には多くの未解決の問題が残っていた。コントロールのデーモンは、その根っこが神－デーモンとしての父親にあると彼女は理解した。彼女はいつも父親を求めていたので、彼は神であったし、彼女は彼が自分にもたらす問題のために彼を憎んでいたので、彼は同時にデーモンでもあったのだ。

父親のように見えるデーモンに、何が欲しいのかを彼女が尋ねると、彼は赦しが必要で、もし与えられるならば愛を感じると答えた。シンディは自分の身体を思いやりと愛のネクターに変えた。それをデーモンに与えていると、彼女は赦しがよどみなくあふれるのと、顎がリラックスしてくるのを感じた。それをやり終えると、彼女の父親は消え去り、顎が痛むのも止んだ。彼女は深い平穏を感じ、そこにとどまった。自分は病気のストレスに対するために、ずっとお酒を飲みすぎていたということを理解し、シンディはそれ以降、自分の飲酒習慣に対する援助を探すことを決めた。彼女は飲酒をやめること、父親と争うのをやめること、依然として持ち続けているあらゆる怒りを乗り越えるために治療を受けることを誓った。シンディはこの取り組みから、自分のコントロールのデーモンと父親に対する怒りは、文字通り自分を病気にしたこと、この争いをやめ、自分たちが二人ともデーモンの罠にとらわれているということを知ることは自分にとって大切なことであるということを理解した。

ジョアンナがデーモンを育む実践を始めたとき、両親から多世代にもわたって受け継がれているデーモンを持っていることに気づいた。ジョアンナはニューヨークに住んでいる五十五歳の成功した物書きで、燃え尽きと精神的な虚無感に苦しんでいた。

ジョアンナの母親ヘレンは、容姿の良い、非常に立派な人で、ややピューリタン的なところがあった。子どものころ、ダンスや音楽のレッスン、良い学校、旅行、デザイナー製の衣服等、物質的には望むものすべてをジョアンナは持っていた。彼女の家族はコミュニティでも際立っていて、両親は自分たちの外面を非常に気にしており、これはジョアンナがひそかに内面化したメッセージであった。そんなわけで、ジョアンナは、自分の振る舞いや着ているものを気にしながら育った。家族の中で彼女の役割は、誰にとってもいい子でいて、うまく振る舞うことであった。

ジョアンナは絶えず、あなたは感謝せねばならない、それだけあなたはとても幸運なのだと言われてきた。成長して自分自身を表現し始めるにつれ、彼女は風変わりな衣服を身につけるようになり、最終的に大学も退学してしまった。母親はジョアンナの振る舞いに失望し、自分が恥ずかしい思いをしたということを非常にはっきりと彼女に示した。ジョアンナは恩知らずであると両親に責められた。自分が何でも与えられていることは分かっているのに、それでも空しさや不確かさを感じてしまうことに彼女は混乱した。彼女は学校を退学して、家族のイメージに合わせて振る舞うのではなく、自分自身が没頭できる確かなものを探していた。

それからジョアンナはニューヨークに移り住み、物書きとしてのキャリアを徐々に積んでいった。しかし、彼女は人と親しくなることに難しさを感じていた。深い孤独感と罪悪感を覚えたが、それは自分自身にも説明できないものだった。最終的に彼女は結婚したが、夫とは心からの親密さを育むことができなかった。完璧な人生のようなものをいくらかはつくりあげつつ、彼女は形だけはうまくやり抜き、二人の子どもをもった。しかし、それも夫が浮気をしていることが発覚するまでのことであった。

離婚後、夫と子どもの養育権を共有しつつ、再びジョアンナはひとり暮らしを始めた。彼女は、子どもたちの情緒的な要求を無視し、仕事に没頭した。子どもが大きくなるにつれ、彼女は子どもとかかわることの困難さを覚え、子どもたちは彼女とは距離を置いて成長していった。今や莫大な財産を相続したにもかかわらず、彼女はますます抑うつ的になった。遺産の相続は、自分には何も不満を言うことがないという彼女の感情をただ強くするだけであった。

ジョアンナはある友人からデーモン・ワークについて聞き、カパラ・トレーニングにやってきた。デーモンを育むことを通じて、ジョアンナは自分が「決して十分じゃない」デーモンを父親から受け継いでいて、父親もまたそれを自分の父親から受け継いだものであるということに気がついた。祖父は、ジョアンナの父親に法律家になってほしいと願い、ジャーナリストになるという彼自身の選択を支持することは決してなかった。ジョアンナの父親は、成功して最後には自分の父親がほめてくれることを望みながら、疲れを知らない仕事中毒になった。しかし、物事はそううまくは運ばず、六十代で心臓発作で亡くなったときも、彼女の父親はまだ必死に自分の価値を証明しようとしていたのだった。

ジョアンナの父親は、彼女のキャリア選択にとても批判的であった。父親と同じように、彼女も過剰な労働によって人生における躓き（つまずき）を補おうとし、外的な成功というデーモンを子どもたちに受け渡していた。子どもたちも学校の成績にストレスを感じがちであった。母親からジョアンナは、情緒的には距離を取っていた一方で、「完璧に見えねばならない」デーモンを受け継いでいた。

抑うつ、罪悪感、仕事中毒のデーモンたちを育むことによって、ジョアンナはこれらの多世代にわたるデーモンを明らかにした。彼女が子どもたちに受け渡していた「情緒的に切り離された」デーモンと「決して十分ではない」デーモンの要求を扱うために、彼女は五つのステップに取り組んだ。これらのデーモンを育んだ後、彼女は子どもたちとこころからの会話をもつことができ、そこで彼女は子どもたちに、ありのままであるだけで十分であり、母親に受け入れられるために成功したり、働きすぎる必要はないということを伝えたのであった。だんだんと、彼女たちは皆、家族として親しみをもってまとまっていった。そして、ジョアンナは本物で誠実なものと感じられるような友情を女性らと育むことができるようになった。罪悪感を抱く代わりに、自分の財産をそれを必要としている人々のために有効に使い始めるにつれて、彼女の抑うつは取り除かれていった。

この例から、デーモンがどのように多世代にもわたっているか、そしてまた両親から受け継がれた批判的態度、あるいはコントロールしようとする態度のようなデーモンが、どのように内面化されて次の世代に受け継がれていくかということを理解することができる。ジョアンナは子どもや両親のためのデーモン・ワークを実際には行うことはできなかったが、彼女自身への徹底的な取り組みや、内外のデーモンを育むことによって、互いに関連した問題の絡み合いをほどき、彼女の変化はポジティブなかたちで家族全体の基盤に影響したのである。

これまで見てきたように、家族のデーモンは世代から世代へと受け継がれ、母系のデーモンと父系のデーモンを含むだろう。家族のデーモンの罠は、ヘラクレスが遭遇したヒュドラのようである。ある世代のデーモンは、次の世代においてさまざまな形で現れる。あるいは、ある世代を飛び越えて、その孫に現れる。私たちのデーモンは何世代にもわたるものであるという本質を理解し、デーモン地図（二二一頁を参照）をつくることは、自分たちのストーリーについて広い見解をもたらし、何世代にもわたって受け継がれてきた破壊的なデーモンを終わりにすることに役立ちうるのである。

時として、私たちは自分が何世代にもわたるデーモンに気づき、それらを存続させはしないと考えている。しかし、私たちがデーモンを育まないのであれば、それらは予期せぬところに現れるだろう。子どものころ、ジョーは父親が母親を殴っているのを目撃した。そして、彼が母親を助けるすべを考えだそうとしていると、彼自身も殴られたのであった。怒りと自分の無力さを感じ、彼は成長し、穏やかで従順な女性、マーサと結婚し、男の子と女の子、ふたりの子どもをもうけた。ジョーは自分の父親のようにはならないと心に決めていた。彼は一生懸命働き、責任ある親になろうとしていた。しかし、子ども時代の問題を解決するための情緒的な取り組みは決して行わず、抑うつ的で大量の飲酒をするようになった。

父親の家族から受け継がれた暴力のパターンについては気づいていたので、ジョーはそれに染まらないよう努力した。彼は身体的に虐待をするようにはならなかったが、言葉での虐待をするようになり、子どもたちの前で妻をけなすようなことを言っていた。子どもたちはジョーのことをより力を持っている親と考えたので、息子も娘も母親を軽視するようになった。マーサはこの事態に、ひそかにアルコールに依存していくことで対処していた。夫が仕事のときに、彼女は寂しさに耐えるために酒を飲んだ。彼女は無力感を覚え、子どもの世話ができないようになった。また、彼女は世の中でうまくやっていく自信をますます失くし、夫に対して腹を立てると同時に、夫にますます依存していった。

娘は自分自身をダメにするような傾向をもって成長し、ハンサムなドラッグの売人と関係を持つようになった。彼女はドラッグに夢中になり、売春婦となった。ジョーの息子は抑うつに苦しみ、大学を中退し、自分の人生をうまくやっていけないようであった。子どもたちは二人とも恥のコンプレックス、すなわち自分たちが根本的に劣っているという感情を強めていった。彼らは承認を切望したが、それは彼らが決して得たことのないものであった。そして、抑うつと嗜癖のデーモンに苦しんだ。

ジョーが自分自身のデーモンを育むまで、両親から受け継いだデーモンはジョーの人生に、そして、妻や子どもたちの人生にも突然現れ続けた。ジョーとマーサは共に修養にやってきた。彼女はアルコール乱用から回復する一方で、すでに瞑想を始め、カパラ・トレーニングについていくらか知っていた。最初、ジョーはマーサを支えるためだけに修養すると言っていたが、五つのステップの実践を始めたとき、彼の家族メンバーと彼の人生の多くの状況とのあらゆるつながりに気づき、非常に驚いた。

ジョーは五つのステップの実践を行うことを決め、マーサもそうした。彼らの関係はより互いに敬意をあらわすものとなり、この変化と子どもらとの会話のおかげで、家族は徐々に自分たちの陥っているパターンに気づくようになった。マーサとジョーは、通常行われているデーモンを育む実践を進めており、デーモンは根深いものではあるが、二人は自分たちの苦しみから抜け出る道の見通しがつきかけている。ジョーとマーサの間の進展は、二人の子どもにも影響を与えた。娘は自らを傷つけるような関係を終わらせ、リハビリテーション施設に入った。息子は学校に戻り、ハイスクールのスポーツ・コーチとして満足のいく仕事を始めた。

マイケルがデーモンへの取り組みを始めたとき、それは家族のデーモンと関係しているとは全く考えていなかった。彼は十代のころから社会恐怖に苦しんでいたが、これが多くの腕と脚をもつヒュドラのようなデーモンであることを理解した。十年以上マーケティングで働いた後、マイケルは人生の大きな転換点にあって、仕事を辞め、社会恐怖を克服するために時間を費やしていた。子どものころ、マイケルは注目の的になるために、良くない品行をしていた。これは彼が失っていた愛を得るための手段であったのだ。最近になって、自分の抱いている恐怖の多くを、父親もまた抱いていたということをマイケルは発見し、これらの恐怖は父親によって幼いころに受け渡されたものであると考えるようになった。この父親は、彼自身も、それらの恐怖が両親や養育者によってもたらされたものだと考えていたのであった。マイケルは自分の社会恐怖を父系のデーモンとして、これに取り組んだ。

マイケルは注目の的になりたがっていたが、一方では集団の中で社交的になることの困難さを抱えていた。彼はいつも自分は価値がなくて半端もので、不完全であるという密やかな恐怖を心に抱いていた。このために、自分の耳がひどく突き出ていて、息が臭いこと、また、自分の名字は受け入れがたく、変えねばならないと信じていた。マイケルはデーモン日誌に以下のように書いている。「ひとつの恐怖が治まると、それは別の恐怖に取って代わられる。テーマはいつも、完全になるために自分は何かを変えなければならないということだ」。この恐怖は、今も続いている不信感、アルコール依存、公共の場で食事ができないこと、頻繁に生じる隠れたい衝動をもたらしている。

マイケルが自分自身の身体にデーモンを見いだしたとき、それは冷たい青色の、腹部の感覚であった。自分自身の前にそれを置いてみたとき、それはいぼで覆われた、痩せた醜い姿であった。彼がデーモンに三つの質問をして、場所を入れ代わったとき、デーモンは特に何も望んではいないと答えた。だが、必要なものは水と成長であった。これらのものが与えられれば、デーモンは自分がさらされているとか、冴えないとは感じなくなり、快適さとバランス感が得られ、よりくつろいで安全なものになっただろうと言う。

デーモンと席を代わったときに、マイケルが最も驚いたのは、マイケルの父であることが父にとってどんな感じなのかということがわかったように突然思ったことであった。彼は日誌に書き記している。「あなたが子ども（私自身）に対して抱いている愛のすべては、あなたが愛している者からの拒絶の怖れと結びついている。そして、それは自分の愛の深さが価値のないものであるという感覚の一部をなしている」ということをどれほどに理解したかと。続けて、「このような葛藤に取り組むことがいかにして、あなたが最も愛している者への憎しみにまで至ってしまうのかということを私（マイケル）は理解することができる。これまでは、父親によって自分が頻繁に拒絶されたことにしか注意が向かなかったが、このことを理解することで、父親に対する強い同情を抱くようになった。」

母系や父系というより広い文脈で我々のデーモンについて考えることによって、私たちは人生において作用している、より広大なデーモンのパターンを辿ることができる。例えば、あなたの母親は、その母親、つまりあなたの祖母から受け継いだ、太ることへの恐怖を抱いているかもしれない。祖母は十代のころ肥満で、後に自分の娘の体重がほんの少し増えただけで娘を非難していた。母親による拘束への反抗というかたちで、あなたは過食によって反応した。そして、自分自身が体重の増加をよく思わないがために、あなたは十一歳の自分の娘が少しぽっちゃりすると、ダイエットさせる。そして、そのせいで十五歳になって娘は拒食症で入院することになる。今や、娘はボディイメージや食べることに関する問題で苦しんでいる。

自分自身のパターンを辿ることで、自分自身のデーモンを解放し、デーモンを受け渡してしまったことに対する赦しを乞いながら、自分自身が理解したことを子どもたちに話すことができるだろう。何世代にもわたるデーモンは、多くの他のデーモンをそのうちに含み、しばしば私たち自身のヒュドラのようなデーモンと関連しているのである。

第15章　精神のデーモン

人は幽霊屋敷の部屋ではない
人は屋敷ではない
人の脳には現実の場所を超えた廊下がある。
深夜に出会う
自分と無関係な幽霊は
自分の内で直面する青白い主人よりも
はるかに安全。

——E・ディキンソン

あるとき、グリーン・ベレーの集団が、訓練の一環として、自分自身の精神に取り組むことを学ぶための十日間の仏教の瞑想修行に送り込まれた。それは静かに行われる修行で、早朝から深夜まで座して呼吸に集中するように指示された。もし集中が乱れたら、静かに呼吸に再び集中するように指示された。もし、何らかの情動を覚えたら、単にそれを書き記し、呼吸に集中するように言われていた。三食のおいしい食事と寝心地のよい場が与えられた。修行が行われていたのは牧歌的な雰囲気のところであった。十日の後、エリート兵士たちが沈黙の行を終えたとき、そのうちの一人がこう言った。「なんてこった、こりゃ今までで一番キツイな。アタマが黙っててくれねえんだ。こりゃ悪夢だ」

いかなる外的な敵とも対峙できるこれらの勇敢な男たちも、ひとりで静かに座するという修行には精神的に参ってしまった。これらのグリーン・ベレー隊員たちは実際に戦争に従事していたのではないが、自分自身の内なるデーモンと別の戦いの中にあった。これらのデーモンは時として、「コントロールできないデーモン」、「どんどんエスカレートしていくデーモン」、あるいは、もっと一般的には「掴みどころがないデーモン」と呼ばれている。怒り、不安、抑うつのような内なるデーモンは、感覚的なインプットや外的な原因から誘発されることなく精神から生じる。

考えることをやめようとしたことがある人は誰もが、ますますエスカレートしていくデーモンについて知っている。私たちの想定に反して、私たちは自分自身の精神をコントロールできない。事態は全く逆である。私たちが思考や情緒にコントロールされているのである。高度に訓練され鍛錬を積んだグリーン・ベレー隊員であっても、自分たちの精神にどのように対処したらよいかまったく途方に暮れてしまった。テレビの画面下で絶えず流れているCNNの速報のように、精神はとどまることを知らないのである。

これらの思考や感情は、何らかの直接的な外的刺激によって生じるものではないが、これらのせいで私たちはあらゆることをしてしまうのである。これらは、私たちが神経症、内的なコンプレックスと呼ぶものと関連しており、怒り、不安、完璧主義、パラノイア、恥、抑うつ、不信感のようなデーモンを含んでいる。この手短な例は、人間の精神にある潜在的なデーモンの広大な領域を表すほんの手始めに過ぎない。

例えば、抑うつのデーモンがあなたの中にいたなら、外的な環境がいくら変わろうとも、あなたは依然として抑うつのままだろう。死のような哀しい出来事や喪失といったものがない場合でさえ、抑うつであるだろう。来る日も来る日も、不確かなままで単に日々を過ごす混乱状態は、混乱という精神のデーモンである。このデーモンがいて、何をするかが決められず、自分自身を疑うならば、これは自己疑念のデーモンである。別の内的なデーモンには、強迫があり、そこでは思考や幻想がコントロールされずぐるぐる回る。他人と関係を持つことを難しくする内気のデーモンもいるだろう。

精神のデーモンは日夜絶えず動く。これらの内的なメッセージに気づき、それを特定し、自分自身の中で対話を行うことによって、自分自身の内的なデーモンを自覚するようになり、それらを開放することができるのである。では、これらの内的なデーモンをいくつか取り上げ、それらとどのように取り組むことができるのか見ていこう。

怒りのデーモン

怒りは他者とのやりとり、あるいは、出来事や物事にともなうフラストレーションから生じる。例えば、待人が約束を忘れていたり、親しい人が傷つけるようなことを言ったりといったように。また、それはどこからともなく湧きあがってくる。そういう場合、それは内的な怒りのデーモンである。突如として怒りが湧き起こり、犬を蹴ったり、子どもをきつく叱ったりする。怒りは最も破壊的な情動のひとつである。怒りにまかせた言葉はほんの少しであっても、長く続いた友人関係を壊し、家族関係を解体してしまう。

怒りはまた自分自身に向けられ、暴虐な内なる批判や破壊となる。このような場合、破壊的なエネルギーは、希死念慮、自殺企図、自己破壊的な振る舞いとして行動に移される。それはもっと微妙なものであるかもしれず、重要な面接に遅れたり、ぐずぐずして先延ばしにしたり、未来ある愛情関係を破壊することで、自分自身の成功をダメにするような行動に私たちを導くかもしれない。

ここで重要なポイントは、憎しみにとらわれることなく、怒りを表明することが私たちはできるということである。この場合、私たちは激しく振る舞うが、怒りのデーモンにはとらわれていない。私たちはコントロールされているのではなく、変化を引き起こすために怒りを利用するのである。例えば、政治活動家は責任ある人々への憎しみを抱くことなく、情勢に対する怒りを表すことができる。怒りは冷めたものでも、熱いものでもありうる。冷めた怒りはドアを閉め、こころを閉ざしてしまう。時としてそれは何年にもわたり、態度を軟化させることを拒む。熱い怒りは爆発し、ほとばしり、激しく燃える。それはやってきてはすぐに去っていくか、火山のように時々噴火する変わることのない流れのようであるだろう。我々の怒りのデーモンを理解し、育むことは、私たちだけではなく、私たちの怒りがもたらすものに苦しんでいる身近な人々にとっても癒しになりうる。

五十歳のビジネス・コンサルタントであるバーバラは、デーモンを育むレッスンにやってきて、そのレクチャーの際に私が指導したエクササイズに参加した。話を聞く中で、彼女は自分の人間関係を困難なものにするような怒りのデーモンを自分が抱えているということを理解した。五つのステップのグループを私が指導している最中に、自分の身体のどこに怒りがあるのか探ったとき、彼女は身体の左側の心臓の上、首までひろがっているところに怒りを見いだした。その色は暗く、栗色と黒が混ざったようで、熱を発していた。それを人の形に置き換えてみると、それは鷲鼻で多くの腕があり、歯をきしませている女の赤ちゃんになった。その顔には涙が流れ落ちており、目には深い悲しみが見られた。

バーバラがデーモンに何が欲しいのか尋ねると、自分を無視しないでほしいと彼女は言った。何が必要なのか尋ねると、デーモンは自分の存在を認めて、その本質に気づいてほしいと言った。つまり、これは愛されていると感じさせてほしいということであった。バーバラが自分を、白く輝く愛のネクターにすると、赤ちゃんデーモンはそれを取り入れ、そのまわりに虹色が湧きあがった。

バーバラはこの虹色の赤ちゃんに、自分をどんなふうに助けてくれるのかと尋ねると、「わたしはあなたの穏やかなこころ、目覚め、満ち現れるための力なの。あなたが怒ったときは、わたしを覆い隠しているということをあなたに思い出させてあげるの」と言った。バーバラは、さらにこのデーモンと取り組み、数カ月後には、自分はもう脈略なく怒ったりしないということに気づいたと私に手紙を送ってきている。彼女は今も傷つきやすさという感情と闘っているのだが、五つのステップの実践を使いながら、その取り組みを行っている。

完璧主義者のデーモン

完璧主義者のデーモンとは、自分がすることはどれも十分ではないかのように私たちに感じさせるような、絶え間ない自己批判である。完璧主義者のデーモンが現れると、私たちは自分自身を打ちのめして、自分がなすあらゆることや自分がどのように見えるのかについて欠点を見つけだす。

称賛を受けたときでさえ、十分でないと感じるあまりに、楽しむことができない。完璧主義者のデーモンは冗談や楽しむことを許さない、ユーモアのない厳格な監督者なのである。それは、他者の過ちに注目し、他者のコメントを批判と読み違える外的な非難のデーモンにいとも容易くなってしまう。だが、これは自分自身に最も激しく向けられる。完璧主義者のデーモンは、膨大で厄介な「せねばならないこと」のリストをつくり、すべてが片付けられてしまっても、満足しないのである。

　フィオナは完璧主義者のデーモンを抱いていて、それを育んでいく中で、驚くべき発見をした。フィオナの母は完璧主義者で、終わりのないリストをつくり、計画を立てる人であったが、フィオナはそれを母の側頭葉てんかんのためだと考えていた。彼女の母は、六歳のときに始まったコントロールできない大発作に苦しんでいた。大人になって、フィオナはこの病気を持っている人はしばしばとても厳格であるということを知った。だが、まだ子どもであったので、フィオナは母を冷たく、わがままで、気まぐれであるというふうに考えるだけであった。フィオナは自分が十分に良い子でないと愛されないと考え、このために彼女は強い自己嫌悪を伴った完璧主義者になってしまった。

　フィオナは五つのステップを使って、この母系のデーモンに取り組もうと決めた。彼女は自分の完璧主義を、ある種の冷たく刺すような感覚として胸に感じた。デーモンを人の形に置き換えると、灰色の髪をして灰色のドレスを着た、年老いてやせ細った女性として現れた。彼女はフィオナの心臓を掴み、その目は恐ろしく、暗かった。フィオナはそれが自分の母だとわかっていた。そして、フィオナはデーモンが震えているのに気づき、その年老いた女性が怖がっていることがわかった。自分はフィオナの愛が欲しいのだが、フィオナは祖母しか愛していないことを自分は知っているのだとデーモンは言った。デーモンはもっと愛されていると感じたかったのであった。

プロセスのある時点で、フィオナは気づきを得た。彼女自身と母、祖母の間の満たされていない欲求のトライアングルに気づいたのだ。自分の恥ずべきよく知られた病のために、彼女の母はいつも自分が劣っていて、愛されないと感じており、それを補うために完璧になろうとしていたのであった。その穴を埋めて、自分自身が愛されるものであると感じるために、自分の娘であるフィオナからの愛を必要としていたが、彼女の完璧主義はフィオナを寄せつけなかったのであった。フィオナの祖母はその関係に入って、子どものときに必要な、包み込むような愛をフィオナに与えたのだが、そのためにフィオナの母は締め出されてしまったのであった。

フィオナは母に対して、また自分たち二人が必要としていたやさしい愛を決して互いに与えることができなかったという事実に対して、激しい悲しみを抱いた。今となっては、母は亡くなっており、前に進むこともできなかった。フィオナは愛される輝く金色のネクターをスプーンでデーモンに与えた。デーモンは、子どもだったときの母の姿にだんだんと変わっていき、この少女はフィオナの「なかま」になった。もし自分が完璧でなくても愛されると感じるなら、完璧主義はなくなって、すべては悪くなるのではなく良くなると、この「なかま」はフィオナに言った。彼女はフィオナを守り、何にも関係なく彼女はありのままで愛されるのだということを思い出させることを約束した。

ソニアもまた完璧主義者のデーモンを抱いていたが、それは彼女のキャリアに影響を与えていた。三十代半ばのプロのヴァイオリニストであるソニアは、オーケストラでの自分のパフォーマンスは決して十分なものではないと感じていた。小さなミスにとらわれて、それについて何度も考えてしまうのだった。同僚の音楽家たちよりも一日にずっと多くの時間、彼女は練習をしていた。彼女は素晴らしい音楽家であったが、完璧主義者のデーモンのためにそのことにほとんど喜びを見いだせなかった。

ソニアの完璧主義は、批判的でコントロールしようとする母から来ていたが、彼女は、笑い声や寛容さ、身体的な愛情を与えることなくソニアを育てた。母はソニアを決して抱き締めなかったし、褒めもしなかった。やることはほとんどが素晴らしい出来であったが、家では自分の見かけや振る舞いにはいつもおかしいところがあるというメッセージをソニアは受け取っていた。

ソニアはこの完璧主義者のデーモンを育むことを決めたが、これは彼女が思い出せる限りでは、ずっと彼女の中にいたものであった。自分の身体のどこにデーモンを持っているのか探ったとき、それはあらゆる部分をかじっている小さな歯のように、身体のいたるところにあるとわかった。だが、その中心は彼女の喉にあるようで、そこではデーモンは、大きな腫瘍のように灰色でずんぐりして醜いものとして現れた。それはべとべととしており、彼女が話すのを邪魔していた。

デーモンは彼女の前に、足元に無数のネズミをひきつれて、ソニアをにらんでいるおぞましいネズミのようなものとして現れた。それはソニアと同じくらいの大きさで、その後ろには赤ちゃんネズミの集団がいたが、その光景はあまり母性的なものを感じさせるものではなかった。それは奴隷とその主人という感じであった。ソニアがそのネズミを正視すると、恐怖や敵意は全く感じなかったが、残酷さの感覚に襲われた。そのネズミは針のような前歯で、キラキラ輝く黒い眼をもち、四肢の爪は非常に長く尖っていた。しかしソニアがデーモンになってみると、あまりにも違った印象を受けた。そのネズミの位置に身を置くことで、不安や愛情の希求といった非常に明白にそして鮮明に沸き起こる感情を彼女は覚えた。

そのネズミは言った。「俺はあんたより優れていて賢くなくちゃいけないんだ。あんたは俺が持っている以上のものは決して持てないよ」。もし、欲しているものを得たら、「とっても力強くて美しいと感じるだろうな」とネズミは言った。そこで、ソニアは、ネズミが完全に満足するだろうと期待をして、力と美の金色のネクターをネズミに与えた。ネズミは満腹になり、ネクターを与えられることに伴う興奮の中で、すべての赤ちゃんネズミがまわりに集まった。それらは太ってピンクになり、小さな豚のように仰向けに転がり、だんだんと消えていった。大きなネズミはとてもどんよりとし、無気力になっていった。その体毛が厚い皮膚になるにつれ、暗い色は少し和らいだ。歯や爪は抜け落ち、消えて、まるで寝ているかのように、仰向けになっていた。依然として大きな醜いネズミであったが、以前よりも脅威的なものではなかった。

ネズミが完全には消え去らなかったので、このデーモンに取り組むにはもっと時間が必要だということにソニアは気づいた。続く取り組みで、ネズミは幸せそうなピンク色の頬をした人間の赤ちゃんになったが、それは最終的には消え去ってしまった。そして、自分がその空間で安らげるまで、彼女はそのプロセスを続けたのであった。

ソニアが「なかま」を呼びだそうとしたとき、彼女は自分を守ってくれるという荒々しい女性を見いだし、そのため完璧主義に重きを置くことなく、創造的になることができた。ソニアがこのデーモンと取り組んだ七カ月にわたって、自分の完璧主義が弱まって、小さなミスに注目してしまう代わりに、本当に自分のパフォーマンスを楽しむことができているということに気づいた。彼女は強迫的に練習することを自分で意識してやめるようにし、その結果、彼女の演奏は本当によくなった。彼女の音楽はますます生き生きとし、彼女自身も同じように生き生きと感じ始めたのであった。

抑うつのデーモン

これは、非常に広範囲にわたっており、身体に位置づけるのが困難であるようなデーモンのうちのひとつである。抑うつのデーモンを育む動機を見つけだすことも同様に困難である。というのも、抑うつは、私たちの活動を非常に抑制してしまうものとなりうるからである。このようなデーモンは、しばしばひと塊になったさまざまな感情を含んでいる。嘆き、怒り、絶望、失望、恐怖のすべてが現れているかもしれない。抑うつは一時的なものでありうるし、あるいは、非常に深く根付いてしまい、正常に振る舞うことが困難になってしまっているような慢性的な病でもありうる。抑うつはあらゆるものをどんよりとしたもやで覆ってしまう。このデーモンのコントロールの下で、私たちは何日も、何週も、何年でさえも過ごしてしまう。

時に、抑うつは圧迫から生じる外なるデーモンである。つまり、それは特に外的な環境に関連していて、これらの環境が変われば抑うつは軽減されるということである。アフガニスタンでのタリバン政権の治世、つまり、女性が厳しく圧迫されており、教育を受けたり、その専門性を磨くことができなかったころ、アフガニスタンの女性の間では国家的なレベルでの抑うつと自殺の波があった。だが、それを引き起こしたであろう状況の変化によっても抑うつ状態が変化しなければ、それは内なるデーモンだということを表している。内なるデーモンは、外的な環境がどうであれ、私たちがもっているものである。もし内なる抑うつのデーモンを抱いているなら、素晴らしい人々と美しい場所にいたとしても、依然として抑うつ状態にあるだろう。アメリカ合衆国では、抗うつ剤処方による治療がますます一般的になっているけれども、ほぼ千八百万人のアメリカ人（人口の六%）が抑うつに苦しんでいる。

抑うつはデーモンを育む実践と相性がいい。というのも、最初の二つのステップは問題に輪郭を与えるのに役立つからである。このようなものは、このデーモンとしばしば一緒に起こってくる不明瞭さや無気力さの中で忘れ去られているかもしれない。このデーモンの居場所や色、感触、典型的な特徴を明らかにしていくにつれて、それが欲しているものが取り上げられるような場にデーモンを引っ張り出してくることができるのである。

ジェイソンは失業した若者たちの組織の業務執行取締役であった。慢性的な抑うつのために、彼は完全に妻と二人の子どもたちとの関わりから身を引いてしまっていた。ほとんど自分の仕事ができなくなるくらいまで、彼は無口になり、皆から切り離されてしまっているように感じていた。彼はセラピストに自分の経験を、まるで脳が空っぽで、何も考えられないような感じと話していた。

社会的な場面では、彼は人と話すことをすっかりやめていた。彼のセラピストはデーモンを育む実践をやってみるように勧めた。

ジェイソンは最初、自分と妻が夕食会を開いた日の後、デーモンを育む実践を行った。彼はずっと会話に参加することができず、その夕べの終わりごろには、とても孤独で孤立していると感じ、誰の話も聞けないほどであった。その夜の出来事を思い返すと、喉に塊のようなものと、首のまわりの筋肉、喉が締め付けられるような感覚を感じて、話すことができなかった。彼は自分には価値がないと感じ、恥ずかしく思った。この感覚から連想した色は青色であった。

自分自身の前にジェイソンが見いだしたデーモンは、部屋全体くらいの大きさであった。それは鱗状の青緑の玉虫色の皮膚をして、三十か四十くらいの腕が、星から出ている光のように、身体から出ていた。デーモンはこれらを腕や脚のように使っていたが、手のひらや足の裏があるところには鋭いとげがあった。頭はこれらのうちの一本のてっぺんについていて、その小さく抜け目のない眼は、非常に冷ややかにジェイソンを見ていた。ジェイソンがそのデーモンをもっとよく見てみると、それは脈打っていて、腕は一定のリズムで波打っていた。ジェイソンから何を欲するのかと尋ねられると、デーモンは、ジェイソンが自分の相手をしてくれることを望み、彼と親しくなりたいと言った。必要なものを尋ねられると、生き生きとして満足を感じるためにただ友達になりたいんだと言った。

ジェイソンがもとの自分の席に戻ったとき、セラピストはデーモンを育むことを提案したが、自分はデーモンに追い返されたとジェイソンは言い、関わりを持とうとしなかった。やる気を起こさせるために、セラピストは、彼とデーモンの間の憎しみは長い間存在しており、もしジェイソンがデーモンに何かを与えなければ、何も変わらないということを説明した。そうするとジェイソンはデーモンに親密さを与えようとすることに同意したが、気乗りしないながらの同意だったので、デーモンに元気さや満足を与えることをしぶっていた。残念なことに、そこでセッションは終わってしまったため、彼らは次の機会に取り組みを続けることにした。デーモンを育むことは、それらをより悪いものにするのではなく、それらを解放するのだということを理解していなければ、恐怖や抵抗を抱くことになるということを、ジェイソンの例は示している。そのプロセスを信じるために十分に理論を理解するか、少なくともそれを進んでやろうとしなければならないのである。

次のセッションの間、ジェイソンはプロセスに対してより開かれた態度で、デーモンを目に見える形であらわすと、以前と同じように見えたのだが、もはやそれは脈打ってはいなかった。冷ややかな目は依然としてジェイソンを見つめていた。しかし、前回と同じように、ジェイソンはこのデーモンを育むということを一切やろうとしなかった。セラピストはプロセスを進めてみるように彼をうながした。というのも、それまでに彼が行ってきたことは、抑うつを全く軽減させなかったからである。ジェイソンはやってみることに同意した。今回、ジェイソンがデーモンに同一化したとき、デーモンが自分自身をあるがままに受け入れ、自信がもてるようになるために、ジェイソンの幸せを必要としていることがわかった。必要としているものを手に入れたなら、デーモンは喜びを感じるだろう。

デーモンと席を代わっても、依然としてそのプロセスに不審を抱いているようで、ジェイソンはデーモンに何かを与えることを拒否した。しかし、セラピストからしばらく励まされて、彼はデーモンに喜びをほんの少しだけ与えることに同意した。幸せをダークブルーの蛍光色の光とみなして、ジェイソンはデーモンにそれを徐々に流し込んでいった。流し込めば流し込むほど、自分自身がますますこころを動かされ、そして、長い間貯めこまれていた彼の涙も流れ始めた。徐々に、デーモンが完全に満たされたということを彼は理解した。

実践の終わりには、ジェイソンは穏やかで、満ち足りて、世界との一体感を感じていた。デーモンを具現化させた青い枕を腕に抱いて、それを抱きしめ、もう一度涙を流した。それから、彼は「なかま」を出現させた。そのなかまは彼に喜びを教え、あるがままの姿と結びつけることを誓った青緑色のエルフであった。セッションの終わりには、ジェイソンは非常に開かれた態度で、目を輝かせていた。同時に、少し混乱していた。というのも、この経験は彼のネガティブな人生哲学を揺さぶったからだ。しかし、その後の数週間で、彼はもう人と接触することを避けることはなく、妻や家族とも繋がっているという感覚をより感じるようになった。数セッションの後、彼の抑うつはおさまった。

　ジェイソンは自分の人生哲学が抑うつによってつくりあげられていたということを理解し、それを諦めようとするようになった。妻とはより気持ちを共有し合うようになり始め、以前は経験したことのないほどの親密さを育み始めた。幸せな時でも、自分には不相応だと感じてしまって、幸せだと感じなくなるということもなくなった。彼は依然として時に抑うつに圧倒されていたが、自分自身でデーモンを育むという実践を学んでいたので、そういったときにはその方法を用いることができた。いつも自分をコントロールしていた抑うつに、今では対処できることに彼は驚いた。


　ジェイソンの抑うつの経験は典型的なものである。先述したように、本当に私たちに害をなす力強いデーモンに取り組むときには、デーモンに対する憤りがあるだろうし、それはデーモンを育むことに対するジェイソンの最初の拒絶に表されている。デーモンが要求するものをほんの少しでも与えることは、デーモンを育むことへの抵抗を克服するのを助けるよい手段になる。

　時に、抑うつは世代から世代へ受け継がれる。服屋の販売員をしている二十歳のアンジェラには、抑うつの家族史があった。彼女の姉は双極性障害で、母と祖母はふたりともひどい抑うつ状態にあった。アンジェラが抑うつのデーモンを育む実践の最初のステップを行っていたとき、デーモンは自分を押し潰しているような、頭と肩を押さえつける重くて黒いモノのように感じられた。それは、冷たく不安定なひびが入った氷の上を歩く黒いサソリになった。それは人々を傷つけ、肉体を切り裂きたがっていた。アンジェラが席を入れ代わりデーモンになると、憎しみと暴力を感じ、自分の抑うつの背後にはどれほど大きな怒りがあるのかということに気づいた。デーモンは自分に対して思いやりを抱くような人が必要なのだと言い、今まで誰もそのような感情を抱かなかったことに怒り狂っていた。もし思いやりを抱かれたなら、デーモンは安心感を抱くのだろうと考えられた。

アンジェラがデーモンに安心のネクターを与え始めると、サソリは変化し、その硬い殻が割れて、その下から柔らかくピンク色をした身体が出てきた。最終的に、それは美しいアクアマリンの海原を、全くリラックスして自由に漂うイソギンチャクになった。この「なかま」はアンジェラに、抑うつで苦しむ人皆に、大洋のような愛を与えることによって彼女や家族を助けると言った。

何度かこのデーモンと取り組んだ後、アンジェラは私に、それが自分自身と同様に家族を癒すことに役立ったと言った。彼女の姉はいつも自分自身の問題を否定していたが、突然に地域の双極性障害のサポートグループに参加し、セラピーを受け始めた。アンジェラの取り組みが、姉の前進に直接関係あるかどうかは知るすべもないが、家族の一員が変われば、しばしば家族そのものも変化し、アンジェラは自分の取り組みが姉へもそのような影響を与えたのだと感じた。

恥のデーモン

恥を感じて、それを辿っていけば、嗜癖や権力、虐待や不安を含んだ他の多くのデーモンを見いだすだろう。恥のデーモンを抱くと、私たちは目立たないようにしたいと切望する一方で、他人の承認をひそかに欲しがる。恥の感情が心の底にある人は、たとえそれが何かわからなくても、自分が隠すべき汚れた秘密を持っているかのように感じる。彼らは自分たちの秘密が暴かれ明らかになることを恐れており、親密さに対しても恐怖を抱いている。

家族の恥は、しばしば語られないこともあるが、それらはすべて子どもたちの敏感なこころにあまりにも早く取りこまれてしまう。例えば、貧しい中で育った若い女性のセレストは、自分の家族が住んでいるところを恥ずかしく思っていた。子どものころ、スクールバスの運転手に素敵な家の前で降ろしてもらうようにして、バスが行ってしまってから、その家の裏にある両親と妹が住んでいたトレーラーまで走って帰った。こういったことは、不幸なことに、彼女が友人を家に遊びに招いたことが決してなかったということを示しており、この秘密が暴かれてしまうのではないかということを恐れて生活していた。

時として、恥はそれを名付けることがとても難しい。セレストは自分のデーモンをどう位置づけてよいかわからなかったが、そこから湧き起こる不快な感情についてはわかっていた。自分の身体を探ったときに、彼女はデーモンをお腹に見つけだし、軽い吐き気という身体的体験をした。彼女はこの不快感を辿り始め、そのせいで自分は他人のご機嫌取りをしているということに気づいた。最終的に、彼女は自分の核心的な問題を恥の感覚、自分自身の身体にふさわしくなく、心地よくないものとして現れた感覚であると考えた。

これはセレストの人生において、個人としての自分の完全さを受け合ってくれるような他人の承認や愛情への欲求として現れた。彼女は自分が、拒絶や無能さや不器用さを経験するような状況に直面することを恐れていた。彼女はしばしば隠れなければいけないように感じていた。これは他人にははっきりとはわからなかった。というのも、他人は彼女のことを自信があり外向的な人と考えていたからである。

セレストの恥のデーモンはピンク色でねばねばして、喉の真ん中にあった。彼女はそれを自分自身の目の前に、サンショウウオのような形のものとして見た。それは機敏に動く抜け目のない目をしており、背骨がなく、グネグネ曲がっていた。それは彼女を混乱させ、不安にさせることを望んでいた。彼女が何が必要か尋ねると、それは自分自身の弱さを受け入れて欲しい、そうすれば愛されていると感じると言った。そこで、彼女は自分の席に戻ると、身体を溶かして愛情に満ちた受容のネクターになった。この芋虫のような生き物を育むにつれて、それはだんだんと溶けて、水たまりになった。そして、彼女はその何の障害物もない場で安らいでいた。
この核心のデーモンに辿りついて以来、セレストにとって物事は大きく変わった。不快な吐き気が起こると、彼女はそれに気づき、それほどとらわれないようになった。代わりに彼女は考えるのである。「うん、またあの恥の感覚だわ。抵抗しなくてもいいし、圧倒されることもないわ。これまでと同じようにここにいるのよ。どうしたらいいかはわかっているの」。彼女はデーモンを育み、羞恥心は収まるのであった。これらの感情はもう以前と同じようには自分を待ち伏せして襲いかかることはないということに何度も彼女は気がついた。

三十八歳の小学校の教員であるベサニーもまた、恥のデーモンを抱いていた。彼女は自分の存在そのものが恥ずかしく思えるというような極度の羞恥心に苦しんでいた。子どものころ、ボルカという名前のガチョウの赤ん坊についての本を贈られたのだが、その本では、羽を持っていないためにその家族がボルカをバカにしたり、からかったりしていたということが描かれていた。ボルカは他のガチョウたちととても違っていたので、そのことを隠すことができなかった。最終的に、ボルカの母が彼女に粗末な灰色のセーターを編んでやったので、ボルカはそんなに寒さを感じることはなかったが、決して空を飛べなかった。家族が南へ飛び去る秋になると、ボルカは草に隠れて泣きながら、セーターの中に取り残されてしまった。

家族の中で、ベサニーはボルカのように、仲間外れにされたのけ者のように感じていた。母は彼女に言った。「あんたは、できるかぎり自分を醜く見せようとしているの？」。若い女性として、彼女はいつも醜く見えるのではないかと不安だったし、自分の身体を恥ずかしく思い、他人の目に触れないようにしようとしていた。大きくなっても、どんな集団の一員であるとも感じることができなかった。

ベサニーが恥のデーモンに取り組んだとき、彼女は心臓のあたりに粗く灰色でごわごわした感覚を見つけだした。その感覚は口の閉まった麻袋のようなデーモンになり、それは彼女を覆い隠し、消してしまうことを望んでいた。デーモンは彼女に全く不満で腹を立てていた。ベサニーがデーモンに必要なものを尋ねると、呪いから解放され、もう一度自由を感じることができるようになることが必要だと言った。自由のネクターを受け取っていると、それは急に暑い日が続いて溶けつつある雪だるまのように溶け、白い鹿になった。彼女の「なかま」として、その鹿はベサニーに羞恥心の呪いから自由になるために、自分自身に思いやりをもち続けなさいと励ました。

不安のデーモン

不安とは将来、おそらく暴力や事故、突然の喪失といった悪いことが起こるのではという恐怖である。パニック発作や強迫行為、全般的な不安、さまざまな恐怖症などを含んだ、さまざまなかたちの不安がある。不安は抑うつよりもさらに人々に影響を与える。約四千万人のアメリカ人（おおよそ人口の十三パーセント）が不安障害を抱えている。ある不安障害に苦しんでいる人のほとんどは別の不安障害も抱えており、これらはしばしば抑うつや薬物乱用と併せて生じる。パニック障害はしばしば広場恐怖や閉所恐怖と関連している。不安の中には外的環境と関連しているものがあるが、しばしばいかなる特定の環境とも関連していないのである。この場合、それは内なるデーモンなのである。

抑うつのように、不安はますます一般的なものとなり、それを治療する薬物もますます遍在してきている。私たちは守りが壊れ始め、弱さが現れたときに不安を感じる。このようなことは、仕事や人間関係を失ったり、私たちの世界を揺るがすような出来事が生じたときに起こる。テロや地球温暖化の恐怖、家族や共同体、人間関係の破綻といったもののすべてが、この不安の一因となっている。

図書館の管理者である四十二歳のモニカは、既婚で子どもがいない。彼女はヨーロッパで、よく旅行をする家族の中で、芸術、音楽、文学に囲まれて育った。しかし、彼女が十五歳のとき、父親が妄想型の統合失調症の診断を受けた。何週間にもわたり精神病院に父親に付き添うために母親は家を離れ、モニカとその妹は二人きりだった。

父親の妄想は、モニカの母親が不貞を働いているのではないかということに焦点が当てられていた。母親は彼のことを怖がるようになり、三年後に離婚した。モニカは母親と一緒に暮らしていたが、十九歳のときに最初のてんかん発作が起こった。二十歳のときに母の家を離れて、図書館学の学位を取得した。二十二歳のときには父親が自殺した。モニカは仕事を続けたが、週末にはお酒を飲んで、行きずりのセックスをするようになった。また、タバコの火で自分の身体を焼くということを始めた。三十五歳のときに、ヨーガの実践と瞑想を始め、破壊的な振る舞いは止んだが、依然としてかなりの不安や不信を経験していた。このようなときに、彼女は週末に行われているデーモンを育む実践に出席した。

モニカは胸のあたりに不安のデーモンを抱えており、そこにはブロックの壁のように固く閉ざされた感情があった。エネルギーはガラスの破片のように固く、冷たく、灰色であった。それを人の形にしてみると、彼女は目の前に、性別不詳の小さく暗い人間の姿を見た。それは髪が黒く、冷たく鱗で覆われていて、無力で懇願するような眼をしていた。

デーモンはモニカを壊してしまいたいと思っていたが、本当に必要なのは温かさなのだと言った。そして、もし温かさを感じることができるなら、愛を感じるだろうと言った。モニカが身体を愛のネクターにすると、デーモンは明るく、友好的で、陽気で、愛すべき存在になった。そして、それは真珠のような輝きの、形のない光となった。モニカが「なかま」に出てくるようにお願いすると、それは長い銀髪をして森の中に座っている女性のまじない師として現れた。この女性はモニカを守り、不安を感じたときに頼れるような存在になることを約束した。

困難に困難が積み重なったように出来事が感じられる場合、不安は私たちを圧倒するものとなりうる。ポールは職を失ったとき、既に不安とコントロールの問題に苦しんでいた。最近になって離婚をし、新しい仕事を探すのと同時に、子どもたちの世話をする時間を確保しなくてはならなかった。出費がかさみ、彼は家を売らなければならないかもしれないと考えた。人生はコントロールが利かないように彼は感じていた。チューの修行の間に彼はデーモンを育む実践について学び、自分自身の不安に対してそれを用いてみることを決めた。

最初のステップで身体の中を探ったとき、ポールはちょうど肩の真ん中あたりのうなじに不安を見いだした。それは電線のようにびくびくして電気を帯びているように感じられた。それは氷のように冷たく、彼を震えさせた。それは困惑させるような光を発し、ちょうど胴体に頭が乗っている場所が切り離されてしまっているような感覚を与えた。彼がデーモンを身体から取り出して、人の形にしたとき、それは荒々しく回転している中心とすべてつながった剣やカミソリ、ナイフ、機械類の刃といった金属の刃がうねるように動くかたまりであった。顔はなかった。ポールがデーモンに必要なものを尋ねると、「監禁からの解放と息をするのにもっと空気がほしい」とデーモンは言った。もし空気をもっと吸えたら、デーモンはリラックスできるだろうということであった。

ポールがデーモンに安らぎを与えると、デーモンの刃は溶けてなくなり、細かく鋲を打たれた多くの板からできた小さな鉄の球にゆっくりとなった。それは依然として光っていたが、ギラギラと反射する表面は美しく明るい輝きに変わっていた。それはのびのびとポールの前で跳ね回り、彼は体全体に安心感を覚えた。肩の間には新しい暖かさと堅実さの感覚があった。デーモンは彼の身体に戻ろうとはせず、彼の前で跳ね回り続けた。それは彼をリラックスさせようとする「なかま」になった。

まがいもののデーモン

五十九歳の作家であるカーラが子どもだったころ、彼女の母親は、見かけの上でも自分自身の心の平穏においても、誰もがいっしょに幸せであることを望んでいた。しかしながら、不幸なことに、両親はきょうだいのあいだの競争心をうまく扱えず、カーラと兄と妹はいつもけんかをしていた。カーラが大人になってから家族の集まりに出るときは、その三人の兄弟は母のために家族が仲のよいふりをした。カーラがこれらの催しに行くと、まるですべてのことがこの上なくうまくいっているというように振る舞えという無言のメッセージにとらわれて、しばしば偽善者のように最後には感じてしまうのであった。兄にそのことを話したが、少しの時間だけ「見せかける」ことがなぜそんなに彼女にとって不快であるのか彼は理解できなかった。それから、彼女は自分の不快感は根拠のないものであり、このような強い反応をすべきではないと感じ、ますます悪く感じるようになった。このような催しには参加し続けていたが、毎度、自分自身を欺いているような感じになった。家族の集まりで深い孤独を経験し、夜には泣きながら寝入っていた。自分がいつも持ち続けるように求められているのは、まがいものであると彼女は気づいていた。

このデーモンは、嗜癖や抑うつのように大きなものではないので扱うのは難しかったが、カーラに重くのしかかり、彼女は家族の集まりを恐れるようになってしまった。彼女はこのデーモンを育むことに決めた。カーラの胸の冷たく青みがかった感覚は、青みがかったこぶで覆われた肌をした魔女のような姿で現れた。デーモンはカーラを指差し、とがめるように彼女を見ていた。

その魔女はカーラに自分は純粋さを必要としていて、それが得られるならば自由に感じるだろうと言った。自由が与えられると、魔女はワイルドで力強い少女の姿になった。この少女は「なかま」として、自分自身を欺くことからカーラを守り、彼女がノーと言う手助けをすると言った。このなかまが彼女の中に吸収されると、カーラは力強く感じ、次の機会に妹と話すときに、次の家族の集まりには行かないと言ったのだった。それは怖いことでもあったが、自分自身を解放するものでもあった。それ以来、カーラはどの家族の集まりに出るか慎重に選び、単にそう思われているから行かなければならないと感じなくなった。

カレンは三十八歳の心理療法家で、彼女が「サンシャイン・デーモン」と呼ぶ、先の例とよく似たデーモンを抱えていた。彼女が四歳のときに、母親は父親からの暴力に従わないと決めて、両親は離婚した。離婚後、カレンは母親にとっての太陽のような子どもとなった。母親の人生で彼女が唯一の喜びの源であった。父親の代わりに、カレンは非常に現実的になり、物を修理することを覚え、何の恐怖も抱いていないようであった。彼女が自分自身の暗黒面を探っていくことができたのは、成長して母親のもとを離れてからにすぎなかった。

子どもの頃、カレンはよい生徒で、たいていはクラスで一番優秀で、あらゆるスポーツに優れていた。母親とその親類は皆、彼女のことをとても誇りに思っていた。彼女は扁桃腺を患い、数週間の間入院しなければならなくなった。この静養の間、家族から多くの愛情や世話、プレゼントを彼女は受けた。その後、注意をひき、目標の達成を中断するために病気になるというパターンを彼女はつくりあげていった。大人になって、カレンは依然としてなすことすべてで他人に勝ろうとし、かなり仕事のできる専門家となったが、プレッシャーのもとではいつも体調を崩していた。

このデーモンとの五つのステップの実践は、カレンがある朝起きて喉に痛みを感じたときに始まった。そのとき彼女は新しい訓練課程にあって、プロジェクトを遂行するというプレッシャーのもとにあった。自分のデーモンは、いつも同じようにやってくるということを彼女は知っていた。頭痛と喉の痛みの後に、喉がムズムズするのであった。彼女が仕事をすることへのプレッシャーを感じているが、本当は愛情を必要としているときにそれは起こるのであった。

喉に注意するとすぐに、カレンの緊張はなくなり、心臓にある暖かく開かれた感情にとって代わられた。彼女は続けて、二番目のステップでその感覚に形を与えると、笑顔の太陽の頭をした、子どもの落書きのような漫画のキャラクターを見いだした。そのデーモンはとても激しく笑っていたので、彼女はその目を見ることができず、また、わざと踊りまわって目線を合わせるのを避けようとしていた。それはとても楽しそうで、彼女は見て笑った。

彼女が場所を移り、その楽しげなデーモンの中に入ってみて、太陽の表情の後に途方もない悲しみを感じたことに気づきカレンは驚いた。太陽のデーモンは、自分のことを見て、自分の外見でなく、自分のありのままの姿で愛してほしいと言った。カレンはデーモンの席に座ると、泣き出してしまった。もとの席に戻ったときも彼女は泣き続けていていた。というのも、すべてがうまくいっていることを装う、深くしみこんだパターンに気づいたからであった。

彼女が愛と受容を与えると、太陽のデーモンは、金髪でおさげにリボンをした、とてもかわいらしい四歳の少女になった。しかし、彼女は「なかま」ではなかった。仲間は炎に囲まれた恐ろしげな女性のヨーガ行者として現れた。そして、心臓の温かい感覚が体全体に広がっていくのを感じた。喉の痛みと頭痛は消え去ってしまった。この経験から、家族のために背負ってきた重荷と、自分がそれから逃れるために病気をどんなふうに利用していたかということに彼女は気づいた。今では、喉にムズムズを感じると、調子が悪くなるのではなく、デーモンを育むようになった。可能であるときは、彼女は友人とそれを行う。そうでないときは五つのステップを一人でやるのである。

内的なデーモンを育むと、永遠に自分とともにあると考えているような問題が収まり、なくなっていくことに気づくだろう。時に、これは突然に生じ、またある時には、五つのステップの実践を一定期間行うことを必要とする。私自身の経験では、自暴自棄のデーモンがもう生じてこないということに気づくまでに、一カ月間取り組まなければならなかった。時に、依然としてその状態に後戻りしてしまうこともあったが、それはほとんどなくなってしまっている。再びそれが起こっても、私はどうしたらよいか今ではわかっている。

内的なデーモンは、私たちの思考や記憶において大きくなっていくが、それらを自由にすることができるようになるにつれて、波が海に引いていくように消えてしまう。こころの真の姿は、五つのステップでこれらのデーモンを育んだ後には、非常に徐々にではあるが、明確でわかりやすいものとなる。そして、精神を海のように広大なその本質のうちに落ち着かせることができるようになるのである。精神のデーモンは、自分自身あるいは他人を傷つけるといった有害な行動に私たちを導くことがあるので、それを意識しておくことは大切である。外的な敵よりも自らの内的なデーモンに苦しんだグリーン・ベレー隊員たちのように、私たちのほとんどは、外側から自分たちを苦しめるものよりも、自分自身の内側から沸きあがってくるものにより苦しんでいるのである。

第16章　うぬぼれのデーモン

思うに、人間の影とはうぬぼれである。

――F・ニーチェ

うぬぼれのデーモン、マチクによるデーモンの三番目のカテゴリーは二つの側面を持っている。ひとつには世俗的な名声への執着、いまひとつには、精神的な道を究めることから生じる慢心である。うぬぼれのデーモンは、より明らかに否定的な内的、あるいは外的なデーモンとまさに同じくらい破壊的であるということを理解することは重要である。それらは心地よい経験と結びついているために、より認めることが難しいものである。これまで見てきたように、マチクによって示された四つのデーモンのそれぞれによって、私たちは自分自身の精神の深みに至るのである。それぞれのカテゴリーは最後の四番目のものよりも些細なものであり、うぬぼれのデーモンというこの三番目のデーモンは実際、とらえ難いものである。

それがドラッグ、アルコール、あるいは食事やセックス、旅行など別の慰みから得られるものであれ、私たちはいつも究極の快楽をもたらすような経験を探し求めている。皮肉なことに、直感的な悟りを得ることを望むということはそれ自体、精神的な道の妨げとなるもののひとつなのである。ニューヨークの小さな劇場で行われた、故スポルディング・グレイ、彼はニューヨークのウスターグループ劇団の共同創設者のひとりであったのだが、その独白劇を観に行ったときのことを私は覚えている。旅のすべての道のりを、悟りをひらく一瞬のために費やしたというアジアへの旅について彼は語っていた。だが、その悟りとは彼にとってはずっと得られないものであったのだ。彼の語りを聞きながら、このような完全な瞬間を望むことが、神やデーモンを出現させ、どれほど私たちを駆り立てるのかということに私は気づいたのであった。

世俗的なうぬぼれのデーモン

世俗的なうぬぼれのデーモンは、成功、仕事、家族あるいは所有物にまつわる思いあがったプライドと関係している。身につけているもの、家、容姿、車、財産などについて得意になっていたときのことを思い出してほしい。このデーモンはまた、敬意を払われ、他者に対して権限を持ちうるようないかなる職業とも関連している。このデーモンについて考えるとき、文字通り風船のように増長している人のことを私はイメージする。社員の生活に対して権限を持っている上司は、仕事からもたらされる称賛や地位によって増長し、うぬぼれのデーモンを生み出しうる。お金持ちになることや、有名になることは、どちらの場合も、自分が重要であるという考えや、特別な扱いを受けるに値するという考えをますます持つように私たちを導き、うぬぼれが生じる。あるいは、これらのデーモンは、自分の子どもたちや専門的能力に対しての、もっと些細なプライドからも生じうるものである。

医者である友人のクリスティーンとこのデーモンについて話していたとき、彼女は言った。「あぁ、インターンシップのときにこのデーモンが現れたことがあったわ。インターン研修医を教育していたドクターはそれを『危険な時』と呼んでいたの。というのも、研修医は自分の診断を過信して、傲慢になるからなのよ」

ハーバード・メディカル・スクールを卒業した聡明な放射線学の研修医、ジョディについてクリスティーンは話してくれた。彼女はX線写真を読む能力に自信を持っていたので、あるとき二つの見慣れないX線を見たときも、すぐに結論に飛びついた。だが、スーパーバイザーのドクターといっしょにそのX線写真を見直したときに、彼女がいくつかの重要な手掛かりを見逃しており、結果として全く間違った診断をつけてしまっているということを彼は指摘したのだった。そのことを思い出して、過度の自信という感覚は、自分が無視していた危険信号であったということにジョディは気がついた。

精神的なうぬぼれのデーモン

うぬぼれのデーモンについて論じる中で、マチクは精神的なうぬぼれのデーモンについて強調しているが、それは精神的な探求に伴って生じる地位や吉兆に私たちが引きつけられてしまうときに生じるのである。世俗的なうぬぼれのデーモンのように、これらのデーモンはポジティブな経験と関連しているために、狡猾なものだと考えられている。精神的なうぬぼれのデーモンのために、私たちは自分自身のために他者を操り、精神的な権威を誤って用いてしまう。

不安定で、万人が魂を探し求めている現代において、伝道師やグルにとっては、カルトをつくりあげたり、他者をマインドコントロールするために自分の立場を利用するという機会は非常に多い。精神的な師や指導者であるならば、その精神性に感銘を受けた弟子や信者からの称賛によって、優位な立場を占めることになるだろう。多くのお金や地位が寄進されるかもしれない。こうなることで、謙虚さは失われ、自我肥大が生じてしまうのである。

精神的なうぬぼれのデーモンの最も極端な例は、合衆国からギアナに移りカルトをつくりあげたアメリカ人、ジム・ジョーンズであった。ジョーンズは自分自身をキリストとレーニンの生れ変りだと考えていた。一九七八年に、合衆国の下院議員が人権侵害の疑いを調査するためにその教団を訪れると、ジョーンズは議員と調査団のメンバーの殺害を命じ、その後に、九百人以上の信者が死ぬことになった集団自殺を強行したのであった。

このような自我肥大という精神的なデーモンは、希望と恐怖によって人々を操ることに長けているカルトのリーダーの内で強力なものとなる。教師や牧師がこのデーモンにとらわれているかどうかを判別するひとつの方法は、彼らが自分たちや自分たちの使命を善とし、その他のものを悪であるとか、堕落しているといったように説明する方法に注目し、判断することである。これらのリーダーはしばしばセクト主義者でパラノイドであり、信者を「外」の世界と関係を持たないようにし、自分自身だけが信者の価値を判断できると主張する。また、使命を遂行するためには、暴力も正当化されうると彼らは信じている。

このようなことは精神的なプライドや自分が精神的に完全に悟っていると他人に思わせたいという欲望のかたちをとって、やや控えめながらも、人生においてあらわれる。時として、長い間修行をすると、自分は最終的には悟りを開いたというふうに皆に思われたいと感じる。もし、まわりの人々がこういった考えを抱いたなら、私たちは共犯関係に陥り、彼らに道を誤らせてしまう危険がある。自分自身の内にあるこれらの傾向に注意し、純粋に自分自身の師との関係を続けて、勤勉に実践を続けるということが重要なのである。

権力を誤って用いる精神的な指導者によって示される危険に気づくことは大切だが、多くの信頼のおける師は、うぬぼれのデーモンにとらわれてはいないということを覚えておくこともまた役立つことである。しばしば、偉大な師は最も謙虚で虚飾がない。例えば、ダライ・ラマはチベットの民には生仏と考えられており、このデーモンにとらわれる危険にあるに違いないのだが、彼は謙虚で皆に憐れみ深い。

もし、自分自身のことを重要な人物であると思いこんでしまっていたり、自分たちと異なっていると思う人々を間違っているとレッテルと貼り始めていることに気づいたなら、それはうぬぼれのデーモンが働いているということである。もしこのデーモンにとらわれたならば、自分自身の動機や行動を吟味することをやめてしまう。私たちの振る舞いは、ずさんで不注意なものになってしまうだろう。このようなデーモンが現れたなら、私たちはそれに気づくことができずに、圧倒されてしまうのである。

うぬぼれのデーモンにとらわれないようにするひとつの方法は、前もって戒めとしておくことである。その伝記が、拙著『智慧の女たち』に収められている二十世紀の偉大なヨーガ行者、アユ・カンドロは、遊牧民が助けを求めてやってきたときに、修行中の身であった。伝記で彼女はこう述べている。「晩秋に、遊牧民の家畜の間で伝染病が発生した。何とかするように頼まれたので、私はチューの行によって事態に取り組んだ。伝染病は止み、皆が私のことを偉大な実践者だと言い始めた。私のことを皆が称え始めるにつれて、こういったことはデーモンによる妨害であるとトゥリウルツィ・リンポチェが言っていたことを思い出して、私は当惑した。ゆえに、私はより厳しい修行に入った」。彼女はうぬぼれのデーモンに関して戒めを受けていて、その潜在性に気づいていたので、このように自分自身を守ったのであった。

より最近では、デーモンは教師や牧師に現れることがある。クリスはイーストコースト・カレッジの西洋宗教の有名な教授で、最新の知見を取り入れた講義を行うことで知られていた。レクチャーのひとつで、私がうぬぼれのデーモンについて話したとき、彼の心の中で警鐘が鳴った。彼は引き続いて修行に参加し、自分がこのデーモンを抱いているように感じたと告白した。彼は有名教授としての自分の地位をみだりに使ってはいなかったが、学生を監督することを楽しんでいる傾向が自分にあると気づいていた。彼は修行においてデーモンを育み、後に以下のような手紙を私に書き送っている。「このデーモンを認めることはとても難しかったが、このデーモンについて知ることは、学生からの尊敬を悪用しないようにするのに役立つと感じている」。

アユ・カンドロは、このデーモンによってもたらされる危険を認めつつ、ひとつの伝統的な対処法を用いている。それは厳しい修行に入ることである。というのも、厳しい修行においては、誰も称賛を与えないからである！　私たちが皆、このようなことをする余裕はないので、うぬぼれのデーモンの潜在的な落とし穴に気づいておくということが賢明であろう。しかし、称賛を受けるということだけが、必ずしもこのデーモンにとらえられていることの証ではない。尊敬を受けていても、称賛とは空虚なエコーのようなものだということに気づいているなら、うぬぼれのデーモンにとらえられているわけではない。だが、学生や同僚にほめられたり、多くの取り巻き達に魅力を感じるならば、その支配下に陥る危険がある。

聖職者、教師、牧師、ヨーガの師、グル、シーク、ラビ、あるいはいかなる宗教の指導者も、神聖なものや悟りを開いた者と結び付けて考えられてしまうという危険を冒しうる。そして、そのようなことは、彼らに特別な力や他者に対する影響力を与えるのである。神聖なものの世俗における代理人や仲介者としてのこの地位は、うぬぼれのデーモンに自らを導く。伝統的な仏教の師がうぬぼれのデーモンについて教えるときには、常に精神的な求道者にとっての危険を強調していた。

このデーモンについて別の興味深い点は、それが内面的にはどのように現れるかということである。内的なレベルでは、精神的な夢、ヴィジョン、瞑想の経験、精神的な力などへの執着からくる精神的なプライドとして現れうる。特別な夢を見れば、聞いてくれる人皆にそのことを自慢して回るだろうし、あるいは、特に素晴らしい瞑想ができたなら、「やった、このことを友達に話さなくっちゃ。こんなことが起こるなんて、かなり修行が進んでいるに違いない」と考えるだろう。このような体験に執着するなら、瞑想のプロセスは妨げられ、その恩恵は堕落したものになるだろう。チベットの伝統では、この種のデーモンに対する予防手段のひとつに、精神的な経験を師とだけ共有するという方法がある。このような経験は心躍るものであるだろうが、心にしまっておくということは大切なことなのである。

例えば、タマラは洞窟の中で光の輪に囲まれて、イニシエーションを受けているという驚くべき夢を見た。その後に、彼女はそれを聞いてくれる人であれば誰に対しても、その夢について話したが、そうするにしたがって、その夢はいかに自分が精神的な高みに至った人間であるか示していると信じ、うぬぼれやプライドを抱くようになった。熱心に精神的な道の探求の実践を続ける代わりに、これは自分が目標に達した証であると彼女は確信し、精神的な実践への取り組みをやめかけたのであった。徐々に、彼女は邪念にとらわれて、自分自身の道の探求を真に進める機会を失ってしまった。

精神的な悟りを経験するためにドラッグを用いることによってもまた、うぬぼれのデーモンにとらわれてしまう。ホイットニーは大学で幻覚剤について耳にして、それが自分を究極の体験に導くという期待をもって幻覚剤を使い始めた。実際に、精神的解放の経験を何度か体験したが、いつも元に戻ってしまい、その究極の経験を再び得ようとして、「幻覚体験」に頼る必要があった。自分の人生を大きく変えるような洞察を決して得ることができず、天国への扉に戻る方法を探しながら、彼女はかつて到達した境地に再び戻ろうとし続けた。だんだんと、自分には正しい道を深めていくこと、薬物によって悟りを得ようとするのをやめることが必要であると気づいた。そこで、彼女はヨーガの実践を始め、ゆっくりと自分の体を整え、最終的に瞑想の修行に通い始めた。デーモンを育む教えに彼女はやってきて、うぬぼれのデーモンについて耳にしたとき、自分のドラッグ体験におけるそのデーモンの役割を理解した。

うぬぼれのデーモンは精神的な状況、世俗的な状況のどちらにも関連し、傲慢さ、過信、権力の乱用、執着、自我肥大というかたちで現れて、私たちに警告するのである。精神的な求道を行うものは皆、このような瞬間がきて、それが道の深みに至ろうとするためのまさに好機なのであるということを知っておかねばならない。うぬぼれのデーモンにとらわれるようになることとは、パリへの標識を見て、自分がパリに到着したと思いこむようなことである。精神的な経験とデーモンは、正しい道に進んでいるということの指標ではあるが、それは決してその終着点を意味しているのではない。精神的な求道を行っているものにとって、うぬぼれのデーモンは、それがいかなるかたちをとろうとも、マーラーがブッダを誘惑しようとしたときに、ブッダが反応したように、意識しておかねばならないものだし、それに対して身を守らねばならないものである。

同時に、世俗的な成功のプライドやうぬぼれに注意する必要がある。というのも、それらは、他者を虐待したり、私たちの本当の価値がわからなくなる原因となるからである。

第17章　自我中心性のデーモン

四匹のデーモンの軍団はあなたを傷つけない、
主観対客観という考えを抱かなければ、
あなたに害をなすデーモンはいないのである。

――ミラレパ

チベットの偉大なヨーガ行者であるミラレパは、長きにわたる修行を行いながら洞窟に住んでいたのだが、あるとき、デーモンらはその悟りを試すことにしたのであった。そのデーモンは他のデーモンの協力を取り付け、ある真夜中、全力でミラレパを攻撃した。最初、ミラレパは恐れをなし、自分のグル、神々、守護者に助けを求めた。デーモンは彼が悟りに至っていないことが明らかになったと思ったので、この反応に喜んだ。そして、デーモンたちは攻撃の手を更に強めたのであった。

突然、ミラレパは自分の師、マルパから受けた精神の本質についての教え、自己と現象につきものである空虚についての教えを思い出した。つまり、デーモンたちの力は、ただ自我への執着に依っているということを思い出したのであった。このことを思い出すや否や、彼はすっかり態度を改め、マチクがナーガの攻撃に対して行ったのと同じように、デーモンたちに自分の身体を差し出した。突如として、デーモンとその仲間は態度を改め、彼と彼の信者を守ることを誓ったのであった。また、そのデーモンは、精神が気のままに動くときはいつでも、精神の本質について思いを巡らせ、自我への執着にとらわれないようにせねばならないとミラレパに忠告した。彼を不安にさせたのは自我への執着であり、だからこそ、自我への執着のデーモンを理解することは、デーモンの本質を真に理解するために不可欠であるとこのデーモンはミラレパに教えたのであった。

自我中心性のデーモンと出会うことで、我々はついにあらゆるデーモンの中で最も深く重要なものに辿り着く。マチクの四つのデーモンのカテゴリーについて最初に耳にしたとき、それが間違った順序にある、つまり、自我中心性のデーモンは最後ではなくて、最初に来るべきなのではないかと私には思えた。だが、この四番目のデーモンを理解できるようになるのは、他の三つのデーモンについて理解するプロセスを通じてであるということに私は気づいた。

本章の議論においては、自我中心性のデーモンだけを扱った例はないということに気がつくだろう。というのも、それは実際、他のものと独立したデーモンではないからである。それは他の三つのタイプのデーモンの根源であり、内なるデーモン、外なるデーモン、うぬぼれのデーモンのすべては、現在働いている自我中心性のデーモンのあらわれとして、そのような働きを実質的にはしているのである。

自我中心性のデーモンを文字通りに言い換えると、それは傲慢のデーモンなのである。これは自我中心性というものを説明するにはうってつけの方法である。というのも、それは自分が中心にいるという感覚、つまり、自分自身が宇宙の中心であり、すべての物事が自分自身の方を向いているという感覚を表しているからである。自我が欲しているものとは、世俗の八つのダルマ（訳注　サンスクリット語、秩序、正義、義務、美徳など様々な意味を持つ語であり、仏教では法と訳されることが多い）として知られているものの中にはっきりと述べられている。

望むものを得て、望まぬものは得ない
すぐ手に入る幸福を望み、不幸を望まない
名声を欲し、無名を望まない
称賛を欲し、非難を望まない

自我に執着することで、精神はあらゆる感情の浮き沈みに悩まされるようになり、思考は行き詰まり、そこから生じる振る舞いによってカルマ（訳注　業〔ごう〕、自業自得という言葉が示すように、そこから生じる帰結を自ら引き受けることになる自らの行為やその因果の道理）が生み出される。真に根本的な問題は、私たちが外的現実と考えているものが、どれほど私たち自身の投影であるかということに気づかず、自己対他者という考えに執着することである。簡単に言うとこういうことである。自我中心性があるところには、デーモンと神がいるのである。自我中心性がなければ、デーモンも神も存在しない。批判によってイライラさせられ、称賛によってうぬぼれる、物質的な財を貯めることを望み、財や所有物、地位を失うと混乱してしまうというように、私たちは自分自身の反動に、自我のデーモンを見いだすことができるのである。

私たちはこのことを、二歳児が、お互いに容赦なく頭をたたき合いながら、おもちゃをつかみ、「ぼくのだ！」と声を限りに叫ぶありさまに最も鮮明に見いだすかもしれない。自分自身への、あるいは、自分たちが欲したり、欲しないものへの執着を修正することを私たちは学ぶが、この同じような「私、私、私」という主張は、時には巧妙に隠されたかたちで、また別のときにはあからさまに、依然として私たちに生じるものである。精神的な求道とは、広い思いやりに開かれ、あらゆる存在にそれを与えながら、「私」や「私のもの」への執着を解放する道のりなのである。そうすることで、自我の自分自身に対する執着を超えることができるのである。

自我中心性のデーモンは何が原因なのか？　なぜ、私たちは皆、自分たちがそうなれると考えるような慈悲深い存在ではないのだろうか？　ボブ・ディランはある曲でこう歌っている。「ここで何かが起こっているんだけどあんたには何かわからない。そうだろう？　ジョーンズさんよ」。自我中心性のデーモンの根本にあって、理解されていないのは、何かが起こっているというまさにこの感覚である。だが、このわからないという感覚はどこからやってくるのか。仏教においては、それは根本分割と呼ばれている。この分割は自分自身とそれ以外の世界、「私」と「他」の間の分割である。私たちの真の本質の広大さが非常に広くて、豊かで、私たちがその中を探求し、享楽したいと欲するときに、それは生じる。自我の形成についてのひとつの説明は、私たちの意識は広大さのなかで踊り始めると、すぐに私たちは激しく踊るようになり、その空間との関係を見失ってしまい、「私」という体験にとらわれるようになるということである。この「私」がそれ自身を独立した確固としたものとして体験し始めると、意識の無限の織りなしも確固としたもののように感じられ始める。このように私たちは、二元性に固着された状態と自我を形成する。私たちの広大で果てしない真の本質についての認識の欠如は、否認や無知と呼ばれている。

この分離の状態において、本質についての認識の喪失が生じる。これはある種の空虚な状態で、これに引き続いて、懸念が生じ、「そこで何かが起こっているんだけどあんたにはわからない」という感覚が起こる。そうすると今度は、不安に対処するという自我の状態を引き起こす。私たちは自分自身を確固としたものとしてつくりあげてしまっており、ひとたびこのような懸念にとらわれてしまったならば、開け（訳注　開け：閉ざされていないこと、開放されていること、つまり悟りや気づきの境地におけるとらわれのない状態のこと）の根源的で根本的な状態を経験することができない。私たちは自分自身がこのようなとらわれの経験を刻々とつくりあげているということに気づかないし、むしろ、それらは外側から来るものだと考える。

これはどのようなかたちで毎日の経験に見いだされるのだろうか。例えば、私たちに向かって走ってくる犬のような対象を最初に知覚するとき、私たちは開かれた、概念にとらわれない方法でそれを見る。そこに、自我が飛び込んでくると、私たちはただちに知覚に何かを付け加え始める。おそらく、パニックになり、その犬は自分を攻撃しようとしていると考えるのである。犬が飛びかかってきて、汚れてしまうと考え、回避しようとするかもしれない。あるいは、犬を呼び寄せて、なつかせようとするかもしれない。自我が反応すると広大さは消え去ってしまう。これが自我中心性のデーモンの働きなのである。私たちは互いに、他のあらゆるものから独立していると感じる。何かがおかしいと感じ、その感覚を表そうとするが、単により不安を増大させるような方法でそうしようとしてしまうのである。私たち自身をありのままにただ表すのではなく、あらゆる人々や経験を判断し、分類してしまうのである。

私たちの根源的な無限との関係を表すものとして、大海原で泳ぐというメタファーを取り上げてみよう。私たちは海といろいろな関係を持ちうる。パニックに陥って海から抜け出そうともがくこともあるし、海を商いのために巧みに用いることもある。あるいは、海でリラックスして遊ぶこともできる。海は広く限りがない、それゆえ、用心深くなるかもしれない。だが、海との分割の感覚を緩めて、海の中で安らぐことができるならば、いつもそこにある海の広大さを見つけるだろう。そうなると、いともたやすく、そして、安らいで海に浮かぶことができるし、あらゆる不安は消え去ってしまう。これが自我からの解放なのである。この境地に達するための瞑想の実践は数多くあり、デーモンを育むということはそのうちのひとつなのである。

不幸にも、不安への対処法は、かの広大さと私たちは根本的には結びついているということに気づくことからたいてい私たちを遠ざけてしまう。私たちはもがき、それを信頼しないのである。自我は渇望、攻撃性、錯覚を戦略として発展させる。これらの間違ったアプローチは、デーモンとして現れるが、それらのリーダーは自我中心性のデーモンなのである。自我中心性のデーモンが戦略指揮官で、他のデーモンはその個々の戦略なのである。

自己対他者という原則に基づいて、自我は設立されて機能するために、自我はあらゆるものを二元論的にとらえ、そのため私たちは自分自身を独立したものとして保とうと、常にもがき続けるのである。快でさえも緊張でいっぱいになってしまう。自我は絶えず用心することを必要とし、完全なコントロールという自我の仕事は不可能であるがために、いつも事態は手に負えないという感覚を私たちは抱く。瞑想するとき、私たちは自我の支配を解放することを学んでいるのである。

ナーガの軍団にマチクが攻撃されたとき、彼女は気づきの状態に、つまり、深い瞑想状態に身を置きながら木の上にいた。自我のお決まりの作戦、恐怖を感じながら攻撃をしかえすという作戦を用いるのではなく、代わりに彼女は瞑想状態を続けて、自分の身体を食物として差し出すことによって、自我を弱体化させたのであった。この状態において、ナーガが掴みかかれるようなものは何もなかった。ある意味で、攻撃する相手が誰もいなかったのである。これに気づき、ナーガは降参し、彼女を守ることを誓って仲間になった。このストーリーを象徴的に見るならば、ナーガは無意識から生じるマチク自身の精神のうちにある力なのである。だが、彼女はこれらのデーモンと相対しないことを選び、代わりにそれらを育むことを試みたのである。そうすることで、彼女は自分自身を解放し、以前よりもさらに悟りに近づいたのである。

私たちが見てきたデーモンは、根本的には、開けた気づきの状態を行き詰まらせる思考のプロセスであり、自我への執着というこのデーモンから生じたものである。デーモンを育むという実践は、これらすべてのデーモンを解放し、そこにとらわれているエネルギーをポジティブなエネルギー、これは私たちが「なかま」と呼んでいるものであるが、そのようなエネルギーに変えようとすることなのである。デーモンと「なかま」という、これらのエネルギーはすべて、私たちの内から発するものである。五番目のステップで、デーモンを育み、「なかま」を見つけた後で安らぎ、リラックスしているとき、私たちは根本にいるデーモン、自我中心性を解放しているのである。

私たちのほとんどは、意識の広大さが今現在も現れているにもかかわらず、つまり、まさにこの文章を読んでいるときに考えていることの背後にあるにもかかわらず、それに気づいていない。というのも、自我によってつくりだされたドラマによって非常に不明瞭にされてしまっているからである。精神的な道は、この空間をかすかに示しながら、徐々にそれを明らかにしていくが、私たちが完全に気づきを得るまでは、その経験は安定したものとはならない。

あるチベットの師がかつて、ある役立つ例を通してこのことを私に説明してくれた。それは早朝のことで、ネパールにある彼の僧院の最上階で私たちは座ってお茶を飲んでいた。金色のカーテンを通して太陽が輝いていた。「精神の根本的な広大さと悟りがもたらすものが同じだということはどういうことなのですか」と私は尋ねた。

彼は茶器を持ち上げて言った。「これこそが精神の根本的な広大さ、あるいは、存在の基として知られているものなのですよ」

そして、彼は一切れの紙を取り、茶器を覆った。「この紙は存在の基への気づきの喪失、そして、この喪失から起こる自我の混乱を表しているのです」。そして、紙を指してこう言った。「我々の生のドラマは、その下に存在の基を隠して、この紙の上で展開するのです。存在の基はまさにそこにあるのですが、我々はそれに気づかないのです。なので、我々は不安を覚え、渇望し、何かを避けようとし、困惑しながらその不安を解消しようとさまようのです。しかし、もちろんこれはうまくいかない。というのも、こういったことは存在の基からますます我々を遠ざけ、幾度の生を繰り返すなかで、ますますからめとられてしまうからなのです」

それから、彼は紙を引っ張り、ゆっくりと茶器を見えるようにした。「これが精神的な求道です。だんだんと我々は存在の基を体験します。最初はほんの少しで、それからだんだんとです」。紙を完全に茶器から除けた。「これが完全な気づき、あるいは悟り、究極の目標です」。そして、覆われていない、そのままの茶器を私に差し出した。「ご覧なさい、我々の真の本質の広大さと完全な気づきが我々にもたらすものは同じなのですよ。存在の基はいつもそこにありますが、それはまだ気づかれていないのです」

あらゆる生き物は、最も小さなハエから最も複雑な人間存在に至るまで、混乱に迷い込み、自分自身の錯覚を生きている。二元論的な分割の後、自我はあらゆる状況が脅威的か、自らを高めるものであるか、中立的であるか吟味しつつ、その回し者をまわりに送り込む一種の中央司令部としてかたちをなす。自我はその縄張りを広げ、自分自身を力、対象、称賛、名声によって高めることを望む。それは批判、攻撃性、当惑を恐れ、自分自身を守ろうとする。欲望や回避、当惑の最初の原初的な次元は、あるものが別のものを導くように、反応の複雑な網に発展するが、そのすべては私たちの根本的な不安状態を解消しようとする無駄な努力なのである。

自我の振る舞いは反応の連鎖を生み出す。その大筋や脇筋は自我の基本戦略から発展し、すべては織糸のこんがらがった塊と同じくらいに込み入ったものとなる。自分の人生、家族、現在の恋人、過去の恋人やパートナー、上司や部下、子どもたち、ペットなどとのあらゆる関係について考え、自我がどのようにこれらの関係において働いているのかを考えるなら、このデーモンを感じ取り、それがどのように外的なデーモン、精神のデーモン、うぬぼれのデーモンを生み出しているかがわかるだろう。

自分の縄張りをコントロールし、脅威から守らねばならないと自我は信じているが、これは決して我々の根本的不安を解決しないのである。ドラマの複雑さは時として、我々を圧倒するものとなる。時には、それは退屈なものであり、また刺激的なものであるし、抑うつ的なものでも、恐ろしいものでもある。それは我々の原初的な不安と自我の戦略のために展開している感情のジェットコースターなのである。

自我はそれ自身を守らねばならないという信念は、デーモンと戦うことでなく、デーモンを育むことによって弱めることができる。マチクとミラレパは、ナーガが攻撃したときに自分たちの縄張りを守ることによって自我の利益になることはしなかった。自らの身体を差し出すことで、彼らは二元論的な分割を解消し、デーモンを「なかま」にして、自我のドラマから自らを解放したのであった。自我中心性という執着的なデーモンが消えていくにつれて、二元論にとらわれない経験が生じてくる。これはたいてい長く困難なプロセスである。自我は自らの消滅を恐れ、狡猾にその発覚を避けようとする。私たちのデーモンは自我の働き蜂なのである。

私たちの精神的な求道が進展するにつれて、自我のデーモンの攻撃は激しさを増す。自我が消滅を恐れていると、障害や試練がますます起こる。ブッダが悟りを開いた夜、彼の生における自我を表しているマーラは、道を外させ、誘惑や攻撃、怠惰によって邪魔しようと彼を激しく攻撃した。これらのことは外的な存在であるかのようにブッダのストーリーに描かれている。マーラの娘である誘惑的な女たちは彼の欲望を表している。彼の怒りを引き起こそうと攻撃をする軍勢は、自我の攻撃性を表している。しかし、これらはブッダの精神において現れたデーモンである。ブッダはしっかりと瞑想にとどまり、反応しないようにできた。彼は取り乱さず、安定し落ち着きを保っていた。とうとうマーラは諦め、撤退した。そして、苦悩の元としての自我と愛着についての洞察がブッダに生じたのだが、それは彼の悟りの経験の核心である。

このストーリーから、外的あるいは内的な経験そのものではなく、二元論的に世界をとらえることへの執着こそがデーモンを生み出すということに私たちは気づく。ひとたび「私」や「私のもの」への固着を断ち切れば、自我中心性のデーモンというこの根本を克服するのである。

五つのステップを通じて、デーモンに形を与え、それを育むことで、心理学的問題からの単に一時の救い以上のものをもたらす開けと気づきの状態に至る。確かに、これに関連する恩恵は、治癒や嗜癖からの解放などに私たちを導きうるものである。だが、この究極の恩恵はこのような気づきが自我中心性のデーモンを弱めるというその道のりにあるのである。

第4部

デーモン・ワークを深める

第18章　デーモンの直接的解放

マーラの軍勢の怖ろしい変容を目の当たりにして、
「純粋な存在」にとっては、それら全ては幻想の産物であることが解った
そこにはデーモンもいなければ、軍勢もなく、存在するものは何もない
自分さえもないのだ
三界の流転とは、水に映る月の影のように
実に紛らわしいものだ

――ブッダ

前章で、自我中心性の核となるデーモンと意識の広大さという、この章の鍵概念である「直接的解放」を理解するための枠組となる考えについて述べてきた。しばらくの間デーモンを育む実践を行うと、私たちはデーモンの現れに気づくようになる。彼らがやってくるのが、そして彼らが私たちと接触しようとするのがわかるようになる。そうなると、五つのステップを用いずに直接的解放と呼ばれる方法を用いて、彼らが生じてきたとき直ちに彼らを解放することが、実践によって可能

となる。こうしたデーモンを解放する最も即時的で単純な方法を用いれば、ステップ５に直接到達することが可能となる。

直接的解放は、一見簡単そうに見える。それはまずデーモンに気づくことに始まって、次いであなたの意識をそれに直に向けることからなる。それはエネルギー的に、航行中のボートを直接、風に向かい合わせることに等しい。動力源が中和されてしまうのでボートは止まる。同じように、あなたが意識を直接感情に向けることによって、感情はそれ以上昂じなくなる。これは、感情を分析したり、それについて思いめぐらせたりすることではなく、明晰な意識をもってそれに向き合うことを意味している。この点が正しくやれたならば、デーモンは直ちに解放され、即座に消滅するだろう。直接的な解放の技術は、化け物を恐れている暗闇の中で明かりを灯すのに匹敵する。明かりが灯れば、そこに化け物はいないことがわかる。私たちの意識の明かりに照らされることによって、デーモンはその姿を消失させるのである。

嫉妬のデーモンの例を取り上げてみよう。「そうか、私は嫉妬しているんだ。心臓がドキドキして、身体が緊張している」。こう気づいたそのときに、嫉妬のエネルギーの方に向きあって、そして自分の意識のすべてをそれに傾倒する。そうすると嫉妬は風船のようにパンとはじけるだろう。五つのステップを用いてデーモンを育んだとき、ステップ５に到着するころには、あなたとデーモンは融け合い、空の状態となって、その空間で安らいでいた。デーモンが浮上したそのときに、そのエネルギーに意識で立ち向かうことによって、デーモンの進展を回避して直接、このステップ5に進んでいるのだ。

練習を繰り返すことで、デーモンが立ち現れたときにこのような対処をすることが、さらにもっと可能となっていくだろう。仮に、あなたが子どものことで対処しなければならないことについて思いをめぐらせて、心配で取り乱しそうになっているときに、街に向って車を運転している場面であるとしよう。そのときにあなたは思案して、気づくかもしれない。「そうか、こんな感情に陥りかけていたんだ」と。そうして、心配のエネルギーに自分が押し流されるのではなく、それに向き合うことによって、直接それを観察することが可能となる。そのとき、それは融解し、その場に自然に開いた広大な意識の中にあなた自身を休ませることができる。

直接的解放の訓練ができるもう一つの状況は、他の人たちとのやり取りの中である。例えば、あなたが何かの集まりにいたとする。そこで、もう完了していると思っていた課題が、まだ着手もしていないことがわかった。イライラがこみ上げてくるのを感じる。しかし、あなたが自分の意識をイライラの感覚に向け、それをきちんと観察したならば、それは山の湖に溶ける雪のごとく消失する。

デーモンの直接的解放が一見とても簡単そうに見えるだけに、デーモンがまだ解放されていないのに、解放がもう済んだと勘違いしないようにすることは特に重要である。それが強い感情であるならば、直接的解放を何回か行う必要があるだろう。もしくは五つのステップを用いてそのワークを行った方がよいだろう。

私が行う修養において直接的解放の説明をする際に、手立ての一つとして実験を用いる。皆さんに強い感情（一瞬の怒り、悲しみ、嫉妬、欲情など）を意識的に起こすようにお願いする。その感情が起こったら、それを強め、次に皆さんの意識を直接、その感情に向けるように、そうして後に起こってくる体験の中で安らぐよう依頼する。これを試すことで、直接的解放がどのように作用するか、その感じがつかめるだろう。それがあまりにも簡単で即時的なために、あなたはその結果に疑いを持つかもしれない。しかし、プロセスを振り返って、それが正確に行われていたならば、その感情は解消しているだろう。

この方法を、それほど強い感情を引き起こしはしないものの、それでもなお心を掴んで離さないようなものを用いて練習することができる。自分自身の執着を作り出し、次にそれを解放することさえできる。これをやってみるために、ちょうど今あなたの目の前にあるものを見てみよう。それに関する沢山の判断や感情を心に描くようにしよう。仮にあなたが絨毯を見ていたとして、こう思うかもしれない。「あの絨毯はとても不快だ。よくもあんな醜い色を選ぶことができたものだ」。あるいはまた、ポジティブなこだわりの感情を生み出して、「あの絨毯が大好きだ」と思うかもしれない。あるいは、「あの絨毯が本当に好き。とてもきれい。祖母が私にくれたものだから。だから絶対、誰もその上にワインをこぼさないで」と、案じる気持ちをもよおすかもしれない。あなたがどれを選ぶかの問題ではない。その背後に多少の愛着をともなった思考に、ひたすら没頭するようにしよう。

ひとたびこうした考えを生み出したなら、どれほど多くのあなたのエネルギーがそれとともに流れ出ているかに注目しよう。すなわち、身体をチェックして、どんなふうにストレスを受けていると感じているかに気づくように。次いで、その外に向かうエネルギーの流れに向き合い、エネルギーの流れを逆にして、思考により生み出されている感情を直接見つめよう。エネルギーを逆に戻して、その根源を見てみよう。こうすることでそれが中和され、その結果ただ気づきだけが残る。そこで安らぐのだ。

デーモン・ワークに取り組み始めたときは、まだ自身のドラマや物語に相当巻き込まれているので、私たちにはその訳がよくわからないでいる。ワークを継続するうちに、泥まみれの混乱がおさまり始め、生じてくる感情や愛着を直に見つめることができるようになり、自身のデーモンの直接的解放を通して自分自身を自由にすることが可能となる。かなりの修練を積むことによって、次のステージが可能となってくる。すなわち、明確で修正されない直接的な気づきが、周期的にほんの少し垣間見えるだけのものではなく、ここでは安定して存在する。

この段階では、あなたは何も行う必要はない。生じてくる感情が意識とただ出会い、その結果それらは自然に解放される。あなたはそれについて考える必要さえもない。空、明確さ、意識は自然に存在しているかのように経験される。今や最初から、感情はあなたをつかまえることなく、アヒルの背の水滴のように転がり落ちる。これを直接的解放と呼ぶ。一つの感情がわき上がってきても、足がかりを見つけずに解消する。もはやデーモンを育む必要はない、というのもこの時点では、感情よりも自覚的意識が私たちを律するからである。哀しいかな、私たちのほとんどは、このレベルにはまだ至っていない！

希望と恐怖という二元性に執着する限り、暗い部屋の中で化け物を想像するように、私たちは何か錯覚のようなものを本当に存在するものであると考えるようになる。私たちが想起すべきは、心の真の本質が確固としたものではないこと、すなわちそれが拠り所のない、透明で一瞬一瞬立ち現れる気づきであるということだ。このことに気づいているならば、心の中から起こってくる感情や感覚を塞ごうとしてはいけない。それらを分析しようとしてはいけない。考えや記憶が生じてきたとき、それを深く考えてしまうことによって、それにしがみついてしまわないようにしよう。心それ自体は、果てしない空間のように、光輝いて透明である。そして心の中に起こる感覚、思考、あるいは記憶、これらはいずれも、透明な空に浮かぶ雲のようなものである。雲にはさまざまな形や質があるように、私たちの思考や感情もそうである。けれども、雲が空を変えることはないのだから、心に生じた一時の思考を干渉せず、起こるままにしておけば、デーモンは造作なく克服されるだろう。

直接的解放はまた、あなたが自身や世界を、まるで明瞭な夢の中で暮らしているかのように感じ取れるようになること、すなわち夢を見ながら、同時に夢を見ていることに気づくことによっても生じる。この世での自分の体験のもつ錯覚や夢のような本質を認識できれば、デーモンたちはその場で解放されるだろう。薬でぼうっとなったり朦朧とするように言っているのではない。それよりも、物事をより明快な仕方で考え、広々とした視野で理解しようと言っているのだ。私たちの体験はたいてい心が作り出した絵空事なのだということをよく知れば、育むべきデーモンの姿はそこにはない。それはもういなくなってしまう。これは昔から、「空家に入った泥棒」と例えられた状態である。しかし、たいてい私たちはこうした状態にはない。すなわち、私たちは物にあふれた家に入り、袋にいろんなものを詰め込んで、ひっぱって行こうとしている泥棒のようである。だから、直接的解放あるいは即時的解放は、私たちがそれを目指して励み、憧れるものではあるが、常に忘れてはならないのは、私たち自身の問題に取り組む方法を提供してくれるのは、五つのステップであるということだ。

通常、私たちはデーモンたちが実在し、それ自身が強力であり、私たちを滅ぼす力があると思い込むことによって、彼らに権限を与えている。戦いを挑むことによって、彼らはより強くなる。けれども、彼らが真に望んでいるものがわかることによってその存在を認め、彼らを育むならば、我らのデーモンはその影響力を手放し、そうして彼らが実際には私たちを支配しないことわかる。私たちの存在の影の要素を、限りない寛容さをもって育むことで、私たちは明快な意識性に達し、自我の執着を弱めることが可能となる。デーモンを育むことによって、葛藤と二元性が解消され、自身の統合への道が見いだされる。

あなたは徐々に直接的解放の実践を身につけられるだろうが、「デーモンを育む」五つのステップを、あまり早く手放しすぎないようにすることが大切である。五つのステップを通したワークは、デーモンを明確に表し、解放する上で非常に重要である。直接的解放においては、洗練された意識と深い瞑想実践が求められるのである。

第19章　私たちをとりまく世界のデーモン

デーモンがデーモンであると見做せば、それはあなたを害するが、
デーモンが自分の心にあるのが分かれば、それから自由になれるだろう
――ミラレパ

最近、私の娘から、「この本を出版することで、本当に欲しいものは何？」と聞かれたとき、私は一瞬たたずんで、浮かんできたのが、暗い雨降りの夏の夜、マナリのアポ・リンポチェの僧院で、初めてチューが詠われるのを聴いたときのイメージだった。そのとき、相次いで起こったことを考えた。修養の学び、修道誓願の諦め、結婚、子どもたち、キアラの死、離婚、そして如何にマチクの教えを、私の生活に適用された「デーモンを育む」を通じて徐々に理解していったか。

私の脳裏に浮かんだもう一つのことは、今日の世界の状況であり、国家と宗教が互いにデーモン化している現状であった。自然そのものも、増加する一方のハリケーン、洪水、地震、干ばつ、あるいは津波に見られるようにデーモン化してきている。私は、私たちがいかほどに内外における二極化で苦しめられているかについて考えていて、気がつけばこんなふうに語っていた。「自分自身

との、そしてお互いの戦いをやめるよう私たちを鼓舞してくれる新しいパラダイムを、私たちは今、必死に求めていると私は感じている。自分たちに反対するものに対する最良の選択肢は、それを殲滅することだとは、もはや考えないような人々が住む世界になってほしいと思う。私は、マチクの教えには、提案するだけの意味深さがあるように思うし、彼女の教えを個人的次元にも集合的次元にも利用できるようにしたいと思っている」

私の望みは、この本が己の敵を私たちがどのようにして創り出しているかを認識することに、微力ながら貢献することであるが、これによって他者をデーモン化することに抵抗する能力を私たちが持てるようになることにもつながるのである。もし私たちが、他の人々や集団、国家や人種を邪悪なものとみなすことに固執するなら、私たちはそれらとの終わりのない戦いに明け暮れるようになってしまうだろう。しかし、もし私たちがとても脅威的に思えるまさにその勢力と戦うことから、それらを育む方向に画期的な方向転換を行うことができたならば、それはこの世界に大きな影響を与えるだろう。

本書の至るところで私は主に、私たちが世界に向って投げかける影響は、私たち自身が発端となっているという考えから、個人のデーモンに焦点を当ててきた。私たちが外なるデーモンとして認識するものは、しばしば自分自身の中の何ものかであるということがわかってきた。同様に、状況や人物をデーモンとして見るのではなく、外的な事象への自分の反応に焦点を当てるようになってきた。自分の内なるデーモンへの理解によって、外的事象に関係なく私たちの心の中に生じる思考や感情の激発をコントロールする助けとなる。

ここにおいて、私たちは個々人を超えて、「デーモンを育む」アナロジーを拡張し、家族や共同体、仕事場、組織、国家のデーモンについて検討する用意が整った。本章では、池に投げた石から生じる波紋のように、私たち自身の中から外に拡がっていったデーモンが、どのように世界で機能しているかを見てみよう。

集合的デーモンを知っていくプロセスは、個人のデーモン、つまり恐れ、被害妄想、偏見、尊大、その他の弱さから始まる。家族、集団、国家、あるいは社会全体でさえ、私たちの未解決の個人的デーモンの総和であるデーモンを創造する場合がある。もしも私たちが自分の個人的なデーモンを認めなければ、私たちの弱さや恐れは他者のそれと合体して、怪物のような何かになりかねない。

集団はまた、そのデーモンを自分たちの集団の中の個人あるいは少数派に投影する場合もある。集団の中の誰かが行動化したなら、たとえその人物がグループの中に存在している暗黙の何かを表現していたとしても、集団はその人物に責任を負わすことがある。集団が自身を完璧であると見せかけようとすれば、その集団にとってその影を投影できる対象となる誰かを見つける必要がある。

昔からスケープゴートというものは、集団のデーモンが個人に投影される仕方で機能してきた。

誰かが、集団の生きていない、暗い、抑圧された面を引き受けるように選ばれ、ずっと昔にはスケープゴートは、集団によって儀式として神の生贄にさせられてきたであろう。後に、スケープゴートはより象徴的な形を帯びるようになり、人形を作ってそれを破壊するようになった。この儀式の名残が、謝肉祭の祝賀行事で、現代バージョンで見られる。ネバダのバーニングマン・フェスティバルもその一例であり、そこでは二万五千人もの人々が毎年集まり、自分自身を芸術的に表現し、そして集まりの最後に人形が燃やされる。これらは、スケープゴートがうまく機能する象徴的で集団的な方法である。

時には、集合的デーモンは文化的儀式のなかに組み入れられていて、それが「物置の中から」外に出されることによって、このデーモンに集団が気づくようになることがある。多くの原住民の文化において、道化師がその社会規範に反する振舞いを行い、文化のタブーを破ったり、禁じられていることを表現したりする。ブータンではツェチュと呼ばれる宗教儀式において、大きなペニスを持った道化が人々をからかうが、それによってその文化における抑圧された性的状況が表現されている。謝肉祭の間、あるいは北米の部族の集まりの中には、道化師の姿をしたものがやはりショッキングで禁じられたことを行うものがある。このように、集合的デーモンはその文化において許容される形で解き放たれ、集団の中の圧力を下げる働きをする。私たちが知らないうちにデーモンを集団や個人のスケープゴートに投影したならば、その結果は悲劇的なものとなる可能性がある。そのような帰結を避けるためには、私たちはスケープゴートが形成されるその瞬間をよく知っておく必要がある。例えば、ある家族の中に他の皆をかき乱すメンバーがいて、そのメンバーが問題だと他の家族メンバー皆が合意し始めるとき、家族スケープゴートが形成される。

歴史を通してずっと、人間には何らかの点で自分たちと異なっている他の集団をデーモン化しようとする傾向がみられる。大きな集団をデーモン化することは、例えば軍事機関にとって不可欠である。敵のことを、母親や配偶者、あるいは子どものある個人としてではなくデーモンのように思うことによって、私たちはその相手をためらいや良心の呵責なしにより簡単に殺せるようになる。

集合的デーモンが私たちに取りつくことができるということは、それは自分たちの中にそれに呼応する何らかの側面を持っていることを意味する。同性愛者を攻撃する異性愛者は彼ら自体の同性愛傾向への恐れを持っている。この恐れがなかったなら、彼らは決してあのような感情的で物議を醸しそうな反応はしないであろう。この問題に対する解決策は気づきである。というのも個人のデーモンが意識されないならば、集合的デーモンは支配力を手にする、より大きな可能性を持つからである。

家族の中の集合的デーモン

ある家族におけるスケープゴートは、行動化し家族の価値観を拒絶しているティーンエイジャーの子どもの場合もある。この子は追い払われ、さもなくば抑え込まれているかもしれないが、家族メンバーが自分自身のデーモンに向き合わねばと気がつくまでは、家族の基盤は癒えることはない。

ビルとカレン、そして彼らの子どもたちのジェッセとアリアーナ、彼らは物質的には「すべてを備えている」が、楽園のなかにもトラブルがあった。ジェッセが子どものときから問題があった。彼は精神科医のところに行かされ投薬を受け、特殊学校へ行かされた。ティーンエイジャーになったころにはすでに、ジェッセはなお手におえない状態だった。彼は軍の寄宿学校に出されたが、彼は逃げ出し、十八歳になるころには彼はますます問題を起こすようになった。彼の妹のアリアーナは、ボーイフレンドと一緒に住んでいて近くの町で働いていた。彼女は自分の家族には何も望まなかったので、ジェッセにとっても助けを求めていける場所はほとんどなかった。

カレンは解決策を見いだすことに絶望的になっていた。というのも彼女は自分の家族はジェッセのせいでダメになっていると思っていたからである。ビルとカレンが、「デーモンを育む」訓練を受けたカップル・セラピストとのセラピーに行くようになって、セラピストは彼らが根本にあるデーモンを明らかにすることに共に取り組んだ。カレンにとってジェッセは彼女が切望した息子であり、彼女は彼のことが大好きだったことがセラピーの中で明らかになった。ビルにとって彼は、カレンとの絆にとって脅威であった。つまり、ビルはカレンのジェッセへの溺愛の仕方に嫉妬を覚え、また彼女が彼を無視していると感じていた。アリアーナは自分の母親を自分の兄に奪われたと感じていたので、彼女はジェッセを憎んでいた。カレンは二人の板挟みになって、その状況に困惑しながらも、彼女は夫と娘がジェッセへの否定的な気持ちを表現することを容認していた。

これに対し、ジェッセは扱いにくい存在になるというかたちで反発し、その結果彼は家庭内のすべての未解決の感情の力動においてスケープゴートとなっていた。ジェッセが「問題」であり、このために他の皆には問題がないということになっていた。彼が扱いにくくなればなるほど、アリアーナとビルの怒りは一層正当化されるように見えた。それはまったくの悪循環であった。

両親のデーモンを育む実践が開始されてから、「悪いリンゴ」という偏見が、ジェッセから取り除かれていった。カレンは罪のデーモンに取り組み、ビルは怒りと見捨てられ不安のデーモンに取り組んだ。この実践を通じて、彼らは自分たちがジェッセをスケープゴートにしていたのだということがわかり始めた。そして彼らは自分自身の問題や自分たちの力動にセラピストとともに夫婦として取り組んだ。家族のデーモンを、もはやたった一人で背負わなくなって、ジェッセの行動は落ち着いた。そうして徐々に家族のコミュニケーションはよくなり、皆が家に戻ってきた。スケープゴートとして、ジェッセは家族全体のデーモンを背負っていた。これを正すためには、家族メンバーはティーンエイジャーが彼らの中にもたらしたデーモンに取り組み始めねばならず、同時にジェッセを理解しようとしなければならなかった。このことが変化を生じさせた。「デーモン」が明らかにされた家族においては、これと同じことがいえるのである。

組織のデーモン

企業と組織は、それが設立当時から十五年経ってもいまだ同じ問題を抱えているような場合には、しばしば特定のデーモンを成長させている。例えば、恐怖のデーモンを持った会社は、そこでは人々が意思決定を恐れるような閉鎖的なシステムを形作る。従業員は管理者にフィードバックすることや、小さな違反行為を投書されるのを恐れる。組織のデーモンについて一緒に考えることは、従業員や経営者にとって雰囲気を刷新するために役に立つ方法となる。

しばしば最高業務執行者や組織の設立者のデーモンは、組織とその従業員の中に染み込んでいる。こうしたデーモンを根絶することは相当困難であり、それがオーナー、マネージャー、あるいは監督者が、グループのプロセスに参加することはもちろん、彼ら自身のデーモン・ワークを行うことが非常に重要である理由である。

シェリーはスパで働いて、顧客にストレスを和らげるための上質のセラピーを提供していた。皮肉なことに、そのスパは非常にストレスの多い職場であった。というのも、オーナーたちが常にピリピリ緊張していたからだ。スタッフミーティングの中で、シェリーは会社のデーモンを見据えてはどうだろうかと提案し、オーナーも組織のデーモンに取り組む訓練をうけたコンサルタントを導入して終日のスタッフの修養を行うことに同意した。オーナーはストレスが会社が始まったときからあったことに気づき、それを変えようという気持ちになった。実践において、従業員とオーナーは彼らがデーモンを育む五つのステップ行うのを手伝うファシリテーターの導きによって、一人ひとりが各々会社と関連した自身の外なるデーモンについて取り組んだ。その後で、グループとして一緒になって、彼らはデーモンと「なかま」を比べてみた。

たくさんの笑い声が起こり、皆がそれぞれのデーモンを用いて、扱いにくい物事について話すことができた。グループは一人ひとりからそれぞれのデーモンが求めていることについて聞き、彼らの「なかま」が勧めていることについて聞いた。次にグループ全体で彼らの組織を改善するための提案を、大きなフリップに書いた。修養の最後に、ファシリテーターはこれらの記録を用いて、オーナーが会社の組織的なデーモンを育むための行動計画を作るよう手助けした。

三カ月後、会社で集まりが持たれ、デーモンに変化があったかどうか、どのように変化したか、また、仲間の提案が聞き入れられたかどうかについて検討した。会社の十五年の歴史において初めて、オーナーはストレスを感じていないと言うことができ、従業員もまた相当な違いを感じていた。

互いにつながっている組織の中で集合的デーモンを見据えることや、スケープゴートに気づくことは、こうした集団の中で葛藤が生み出される基本的な力動への洞察を得るための手立てとなりうる。

政治的デーモン

集合的デーモンという現象をより大きな規模で見ると、今日の政治の中で西洋の英雄神話の影響力が非常にはっきりと表れていることがわかる。世界情勢において、テロリストに対して宣戦布告し彼らを殺戮するやり方は無効であることが証明された。一人のテロリストを殺せば、さらに十人のテロリストが生み出される。今や、アメリカ人がテロリストの攻撃を受ける危険は、自分たちを安全にするはずだったイラク戦争の開始前よりも、ずっと大きくなっている。私たちはまるでヘラクレスのようだ。彼がヒュドラの頭を一つ切り落としても、そこにはさらにたくさんの頭が生えてきてしまったように。

葛藤に対処する有効な方法を見つけたときにのみ、他者が自由になることを助けたいとか、世界をより平和な場所にしたいと国家として私たちが望むことは達成されるであろう。私たちが個人的にも集団的にも平和を望むことはわかっているが、いかにしてそこに至るかについてはよく知らないのだ。マチク・ラプドゥンの教えは、私たちにそこに至るための方針の根本的な転換を行う術を与えてくれる。

集合的デーモンは、そこで個々の人々がデーモンの身体の細胞のように機能する猛烈な勢力となりかねない。怪物はそれ自身の生命を持つようになり、個人はそれとともに動かされている。このような個人は、怪物を生み出すための手助けを彼自身がどのように行ってきたかということに気づくことすらないかもしれない。歴史と現代生活のいずれもが痛ましくも強調するように、集合的デーモンは、普通には考えもつかないような大量虐殺や他のおぞましい出来事を引き起こしかねない。もし各々が自身のデーモンに関して責任をとっていたならば、ホロコーストやルワンダ、セルビア、あるいはダルフールでの大量虐殺などの大規模なデーモンや憎悪の源は、その根っこから除去されるだろう。政治状況のなかでデーモンが育まれれば、その社会的影響は広範囲に及ぶこととなるだろう。

一つの興味深い例が、一九七〇年代のギニア・ビサウ独立運動におけるアフリカ人リーダーのアミルカル・カブラルの逸話に見られる。彼に捕えられたポルトガル人の捕虜たちは、拷問を受けなかったばかりか、彼は捕虜たちに十分な食事を与え、人道的に処遇し、ギニアのポルトガルからの独立に関する必要について大々的に訴えかけた。彼は反対者をデーモン化せず、むしろポルトガル人移民、およびラジオを通じて本国のポルトガル人に訴えかけたのだ。彼のこうした行動は、英国の将校が逮捕をちらつかせてガンディーを脅しに来たときに、ガンディーが応じたやり方とほぼ同じであった。

解放されたポルトガル人捕虜たちは、カブラルの運動の味方となり、革命を手伝った。革命は平和的ではなかったが、カブラルの戦術は紛争の中での捕虜に対する人道的なアプローチ、すなわち今日私たちがそこから学べるであろう何かを生み出した。そして実際に、カブラルからこうした処遇を受けたポルトガル人兵士の中には、後にポルトガルに戻り、一九七四年のカーネーション革命と呼ばれたポルトガルの平和的革命において同じ手法を用いた者がいた。

南アフリカのアパルトヘイトの終焉の後、「真実と和解」評議会もまた、デーモンを育む実践の原理を用いた。両陣営の犯罪者は、彼らの罪について尋問した法律専門家の評議会に恩赦を求めるよう勧められた。これら恩赦希望者に求められた必須条件としては、彼らの犯罪行為のことごとくの詳細を公けにしなければならず、また彼らの宣誓がテレビで放映されるというものであった。彼らが十分に懺悔し、真に悔恨していると判断されたときに恩赦が認められた。

その後、これらの犯罪者の中には、彼らの願いにより被害者やその家族と出会い、改心して、自分が引き起こした災禍を認めた者もいた。このようなアプローチは、暴力的圧政の時代の後の政治的変化に引き続く通例の血祭りを回避するための画期的な方法であった。犯罪者をデーモン化し、暴力の連鎖を続けるのではなくて、「真実と和解」評議会は、憐みをもって立会い、これは復讐に対する画期的な代替物となった。

集合的デーモンとそれらの働きについて理解するという難題についてよく考えてみるとき、このデーモンを止める唯一の方法は、私たちが自己のデーモンに気づくことだということを覚えておくことが大切である。私たち自身のワークを行うことで、まずもって私たちが集合的デーモンに押し流されにくくなる。個人的なものがグローバルなものとなるのだ。

文化や精神の伝統の多くは、自分たちを守る必要性を主張することによって、デーモン的な力あるいは敵たちとの問題に対処している。本書において私は、あなたの注意を内側の真の原因、つまり自我中心性に向けることによって、邪悪から自分を守る必要性が減ることを示してきた。守護されることを祈るかわりに、思いやりを差し出すのだ。そうすれば最も凶暴なデーモンですら、あなたの最大の「なかま」となりうる。このことは地球規模の平和につながる根本的な方向転換である。

デーモンたちは私たちの外側にいるといった考えに騙されてはならない。私たちには、自分自身の心が自分の周りすべてに生き生きとした色で投影されたものが見えている。修練を積んで、このようにものが見えるようにしよう。どのようなデーモンが、内であれ外であれ姿を現しても、それに愛と思いやりを抱こう。自我の懸念を満たしてやる必要はまったくないことを自身の経験から最終的に理解したならば、あなたはもはや希望や恐れ、あるいは神やデーモンに執着しないだろう。あなたの痛みの元が自身の自我への執着であることがわかるだろう。意識の無限の広がり——あなたの本来の住処において安らぐだろう。そうしてあなたは自由となる。

ヘラクレスが為したような、敵なるものを殲滅し我らが領地を守るという一つの世界観から、デーモンを育むという一つの世界観に変化することを通して、敵との対話を続けることを学び、平和的解決を見いだすことができるようになる。これは、マチクやガンディー、あるいはカブラルのとった方針であった。このようにして、私たちは静かな革命を開始している。十一世紀、女性ヨーガ行者の教えのインスピレーションを利用して、私たちは自分たちの世界を変えることができる。西洋でマチク・ラプドゥンの教えに学び、発展させることは、大きな恩恵であり喜びである。彼女の知恵のいくばくかが本書を通して滲み出てきて、あなたが自身のデーモンを、寛容さという究極の行為を通して「なかま」へと変容させることができるよう祈っている。

生きとし生けるものすべてが益を蒙りますように。

あとがき——マチクの最後の教えより

……本来、心というものには、「自然なそして共に出現する」
支えもなく、対象もない‥
嘘偽りのないその自然な広がりの中で、それを安らげよ
（ネガティブな思考の）足かせが解かれたなら、
あなたは疑いなく自由の身となるだろう。

空（くう）を見すえたときのように、
すべての他に見えるものは消えうせ、
それは心そのもののためにあるのだ。
心が心を見つめると、
散漫な考えはすべて途絶え
そして悟りが得られる。

空にあるすべての雲が
空そのものの中へと消えてゆくように、
それらが何処へ行こうと、それらは何処へ行くのでもない
それらが何処にあっても、それらは何処にもない。
心の中の思考も同様である。
心が心を見つめるとき、
概念的な思考のうねりは消えうせる。

空っぽの空間に
形や色、あるいはイメージがないように、
同じく、心それ自体も
形、色、あるいはイメージがない。

太陽の中心が
永遠の闇によって包まれることがないように、
同じく心の究極的な本質の実現を、

永遠の輪廻によって隠すことはできない。

たとえ、空っぽの空間に
名前をつけたり、月並な定義を与えたとしても、
「こうだ」とそれを指し示すことはできないように、
心そのものの明快さも同じである：
その性質を表現することはできても、
「これだ」と指し示すことはできないのだ。

心のはっきりした特徴は、
空間のように根本的に空であるはずだ。
心の本質の実現には
例外なくあらゆる現象が含まれている。

すべての身体的な活動を断念して、
わらの切れ端の山のようにそこに留まれ

お喋りの言葉の表現を断念して、
弦の切り裂かれたリュート（楽器）のように、そこに留まれ
すべての精神活動を捨てたとき、
それがマハムドラーなのだ。

この老婦人による仏陀の教えの伝統の中で
これ以外になすべきことは何もない。

嗚呼(ああ)、ここに集った幸運な継承者と弟子たちよ、
私たちのこの身体は、高山の小路の羽毛のように儚(はかな)い。
私たちのこの心は、空間の深みのように空であり澄んでいる。
そのような自然な状態でリラックスしよう、嘘偽りなしに。
心がいかなる支持ももたない状態であるならば、それがマハムドラーである。
これと心安くなって、あなたの心をそれと混ぜ合わせよ——
それが菩提なのだ。

今こそあなたはその機会を得る
心の本質を探し求めよう――これは重要だ。
心を見つめると、そこには何も見えない。
まさにこの見えないことにおいて、決定的な価値がわかる。
この老婦人があなたに伝えることのできる、これ以上の深い教えはない。

――ジェローム・エドゥ「マチク・ラプドゥンとチューの基礎」より

付録：デーモンを育む五つのステップの簡単な手引き

場を設定する

リラクゼーションの息継ぎを九回行う

目を閉じたら、五番目のステップが終わるまでずっと目を閉じたままにしておきましょう。深くリラックスして息を吸い、そしてゆっくりと吐き出すということを九回行います。最初の三回では、息を吸って、吸い込んだ息が身体の緊張した箇所すべてに行きわたるようにイメージをして、それから息を吐き出すとともに、その緊張を解放しましょう。次の三回では、情緒的な緊張のある箇所に至るよう息を吸い込み、それが身体のどこにあるのかを感じたら、息を吐き出すとともにそれを解放しましょう。そして、最後に、精神的に緊張した箇所すべてに息を吸い込み、イライラ、心配、精神的な妨げになるものが身体のどこにあるのかを感じたら、息を吐き出すとともにそれらを解放しましょう。

動機づけ

あなた自身や他のすべてのもののためにこの実践を行うという、こころからの動機づけを持つようにしましょう。

ステップ1　デーモンをみつける

- どのデーモン、神、あるいは神-デーモンに取り組もうとするか決めましょう。
- それが身体のどこに最も根強くあるのか突き止めて、感覚を研ぎ澄ましましょう。
- 色合い、質感、温度といった身体における感覚の質を意識するようにしましょう。

ステップ2　デーモンに人の形を与え、何を必要としているかを尋ねる

- この感覚に、手足や目のある姿として形を与えて、それがあなたと向き合っているように想像しましょう。もし、生き物でない対象があらわれたなら、それらに生きているもののかたちを与えたならばどのように見えるかを想像してみてください。色合い、質感、性別、大きさ、その性格、どんな感情にあるか、どのような目つきをしているか、その他デーモンについてこれまで分からなかったことに注意してみましょう。
- デーモンに尋ねる。

何を欲しているのか。
何を必要としているのか。
必要としているものが得られたら、どのように感じるか。

・デーモンに質問をした後、すぐにデーモンの席に移りましょう。

ステップ3　デーモンになる

・自分が座っていた椅子やクッションに向き合って、少しの間相手の立場に身を置いてデーモンになってみましょう。
・デーモンの立場から、いつものあなた自身はどのように見えるのか注目してみましょう。
・さて、あの三つの質問に答えてみましょう。

私が欲しいものは……
私が必要としているものは……
必要としているものが満たされたなら、……と感じるだろう。

ステップ4　デーモンを育み、「なかま」に出会う。

〈デーモンを育む〉

- 元の場所に戻りましょう。少し落ち着いたところで、目の前にいるデーモンを見ましょう。
- 自分の身体を、必要が満たされたときにデーモンが感じるであろう感情に値する性質をもったネクターに溶かしましょう（これはステップ3での三番目の質問への答えです）。
- どのような形でもいいですが、あなたが望むようにネクターがデーモンへと注がれていくのをイメージしながら、デーモンが完全に満足するまでネクターを与え育みましょう。完全に満足に達するまで、与え続けましょう（もし、デーモンが貪欲である場合、完全に満足したらデーモンはどのようになるだろうかということを想像してみましょう）。ここまで来れば、ステップ5へ直接に進めるか、「なかま」に出会えるでしょう。

〈「なかま」に出会う〉

- ステップ4が終わったとき、デーモンのいた場所に何者かが現れているなら、それに向かって「なかま」であるかどうか尋ねてみましょう。もし「なかま」でないなら、「なかま」になって姿を現すように求めましょう。デーモンが完全に消え去ってしまっているなら、単に「なかま」に現れるように求めてみましょう。

・「なかま」のあらゆる特徴、その色合い、大きさ、目つきを注意して見ましょう。
・これらの質問をひとつないしは全部尋ねてみましょう。

どのようにして助けてくれるのか。
どのようにして守ってくれるのか。
どんな誓いや約束を立てるのか。
どのようにしてその力を役立てればいいのか。

・場所を代わって、「なかま」になって、上述の質問に答えましょう。

……することによって、あなたを助ける。
……することによって、あなたを守る。
……するということを誓う。
……することで、私の力を利用できる。

・元の場所に戻って、しばらくのあいだ「なかま」からもたらされる助けと守りを感じましょう。そして、「なかま」があなたの中に溶けていくようなイメージをしてみましょう。あなたと「なかま」は空に溶けて、そうして自然とステップ5に進むのです。

ステップ5　気づきの中で心を休める

- 「なかま」があなたの中に溶けてゆき、あなた自身も空に溶けていったときの状態にとどまりましょう。何か特別な体験をしようとせずに、精神をリラックスさせましょう。何かを起こそうとしたり、急いで終わろうとしたりせずに、そのときの間を埋め尽くしてしまうことなく、好きなだけこころを休めてみましょう。

読書案内

マチク・ラプドゥンの生涯や教えについてさらに知りたい人には、拙著Women of Wisdom（一九八四年にRoutledge and Kegan Paulから出版、二〇〇一年にSnow Lion Publicationsから再版、邦訳『知慧の女たち―チベット女性覚者の評伝』三浦順子訳、春秋社、一九九二）を参照されたい。そこにはマチクの伝記が書かれており、彼女のライフ・ヒストリーの最初の英訳でもある。拙著の内容は、私個人の実践を踏まえた詳細な序文に始まり、仏教における女性に関しての概論的説明、チューの実践や四つのデーモンについての入門のための資料、そして、チベットにおけるマチク以外の五人の女性の師の評伝から構成されている。

ジェローム・エドゥによるMachig Labdrön and the Foundations of Chöd（一九九五年にSnow Lionから出版）は、マチクの伝記のもうひとつの英訳であると同時に、チューやその起源についての豊富で価値ある関連資料を提示している。

二〇〇三年にSnow Lionから出版されたMachik's Complete Explanation:Clarifying the Meaning of Chödは、同名のチベット語のテクストの英訳であり、訳者であり編者でもあるサラ・ハーディングによる素晴らしい学識ある序論とコメントが付けられている。この本にはマチクの生涯についての他に、その教えや主な弟子たちとの具体的な問答が収録されている。

チューについての西洋人による最初の報告は、チベットに住んだ冒険家アレクサンドラ・デヴィッド-ニールがチベットの旅について著したMagic and Mystery in Tibet（一九三二年初版、一九七一年にDover Publicationsから再版）においてなされている。この報告は、実践についてのかなりドラマティックな印象を与えるものである。

W・Y・エヴァンズ-ウェンツは、一九三五年のTibetan Yoga and Secret Doctrines（一九六七年にOxford University Pressより再版）において、チューの実践の手はずについて最初の英訳を発表した。この本は、二十世紀の初めに西洋がチベット仏教をどのように見たのかということについて興味深い見解を与えてくれる。エヴァンズ-ウェンツはチベットのテクストについて初期の重要な英訳のいくつかを行ったという功績をあげている。

アニラ・リンチェン・パルモは、Cutting Through Ego-Clinging（一九八七年、フランス、モンティニャックのDzambala社から出版）において、チューについてのいくつかの小論を翻訳している。

ジャコメラ・オロフィーノのThe Great Wisdom Motherと呼ばれている著作が、デヴィッド・ゴードン・ホワイトが編集したTantra in Practice（二〇〇〇年にPrinceton University Pressから出版）に収録されている。加えて、彼女はイタリア語でマチク・ラプドゥンについての論文を発表している。

リソース

デーモンを育む実践や、このアプローチについての更なる情報については、www.kapalatraining.comを参照されるか、info@kapalatraining.comまでメールをお送りください。ホームページでは、カパラ・トレーニングやデーモンを育む実践、ツルティム・アリオーネやマチク・ラプドゥンの教えに関連したさまざまな情報を入手できます。このページには、さらなる情報や無料資料、現地の実践グループの声やこれからのイベントのスケジュール、よくある質問とその回答などが載っています。また、教師やソーシャルワーカー、ヘルスケアの専門家に継続的な教育ユニットを提供するツルティム・アリオーネの米国内外でのイベントや研修についての情報も載っています。タラ・マンダラでは「デーモンを育む」に関するＣＤやＤＶＤも販売しています。ホームページを参照するか、970-731-3713の内線1番まで。

一九九三年に、ツルティム・アリオーネは、西洋への更なる仏教の実践の布教のために、タラ・マンダラという七百エーカーの修養センターをコロラドの南西部に設立しました。センターでは、短期、長期の仏教の修行や、さまざまな伝統、分野からのプログラムを提供しています。スケジュールやその他の情報に関しては以下まで。

Tara Mandala
PO Box 3040
Pagosa Springs, CO 81147
Phone: 970-731-3711,
E-mail: info@taramandala.org
Web site: www.taramandala.org

著者について

ツルティム・アリオーネは、ニューイングランドで育ち、一九六七年からチベット仏教を学んでいる。彼女は、チベットの尼僧として認められた、最初のアメリカ人のうちの一人である。彼女は一九七〇年に、カルマパ十六世であるランジュン・リップ・ドルジュにより叙任されたのだが、彼は大勢の人々の中から、二十二歳の彼女を見いだしたのであった。インドのブッダガヤでの叙任の後、彼女が多くの存在に恩恵をもたらす存在になるだろうと、彼は予言した。

尼僧として四年間を過ごした後、彼女は還俗し、結婚し、三人の子どもをもうけるかたわら、アンティオキア大学で仏教学と女性学の修士号を得た。このとき、偉大なチベットの女性行者の生き様についてのパイオニア的な著作を著した。世界中を旅し、教えを与え、巡礼を行うと同時に、可能な限りいつ何時であっても、個人的な修行に時間を捧げながら、彼女は人生を通じて、修行、学び、教えを続けている。

ヒマラヤに住んでいた若いころに抱いたヴィジョン、チベットで体験したような深い瞑想を行うことが可能であるような修養センターを西洋につくるというヴィジョンにインスピレーションを受け、一九九三年にツルティムは、夫であるデヴィッド・ペティート（付記二〇一〇年没）とともにタラ・マンダラを設立した。それは、七百エーカーもある修養センターで、今や彼女は、そこの精神的指導者であり、専任の師でもある。三階建のマンダラの形をした寺院と、居住棟、コミュニティ棟、そして多数の修行のためのキャビンと、小さな宿泊所が、長期あるいは短期の修養の機会を提供するためにこの特別な場所に建てられた。この地そのものが、多くのチベットから来訪したラマ僧たちから、ネーつまりパワースポットであるとか、テルサの地、つまり、テルマ（秘宝）が現れる場所と評されている。タラ・マンダラでは、カパラ・トレーニング、チュー、緑のタラが、その他の教えや修養とともに行われている。

タラ・マンダラで受け継がれている系譜は、マチク・ラプドゥン、ニンティグ、オゼル・ドルジュ・サン　ヅォーらのもので、彼女の師であるアゾム・リンポチェからアゾム・ドゥクパ、パウォ・ドルジェの秘宝もまた引き継がれている。今日における彼女の主な関心のひとつは、マチク・ラプドゥンの教えを見いだし、それを後世に残していくことである。

無視、デーモンを一する　54
免疫系　154-58
明瞭な夢　305

〈や　行〉

有形のデーモン　135（外なるデーモンの項も参照）
夢　13, 30, 283, 305
ユング、CG　13, 45, 86
ユング派の分析家　103
抑圧
　嗜癖と一　205-6, 215
　一の危険　12
　一から統合へ　45
　一された自己としての影　13
　受け入れがたい衝動　44
抑うつ、抑うつのデーモン　15, 255-62
　虐待のデーモンと一　218-19
　家族デーモンとしての一　227, 260-62
　一とデーモンの発見　61
　内なるデーモンとしての一　134, 137, 245, 256
　精神のデーモンと一　245-46, 255-62
　外なるデーモンとしての一　255-56
　一に注意を向ける　55

〈ら　行〉

離婚　35-37, 136
利他的な動機　58
リラックスのための呼吸　56-57
リルケ、レイナー・マリア　203
ルーミー　188

五つのステップによる―の育み
156, 161-62, 164-66
肉食デーモン　159-66
―とゴンポ　154
まがいもののデーモンと―
271-73
―と痛み　157, 158
広場恐怖　168, 266
不安、不安との戦い　43
不安、不安のデーモン
自我中心性のデーモンと―
289-93
家族のデーモンとしての―　227, 230
内なるデーモンとしての―　134, 136, 245, 266-69
恥のデーモンと―　262
父系のデーモン　228-29, 237, 240-42
仏教
利他心と―　58
根本分割と―　289
大乗―　132
女性の―徒の物語　29-34
ブッダ　131-32, 284, 296, 299
文化的儀式　310
閉所恐怖症　266
ヘラクレス　7-8, 17, 316
暴力　9, 11
保護
虐待のデーモンと―　219
デーモンを育むことによる―　61
ポルトガル　317-18
母系のデーモン　228-29, 237, 242, 251
ホロコースト　317

〈ま　行〉

まがいもののデーモン　269-73
マチク、ラプドゥン
―の生活史　31-34
―とチュー　30, 32, 33, 145-46
―とデーモン　40-42, 159, 275, 278, 286
―の手本に学ぶ　12, 320
自我への執着の超越　220
―のイニシエーション　5-6, 7, 32-33, 286, 292, 295
―の最後の教え　321-25
恐ろしさに向き合う　145, 187
―の引用　35, 108, 131
マナリ、インド　20-22, 307
マリー＝ルイズ・フォン・フランツ
189
南アフリカ　318-19
見守り手の役割　99-103
見捨てられデーモン　39-41
ミラレパ　3, 284, 294, 307
無意識の精神
芸術による表現　116
自我中心性のデーモンと―　291
病気のデーモンと―　154
免疫系と―　154
内なるデーモン　136
デーモンに人の形を与える　66-67
関係性のデーモン　200

愛のデーモンと— 193, 196, 198
—に出会う 76-82
精神のデーモンと— 252, 254, 261, 265, 268-71, 273
仕事中毒と— 213
「なかま」との出会い 72-74, 76
ナーガ（水の精） 5-7, 33, 76, 286, 291-92, 295
ナムカイ・ノルブ・リンポチェ 30, 41
ナムカ、ギャルツェン 32
二元論
直接的解放と— 304, 306
自我中心性デーモンと— 289, 291, 294, 295-96
二次的 PTSD 230
ニーチェ、フリードリッヒ 227, 274
日誌、デーモン日誌 91-94, 106,
乳幼児突然死症候群 29
ネクター 73-75, 219
粘土を用いた彫像 116, 117, 120-21
ノイマン・エーリッヒ 217

〈は 行〉

ハガード、テッド 44
恥、—のデーモン 133, 134, 246, 262-65
ハーディング、サラ 145
パート、キャンディス 154
パートナー、—とともに行う五つのステップ 98-103, 104, 199
パトゥルム、リンポチェ 58
パニック発作 214-15, 265
パニックのデーモン 185-86
母なる地球（自然） 9, 11
パラノイア（妄想症） 245
ハリケーン・カトリーナ 181
場を整える、デーモンを育むプロセスのための 55-58, 98
ハンセン病 159
般若経（完全なる智慧の教え） 33
PAG（中脳水道周囲灰白質） 155
PTSD のデーモン 42, 135, 167, 176-85, 230
ヒトラー、アドルフ 8
ヒュドラ（デーモン複合体）
虐待のデーモンと— 219
—の中核となる問題 108, 111, 112, 115
—の実例 108-14
家族のデーモンと— 240, 242-43
—マップ 115, 122-24
描画 91-92, 115, 116, 117-21, 162
病気、—との戦い 10, 146, 153, 166
病気の視覚化による健康への影響 154
病気、—のデーモン
—へのチューの適応 145-47, 280
—の実例 147-53
家族のデーモンと— 231
—と恐怖 149-53, 154, 166
—への五つのステップの適用 156
デーモンの探索と— 61

警鐘としての― 45-46
―の西洋的理解 6-10, 41
デーモン地図 116, 121-27, 219, 237
デーモン日誌 56, 91-94, 106, 122, 124
デーモンになる（ステップ 3）
芸術を用いたワーク 116-21
デーモンに人の形を与える（ステップ 2）
―における芸術を用いたワーク 117-21
―における明確化 66-67
―における抵抗 96
デーモンを育み「なかま」に出会う（ステップ 4）
―と芸術ワーク 119
デーモンを育む過程 73-76, 89-90
「なかま」に出会う 76-82, 89-90
デーモンを育む（五つのステップの項も参照）
野放しの企てである嗜癖と― 203
―ことによる恩恵 83
チューと― 36, 38-41
―ことによって得られた繋がり 223
自我中心性のデーモンと― 296
―と注意を向けること― 12, 53-54
―ために場を整える 55-58
デーモンをみつける（ステップ 1）
取り組むデーモンを決める 59-62
身体のどこにデーモンがいるかをつきとめる 62-63
身体のなかのデーモンを見すえる 64
テロ（リズム）、テロリスト 11, 265, 316
伝染病 145, 146, 280
天然痘 146
投影、
デーモンの― 43, 319-20
自我中心性のデーモンと― 288
愛のデーモンと― 189-91, 199-202
スケープゴートと― 309-11
影の― 13
動機づけ 57-58
トゥリウルツィ・リンポチェ 280
トパバドラ（ヨガ行者） 33
トローマ（紺色の踊る忿怒母神） 73

〈な　行〉

「なかま」（たち）
虐待のデーモンと― 219-21, 226
―を描く 81-82, 91-2, 119, 162
―としてのデーモン 6, 13, 47-49, 61, 83, 295, 319, 320
―のエネルギー 292
家族のデーモンと― 230
恐怖のデーモンと― 171, 173, 176, 180, 183-86
疾病のデーモンと― 153, 157, 162-63, 166

ダキニ（女性の智の化身）　30
戦い（葛藤、善と悪の二極化の項も参照）
　デーモンとの──　42-43, 48, 53, 305
　敵の殲滅　11, 308, 320
　英雄神話と──　7-13, 316
　病気との──　10, 140, 153, 166
タバコ（喫煙）　204
食べ物への嗜癖　204, 209-10
他者への操作　278-79
ダライ・ラマ、14 世　279
タラ菩薩（女性ブッダ）　33
タラ・マンダラ　171, 334
ダンパ・サンギエ　167, 187
智慧の女たち（アリオニー著）34, 279
　研究　29-32
チュー（五つのステップも参照）
　──と「デーモンを育む」　36-42
　マチクによる──の展開　30, 32, 33
　伝統的なやり方　19, 22-26, 30, 36, 73, 145-47, 187
　コレラと──　146-47
注意を向ける　12, 54
影像、五つのステップ過程での　120-21
直接的解放
　気づくことと──　299-301, 303
　人とのやり取りと──　301
　嫉妬と──　300
　明瞭な夢　305
　──のテクニック　302-5
治療者（セラピスト）
　虐待のデーモンと──　218
　──と五つのステップを行う過程　103-4, 158, 163, 191, 199, 214
摑みどころがないデーモン　136, 245（内なるデーモンも参照）
津波（2004、スリランカ）　179
抵抗、──を扱う　94-96, 258
ディキンソン、エミリー　53, 243
ティロパの詩　19
敵
　──の創出　308
　──の破壊　11-14, 308, 320
　──との戦い　8-9, 13
テモショック、リディア　156
デーモンたち（集合的デーモン、ヒュドラ、その他の特定のデーモンも参照）
　──の「なかま」への変容　9, 13-14, 47-49, 61, 83, 295, 319, 320
　──の現れに気づく　299
　──の分類　133-40
　──の描写　35, 38, 41-42
　──の直接的解放　299-306
　関連した──　62, 105, 108, 115
　──に人の形を与える　36, 45, 64-68
　──の投影　43, 319-20
　──を認識することの重要性　132
　──への憤り　95, 260
　──への抵抗　95-96, 258
　──の満足　53, 75, 77, 94-95, 96, 102

62-3, 87
—のなかのデーモンを見すえる
64
心身相関　154-55
身体的な緊張　57
身体の地図　125-26
身体のどこにデーモンがいるかをつきとめる　62-63
身体の中のデーモンを見すえる　64
スケープゴート　309-11, 312-14, 316
ストレス
神デーモンと—　143
病気のデーモンと　154, 157
組織のデーモンと—　315-16
仕事中毒と—　211
スワヤンブ　30-31
成功とうぬぼれのデーモン　134, 138, 275, 278-84
成功と世俗的なうぬぼれのデーモン
134, 275, 276-77, 284
家族のデーモンとしての—　227
—の追求　10
精神（心）
心身相関　154
—の一部としてのデーモン　42
—についてのマチク最後の教え
321-25
—の本質　304
無意識の—　65, 116, 137, 155, 157, 201, 292
精神、—のデーモン
怒りのデーモンと—　245, 255-62
不安デーモンと—　245, 266-69
抑うつのデーモンと—　245, 255-62
内なるデーモンとしての—
136-37, 245, 273-74
完璧主義者のデーモンと　246, 249-55
恥のデーモンと—　262-65
精神的な緊張　57
政治的デーモン　316-20
性的虐待　110-12, 115, 164, 217-24, 227, 229-30
性的欲求、神デーモンとしての
143
西洋的な心理学的アプローチ　39
摂食障害　42, 160-63, 227
戦争（葛藤の項も参照）
他の集団をデーモン化する　311
イラク—　11
—退役軍人　42, 183-85
善と悪の二極化（分裂）　9, 11, 43, 307～（葛藤、戦いの項も参照）
喪失、—の恐怖　172-76
組織のデーモン　314-16
外なるデーモン　133, 134, 135-36, 137, 308
ソナム・ラマ　5

〈た　行〉

ダイエット　10, 160-61, 204, 215
ダイモン　6, 12
大量虐殺　317
宝物、内なる　13

二元論と― 289, 291-92, 294, 295-96
自我の執着と― 285, 288, 295, 320
動機づけと― 57
―におけるマチク 132, 138-39
投影と― 288
苦悩の根源としての― 14, 296
他のデーモンを生み出す元としての― 133-34, 138-39, 286, 295, 319-20
戦略指揮官としての― 291
意識の広大さと― 292, 299
自我肥大 134, 138, 139, 278, 279, 284
仕事中毒
嗜癖のデーモンとしての― 210-16
家族のデーモンとしての― 235-36
神なるデーモンとしての― 142, 143, 144
自然災害
気候変動 11
ハリケーン・カトリーナ 181
外なるデーモンと― 136
津波 178-80
嫉妬（―のデーモン） 42, 137, 300
嗜癖
―との戦い 10, 43, 48
抑圧と― 205, 215
嗜癖、嗜癖のデーモン
虐待のデーモンと― 219
内なるデーモンの現れと― 205
食べ物と― 209
神なるデーモンと― 142, 215
外なるデーモンとしての― 134, 205
恥のデーモンと― 262
物質乱用デーモンと― 42, 206-10
仕事中毒と― 210-16
社会恐怖のデーモン 169-72, 240-41
宗教的原理主義 11
集合的デーモン
文化的儀式と― 310-11
家族の中の― 312-14
組織のデーモン 314-16
外なるデーモンとしての― 136
個人のデーモンと― 309-10, 319
政治的デーモン 316-20
集団、集団のデーモン 309
十二ステップ 206, 207, 216
守秘義務 98-99
シュピーゲル、デビッド 157
シュムクラー、アンドリュー・バード 116
女性の仏教徒の物語 29-34
ジョーンズ、ジム 277
神経症 137
神経ペプチド 155
「真実と和解」評議会 318-19
身体
―をネクターに溶かす 73-74, 219-20
―のなかのデーモンをつきとめる

家族のデーモンとしての―　227, 240-41
デーモンをみつける（ステップ 1）と―　60
五つのステップの実践と―　172, 184, 185-86
病気と―　149-53
組織のデーモンと―　314
外なるデーモンとしての―　135, 168
パニックのデーモンと―　185-87
心的外傷後ストレス障害（PTSD）のデーモンと―　176-85
社会―のデーモン　169-72
拒食症　42, 160-63
苦悩
―の根源なる自我中心性　14, 296
神なるデーモンと―　140
グレイ、スポルディング　275
ゲイゲン・ケンツェ　24-26
芸術
身体の地図　125-27
粘土による彫像　116, 117, 120
デーモン地図　121-25
描画　81-82, 91-92, 116-17, 120, 162
絵画　116-21, 165
芸術のデーモン　116
結核　159
権限、力、
虐待のデーモンと―　218-19
嗜癖のデーモンと―　205
デーモンに―を与える　53, 305
うぬぼれのデーモンと―　276, 279, 282, 284
恥のデーモンと　262
権力のデーモン　213-14
傲慢のデーモン　287
個人のデーモン　309-10
子ども（たち），
―の死　27-29, 31, 34, 35, 172-73
家族のデーモンの―への伝達　227-28, 242
―への性虐待　110-12, 164, 217-26, 227, 229-30
恥デーモンと―　262
コミュニケーション
敵との―　12
脳と免疫系の―　154
デーモンに人の形を与えることと―　65, 68, 88-89
コントロール　160, 161, 211, 231-33, 245
ゴンポ　154
混乱
自我中心性のデーモンと―　294
精神のデーモンとしての―　246

〈さ　行〉

支え手を求める　97
死
子どもの―　27-29, 34, 35, 172
―の恐怖　172-73
自我中心性　―のデーモン
不安と―　289, 294-95

140, 143
関係性と―　194-99
カーネーション革命　318
カルマパ法王　25
関係（愛の項も参照）、関係性のデーモン
見捨てられデーモン　39-40, 42
デーモン地図と―　121-22
―のデーモン　134, 136
「デーモンをみつける」と―　60-61
神なるデーモンと―　142, 195-99
―の地図　124-25
―での力の格差　218
影と―　189
関係を阻害するデーモン　192-94
癌　72, 156, 159, 163-66, 231-32
感情
虐待のデーモンと―　218
嗜癖のデーモンと―　203 〜
―の直接的解放　299 〜
家族のデーモンと―　231
取り組むべきデーモンと―　61, 63
五つのステップのプロセスにおける―　95-96
ヒュドラと―　109 〜
病気のデーモンと―　156-157
内なるデーモンと―　137
精神のデーモンと―　246
社会恐怖と―　170
見守り手と―　100
感情的な緊張　57
ガンディー、マハトマ　3-5, 17, 318, 320
完璧主義　101, 160-63, 204, 211, 227, 245, 248-54
気づき、開かれた―（ステップ 5）
直接的解放と―　299-300, 303
―の中での休らぎ　82-83, 91
―の安定　303
ギニア・ビサウ　317
希望や願望
神としての―　49, 139-140
私たちの文化における―　140
虐待、虐待のデーモン
―と身体からの解離　219
家族のデーモンと―　227, 229-30
恐怖のデーモンと―　220-21
性的―　110-12, 164, 217-20, 222-24, 227, 229-30
恥のデーモンと―　262
―のタイプ　217-18
ギャルワ（僧）　31
9.11 テロ（2011）　135
強迫　48, 245
強迫性障害　265
強迫的な習慣　195
恐怖（恐れの項も参照）
広場―　168
不安のデーモンと―　265
引き起こされた―　186
恐怖のデーモン
虐待のデーモンと―　220, 226
状況や対象の回避と―　167-169
死と喪失　172-176

神、―のデーモンも参照）
内なる破壊　247
内なる批判　247
ウルギエン・チェドレン（アマラ）
22-23, 24-25
うぬぼれのデーモン
権力の乱用と―　283
夢と―　281, 282
薬物と―　282-83
マチクによる分析　132-3, 138, 274, 277
精神的達成と―　134, 138, 274, 277-83
世俗的名声と―　134, 275-76, 283
絵　116-19, 165-66
永遠の少年　196-97
永遠の少女　196-97
エイズ　148-53
HIV　148-52
英雄神話　7-12, 316
エネルギー、自由になる―　144, 291
恐れ（恐怖の項も参照）
―の受容　187
老いることと―　143, 174-75
死と―　172-73
病気のデーモンと―　149-53, 154
思いやり　17, 36, 57, 94, 287, 319-20

〈か　行〉

影　13-14, 43, 189, 306, 309
家族のデーモン
集合的デーモンと―　312-14
抑うつのデーモンと―　227, 259-60
ヒュドラと―　237, 240
病気と―　231-33
母系と父系の―　228-29, 237, 240-42
多世代にわたる―　234-42
外なるデーモンとしての―　134
―の存続　238-40
関係のデーモンと―　200
性的虐待と―　227, 229-31
社会恐怖と―　240
葛藤（善と悪の二極化、戦いの項も参照）
―のエネルギーにアクセスする　83
「デーモンをみつける」と―　60
カパラ・トレーニング　114, 179, 184, 198, 224, 235, 239
カブラル、アミルカル　317-18, 320
神々
―についてのマチク　133, 139
―と強迫的な願望　49
―の投影　189
神なるデーモン
―と嗜癖　142, 215
「なかま」としての　49
家族のデーモンと―　233
―のコインの裏表である期待と恐れ　140-44
愛のデーモンと―　188-91
―についてのマチク　133, 139,

索 引

〈あ 行〉

愛、—のデーモン
五つのステップと— 193-94
関係性の神なるデーモン 194-99
—と投影 189-91, 199-202
関係を阻害するデーモン 192-94
—と傷つきやすさ 188, 199
愛着 295, 303
アゾム・リンポチェ 47
アフガンの女性たち 254
アポ・リンポチェ 20-25, 307
アマラ（ウルギエン・チェドレン） 22-23, 24-25
アユ・カンドロ 280
アルツハイマー病 174-75
維持、五つのステップ過程の— 105-107
インスピレーション、—と神との区別 139
怒り
—の表現 246-47
関係のデーモンと— 201
社会恐怖と— 170
怒り、怒りのデーモン
家族のデーモンとしての— 227
疾病のデーモンと— 156-59
内なるデーモンとしての— 137, 245
精神のデーモンと— 245, 246-48, 260
外傷後ストレス障害と— 183-84
意識（精神の項も参照）
—の広大さ 291-93, 299
五つのステップ
—の簡単な手引き 326-31
気づきと休息 82-85
—の発展 35-41
描画、絵画を用いた— 116-19
自我中心性のデーモンと— 291
—の実際 14-17, 86-91
デーモンを育み、「なかま」に出会う 72-82
デーモンをみつける 59-64
動機づけ 57-58
—の維持 105-7
—と他の黙想実践 104-5
パートナーと行う— 98-103, 199
デーモンに人の形を与える 64-67
抑圧と— 44-45
セラピストと行う— 103-4, 158, 191, 199, 214
痛み 157, 158-59
内なるデーモン 133-34, 136-37（精

●訳者紹介●

岡田　愛（おかだ　あい）

臨床心理士、竹村診療所およびたかぎクリニック勤務
京都文教大学臨床心理学研究科博士前期課程修了

河野一紀（こうの　かずのり）

臨床心理士、非常勤講師、竹村診療所勤務
京都大学大学院教育学研究科博士後期課程単位取得退学、博士（教育学）

酒井謙輔（さかい　けんすけ）

臨床心理士、大阪府内の教育センター、京都外国語大学学生相談室、竹村診療所勤務
京都大学教育学部教育科学学科教育心理学専攻卒業、立命館大学応用人間科学研究科臨床心理学領域修士課程修了

竹村隆太（たけむら　りゅうた）

精神科医、1978年京都府立医科大学卒、1984年妻であり臨床心理士の竹村洋子と共に竹村診療所を開設し、今日まで外来診療に従事している。

●著者紹介●

ツルティム・アリオーネ（Tsultrim Allione）

ニューイングランドで育ち、1967年からチベット仏教を学ぶ。彼女は、チベットの尼僧として認められた、最初のアメリカ人のうちの一人である。尼僧として4年間を過ごした後、彼女は還俗し、アンティオキア大学から仏教学と女性学で修士号を得た。このとき偉大なチベットの女性行者の生き様についてのパイオニア的な著作を著す。1993年に、夫とともに修養センター「タラ・マンダラ」を設立。この地で、カパラ・トレーニング、チューなどが、その他の教えや修養とともに行われている。

内なるデーモンを育む

2013年10月19日　初版第1刷発行

著　者　ツルティム・アリオーネ
訳　者　岡田　愛，河野一紀，酒井謙輔，竹村隆太
発行者　石澤雄司
発行所　株式会社星和書店
〒168-0074　東京都杉並区上高井戸1-2-5
電話　03（3329）0031（営業部）／03（3329）0033（編集部）
FAX　03（5374）7186（営業部）／03（5374）7185（編集部）
http://www.seiwa-pb.co.jp

　Printed in Japan　ISBN978-4-7911-0857-2